요한과 함께 하는 요한계시록 시간 여행

신 은 철 지음

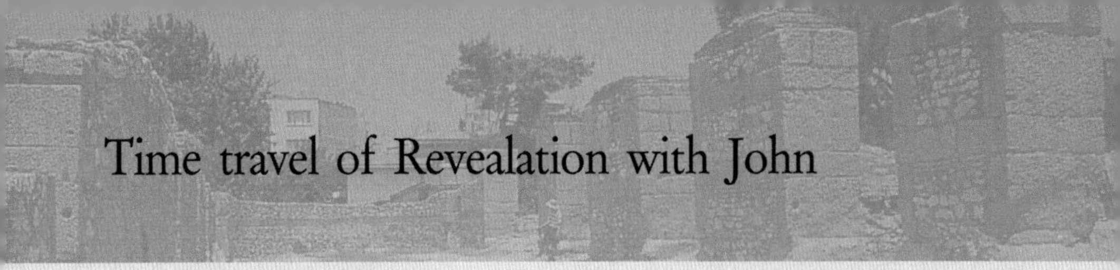

요한과 함께 하는 요한계시록 시간 여행

2013년 8월 30일 초 판 1쇄 발행
2022년 9월 30일 초 판 3쇄 발행

저 자 • 신 은 철
발행인 • 조 경 혜
발행처 • 도서출판 그리심
07030 서울시 동작구 사당로 2길 72 인정apt. b-01

등록번호 • 제 7-258호(1998. 4. 23)
출 판 사 • 전화 523-7589 팩스 523-7590
홈페이지 • http://grisim.biz
전자우편 • grisimcho@hanmail.net

값: 표지 뒷면에

ISBN 978-89-5799-335-4 93230

신 은 철 목사

총신대학교 신학대학원을 졸업하고
남아프리카공화국 프레토리아 대학교(University of Pretoria)에서
세계 신약학회 요한문헌 분과장을 역임한
얀 판 더 바트 (Jan G. van der Watt) 교수의 지도로 신학석사와
그리고 요한계시록으로 박사학위(Ph.D)를 받았다.
총신신대원, 백석신대원, 서울신학교 등에서
신약학을 강의했고
현재는 TWIC과 백석 신학교에서 강의하고 있다.

목 차

저자 서문

남아프리카 공화국 유학 시절 프레토리아 대학교(University of Pretoria)에서 얀 판 더 바트(Jan van der Watt) 교수를 만나게 되었고 그의 지도 아래 요한계시록을 접하게 되었다. 그리고 이 책의 실상(?)을 처음 접하고 큰 충격을 받았던 기억이 있다. 필자가 이전에 알고 있었던 요한계시록의 내용과 실제로 요한이 전하고 싶어 하는 내용이 너무 다른 것을 발견했기 때문이다. 새로운 신세계를 만난 황홀함을 경험했다. 신선한 갈망을 요한계시록이라는 책을 공부하면서 느꼈고 본문의 내용에 흠뻑 빠졌던 기억이 있다. 그리고 작은 변화의 꿈틀거림을 느낄 수 있었다. 이 책을 그 당시에 요한이 살고 겪어야 했던 시대적, 역사적, 문화적 상황 속에서 바라보니까 본문에 대한 새로운 관점이 보이기 시작했다. 그리고 마음속에 변화에 대한 작은 소망이 생기게 되었다. 그리고 스스로 질문이 생기게 되었다. 왜 한 번도 이렇게 강의하고 설교하는 것을 들어보지 못했지?

누군가 이렇게 물었다. 왜 이렇게 어렵고 위험한 요한계시록 공부를 하게 되었냐!고…, 물론 상당히 어려운 것은 사실이다. 그래서 한 번 도전해 볼 가치가 있다는 생각을 하게 되었다. 그러나 그 어떤 이유보다도 요한계시록을 공부해야 하는 이유는 이것이 한국 교회 안에 반드시 정리되어야 할 필요성 때문이다. 본문에 대한 너무 왜곡되고 잘못된 편견과 선입견이 반드시 수정되고 재해석 되어야 한다는 당위성을 절실하게 느끼게 되었다. 이런 필자의 작업들이 세미나에서, 그리고 학교에서 수업을 통해서 전달되었고 거기에서 작은 희망을 보게 되었다. 특히 필자의 생각을 확증시켜주는 것이 학교에서 강의를 다 마치고 보인 학생들의 반응이다. "이제 요한계시록이 더 이상 무섭지 않아요!" 라는 반응이다. 맞다. 요한계시록은 전혀 무섭지 않은 책이다. 오히려 하나님의 사랑이 아주 진하게 소개된 사랑의 책이다. 그 사랑의 메시지를 본서를 통해 소개하려고 한다. 그래서 요한계시록이 무섭고 두려운 책이 아니라 오히려 하나님의 구원과 영생의 약속이 함축적으로 집약된 복음의 책임을 보기를 간절히 소망해 본다. 이런 온전한 본문 읽기만이 한국 교회를 건전하고 건강하게 되찾을 수 있음을 믿어 의심치 않는다.

최근에 요한계시록을 전공한 좋은 학자들이 늘어남은 한국 교회를 위해서 아주 바람직한 현상이다. 그리고 그들에 의해서 소개된 최근의 학문적 동향은 본문을 보는 좋은 안목을 제시해 주고 있다. 필자는 본서를 쓰면서 너무 학문적 동향과 논쟁을 피하고 가급적이면 신학생뿐만 아니라 성도들도 쉽게 이해할 수 있는 내용을 소개 하려고 노력하였다. 특히 이 책은 주석서가 아니므로 구체적인 각 절의 해석을 피하였다. 대신 본 책이 강조하고 있는 것은 두 가지이다. 그것은 요한계시록 이해를 위한 기본적인 신학적 이해와 그리고 본문의 통일성에 대한 구조를 보여줌을 목적으로 하였다. 요한계시록 신학과 구조적 연계성을 통해 본문이 이해되어 질 수 있고 통일성 있게 구성되었다는 것과 그것을 통해 본문이 전하려고 하는 메시지가 현대인들이 이전에 가지고 있었던 생각과 많이 다름을 증명하려고 한다. 가급적이면 본문에 소개되는 성경 구절을 시간이 좀 걸리더라도 같이 확인할 것을 요청한다.

지면을 통해서 감사의 마음을 전하고 싶다. 어려웠던 남아공 유학 시절 늘 하나님 사랑과 말씀과 기도로 필자를 위로해 주셨던 고(故)신영권 목사와 어머니, 누님들과 형님 그리고 늘 부족한 사람을 묵묵히 믿고 이 길을 같이 걸어온 아내 황영순과 딸 음정과 아들 반석에게 감사의 말을 전하고 싶다. 부족하지만 늘 옆에서 동행했던 유성관 교수에게 감사의 말을 전하고 싶다. 그리고 이 책을 쓰도록 독려했던 백석 대학원 학생들과 백석 신학교 학생들에게도 감사의 마음을 전하고 싶다. 마지막으로 책의 출판을 허락해준 그리심 출판사의 조경혜 사장님에게도 감사를 드린다.

2013. 7월

하나님의 부족한 종 신은철

요한계시록 서론

요한계시록은 매우 어려운 책이다. 어려운만큼 논란의 소지(?)를 가지고 있다. 특히 모든 이단들의 출발이 요한계시록에서부터 시작된다는 것은 우리에게 아주 흥미로운 사실이 아닐 수 없다. 그만큼 이 책이 검증되지 않은 모든 사람들의 난잡한 놀이터로 변질되었다. 요한계시록을 전공한 한 명의 그리스도인으로서, 그리고 목사로서 많은 안타까움과 함께 약간의 죄스러움을 고백한다. 그래서 한국교회 안에 다시 한 번 말씀이 말씀되게 해야겠다는 내면의 소리를 듣는다. 온전한 말씀의 회복이 필요한 시기라고 본다.

특히 그 동안 요한계시록 본문에 대한 편견과 왜곡된 해석이 교회와 성도들에게 기형적 형태의 결과를 가져왔다. 성경 본문에 대한 바른 해석이 정말로 필요함을 다시 한 번 절감하게 된다. '왜! 저 본문과 구절을 저렇게 해석하지?'라는 당혹감이 필자의 머리를 떠나지 않는다. '왜, 요한이 말하려고 하는 상징의 언어를 이해하지 못하지?' '왜, 요한이 말하려고 하는 숫자의 언어를 이해하지 못하지?' 라는 의구심을 떨쳐 버릴 수 없다. 소위 자 · 타칭 성경의 고수라고 불리는 요한계시록 전문가라고 하는 분들에게서도 잘못된 아니, 편협한 본문 해석을 하는 것들에 대한 안타까움을 떨쳐 버릴 수가 없다. 물론 필자는 이단들의 행태는 아예 거론하고 싶지도 않다. 그들은 본문을 해석하고 있는 것이 아니라 소설을 쓰고 있기 때문이다. 그러나 문제는 비록 그들이 소설을 쓰고 있음에도 불구하고 그것을 듣는 사람들은 거기에 빠져든다는 것이다. 이런 거짓된 가르침과 헛된 속임수에도 불구하고 많은 사람들이 열광한다는데에 우리의 고민이 있다. 이 문제는 요한계시록의 문제만이 아니라 성경 전체 해석에 대한 문제이기도 하다. 성경의 백미라고 불러도 손색이 없을 요한계시록을 최소한 소설은 쓰지 않았으면 하는 바램으로 이 글을 시작하려 한다.

이 책에서는, 필요하다면 짚고 넘어 가겠지만, 상세한 본문의 주석은 피할 것이다. 그렇게 하는 것은 이 짧은 책의 의도와 내용을 넘어가기 때문이다. 그러나 독자들이 새로운 지평에서 본문을 보고 느끼기를 소망한다. 이성적이고 상식적인 수준에서 하나님의 말씀을 대하는 자세가 필요하다. 그래야 우리가 본문의 의미를 정확하게 이해할 수 있다. 특히 이 글을 통해서 강조하고 싶은 것은 우리가 본문을 볼 때 놓쳐 버리는 몇 가지의 내용들과 특성들을 요한의 시각으로, 그리고 1세기 독자들의 시각으로 올바르게 바라볼 수 있는 이정표를 제시하는 것이다. 만약 그런 시야가 열린다면 우리는 최소한 난잡한 진흙탕에서 더 이상 헤매이지는 않으리라 확신한다.

그렇다고 이 책이 대단하다거나 특별한 책이라고 생각하지는 않는다. 단지 필자가 연구하고 몇 년 동안 학교에서 요한계시록을 가르치면서 느낀 것과 학생들이 고민하고 어려워하는 부분들을 좀 더 부각시키고 이해시키려는 의도를 가지고 이 글을 쓰게 되었음을 밝힌다. 요즈음에 – 사실 역사적으로 계속 되어온 현상이지만 – 불건전한 성경해석 때문에 한국교회가 점점 어려워지고 있는 것이 현실이다. 특히 성도들의 가정이 잘못된 시한

부 종말론 때문에 해체되는 현실을 보면서 부족하지만 성도들과 함께 본문을 같이 나눠보려고 하는 소망을 가지게 되었다.

그래서 한국교회가 요한계시록 이해에 대한 건전한 신학적이고 목회적 기초 위에 세워지길 진심으로 소망하는 마음으로 글을 쓰려 한다. 요한계시록은 어려운 책이라는 것은 누구도 부인하지 못한다. 그러나 한 가지 꼭 기억해야 할 것은 그럼에도 불구하고 요한계시록 역시 성경의 다른 책과 같이 동일하게 해석되어져야 한다는 사실이다. 이 말은 요한계시록이 성경 66권 중에서 특이한 기형적 형태를 지닌 하나님의 말씀이 아니라는 것이다.

신약의 예를 들어보자. 성도들은 마태복음에서부터 요한계시록 앞의 말씀인 유다서까지를 읽는데 정상적인 본문 읽기를 시도한다. 즉 정상적인 상식과 생각과 건전한 사고를 가지고 본문을 읽어나간다. 그러나 문제는 유다서를 마치고 요한계시록으로 페이지를 넘기면서 발생한다. 사람들이 갑자기 이상해지면서 상식과 정상적인 성경 읽기를 포기하고 갑자기 신령모드(?)로 전환되어서 분위기가 완전히 반전되는 것을 볼 수 있다. 왜 그럴까 하는 의아심이 생긴다.

지금까지 우리들은 본문을 잘못 읽고 있었다. 이런 식의 요한계시록 읽기는 맞지 않는다. 따라서 본문 읽기의 전환이 필요하다. 마태복음 읽듯이, 바울 서신 읽듯이 요한계시록도 하나님의 예언적 말씀으로 읽으면 된다. 그래서 주시는 하나님의 음성에 믿음으로 반응하면 된다. 요한계시록 역시 잘 알지 못하도록, 그리고 감춰지도록 주어진 말씀이 아니라 이 예언의 말씀을 듣는 하나님의 백성과 교회에게 '드러나도록' 주어진 말씀이다. 21세기를 살아가는 성도들 역시 '이해하도록 쓰인 하나님의 계시의 말씀'이라는 큰 전제를 가지고 이 글을 접하길 권면하고 싶다.

일차적으로 이해해야 할 것은 요한계시록이 예언의 말씀을 듣는 1세기 독자들에게 우선적으로 주어진 예언적 메시지임을(물론 성경의 예언적 말씀은 21세기 오늘날에도 동일하게 유효한 하나님의 말씀임에도 불구하고) 알아야 한다. 따라서 리챠드 보캄(R. Bauckham)[1]의 '요한계시록은 무시간적 상징으로써 이해되어서는 안 된다'는 주장은 상당한 설득력을 갖는다. 이것은 요한계시록이라는 말씀이 시대적 상황도 없고 역사적 상황도 없이 어느 날 하늘에서 갑자기 뚝 떨어진 천상의 책이 아니라는 것이다. 다른 말로 하면 본문 역시 다른 말씀과 같이 저자가 있고 수신자가 있고 시대적, 역사적 상황 속에서 주어진 메시지라는 것이다. 이것은 아주 단순하지만 중요한 진술임을 독자들은 기억해야 한다. 만약에 이것이 사실이라면 당연히 독자들은 저자, 수신자들, 그리고 역사적 상황들에 대한 충분한 분석과 이해를 가져야만 한다. 이런 전제가 없이 본문을 이해한다는 것은 깊은 강에서 낚싯대 없이 고기를 잡는다는 것과 크게 다르지 않다.

따라서 다양한 역사적 배경에 대한 충분한 이해가 있을 때 독자들은 요한이 이 글을 썼던 1세기에로의 시간 여행을 즐거운 마음으로 떠날 수 있을 것이다. 이 책은 그 여행을 돕는 훌륭한 여행안내서(road map)의 역할을 할 것이다. 필자와 함께 여행안내서의 도움을 받아 흥미롭고 신나는, 그러나 때로는 진지한 시간 여행을 떠나보자. 만약 훌륭한 여행안내서가 제시해주는 이정표의 방향을 놓치지 않는다면 이 여행의 마지막 목표점에서 독자들은 놀라운 하나님의 은혜로우심을 경험할 것이다. 먼저 요한계시록의 본문을 이해하기 전에 서론적으로 독자들이 필히 알아야 할 몇 가지 중요한 배경적 이해와 신학적인 부분들을 살펴보려고 한다.

---

1) 리챠드 보캄(이필찬 역), 요한계시록 신학, 한들출판사, p. 40, 2000.

제1부

쉽게 이해하는 요한계시록 신학

- 역사적/신학적 이해 -

서론적 질문

서론적 질문으로서 그동안 요한계시록이 해석되어졌던 해석 유형과, 저자는 누구이며, 누구에게 이 책을 보내었으며, 언제 이 책이 쓰여졌으며, 시대적 상황은 어떠했으며, 어떤 이유 때문에 이 책을 썼는가 하는 질문을 잠깐 살펴보려고 한다. 왜냐하면 이런 주제들을 살펴보는 것이 지루하고 시간낭비가 아니라 본문해석을 위해 아주 중요한 의미를 가지기 때문이다. 요한계시록에 흥미를 가지고 있는 대부분의 사람들은 그것이 가진 의미를 발견하기 위해 고군분투 하고 있다. 비록 그것의 의미를 찾는 시도는 쉽지 않지만 많은 시간과 노력과 관심을 기울이고 있다.

그러나 이런 작업과 시간과 노력에도 불구하고 많은 사람들이 충분히 누구나 공감하고 이해할 수 있는 결실을 맺지 못하는 이유 중 하나는 바로 본문에 대한 기본적 신학과 배경에 대한 몰이해 때문이다. 이런 기본적 전제 위에서, 필자는 요한계시록이라는 아주 훌륭하고 예술적으로 잘 승화된 하나님의 말씀을 재구성하고 음미하려고 한다.

제1강 저자, 수신자 그리고 연대

저자:

본문은 요한계시록의 저자를 '요한'(1:1)이라고 말하고 있다. 물론 여기서의 요한이 정확히 누구를 말하느냐에 대한 논쟁이 있다. 저스틴, 이레니우스, 클레멘트 같은 초대교부들의 증언은 세베대의 아들 요한이 요한계시록을 썼다고 증언한다. 보다 더 중요한 것은 본문의 증언이다. 본문은 저자를 요한이라고 밝히고 있다. 물론 요한이라는 이름이 그 당시에 흔한 이름이기는 하지만 저자는 자기가 아무런 추가적 언급 없이 요한이라는 이름을 사용했다. 이는 굳이 자신을 밝히지 않아도 될 만큼 공동체에 잘 알려진 인물이었기 때문일 것이다. 즉 그의 수신자였던 교회들은 그가 누구인지를 잘 알았고 또한 그가 이런 종류의 글을 보낼 만큼 권위 있는 사람임을 의심 없이 받아들였다. 그는 자기가 글을 보낸 교회의 상황과 배경을 너무도 잘 알고 있었고 그리고 그들이 처한 사회적, 정치적, 종교적 현재의 상태도 잘 알고 있었다. 그런 상황에서 고통받고 있는 성도들에게 믿음으로 살라고 독려하고 있는 것이다.

수신자:

저자인 요한은 요한계시록이라는 하나님의 말씀을 수신자들에게 보낸다. 4절에 보니까 "요한은 아시아에 있는 일곱 교회에 편지 하노니…" 라고 기록하고 있다. 본문은 명확히 누가 수신자인지를 밝히고 있다. 그것은 소아시아(지금의 터키)에 있는 일곱 교회이다. 우리가 보통 수신자라고 말할 때는 두 가지 종류의 수신자를 생각해 볼 수 있다. 일차적 수신자와 이차적 수신자이다. 먼저, 일차적 수신자는 요한이 보낸 이 글을 직접적으로 받은 사람들을 말한다. 그들은 그 당시 이방 지역인 소아시아에 살고 있었던 성도들이다. 요한은 그들에 관한 소식을 어떤 경로를 통해서든 듣게 된다. 그래서 요한은 서신을 일차적 수신자들인 소아시아의 일곱 교회 성도들에게 보낸다. 이들이 바로 일차적 수신자들이다.

여기서 우리는 '그러면 지금 이 말씀을 보고 읽고 있는 현대의 그리스도인들은 누구이며 이 본문과 무슨 상관이 있는가?'라는 한 가지 의아심을 갖게 된다. 물론 우리도 이 말씀을 받은 수신자들이다. 그러나 우리는 요한계시록의 이차적 수신자들이다. 그래서 이 말씀은 그때뿐만 아니라 지금 이곳에서도 여전히 살아계신 하나님의 말씀으로 고백되어진다. 그러나 한 가지 잊지 말아야 할 것은 요한이 이 글을 보낼 때, 지금 21세기의 사람들을 머릿속에 그리면서 기록하지 않았다는 사실이다. 요한의 관심의 대상은 (물론 현 독자들도 당연히 포함되지만) 일차적으로는 소아시아에 있는 성도들이라는 사실을 기억해야 한다.

현대 설교가들이나 또는 교회 리더들의 약점은 이 둘 사이를 너무 쉽고 큰 고민 없이 자유재재로 넘나든다는 것이다. 충분한 원래의 수신자들에 대한 고려나 이해 없이 바로 우리의 삶에다 성경 본문을 적용시킨다. '적용'이나 또는 'QT'라는 이름으로 이렇게 하다보면 '적용만 있고 오히려 성경 말씀, 즉 본문은 없는' 우스꽝스런 일들이 교회 안에서 일어나게 된다. 일 년 내내 본문에 대한 설교를 듣지만 남는 것은 적용을 위한 윤리적 삶만이 강조되는, 즉 본문에 대한 미약하고 부족한 현실을 경험하게 된다. 오히려 강조점은 1세기에 있었던 사건들, 상황들, 그리고 사람들에게 있음을 보아야 한다. 요한의 관심과 돌봄의 일차적 대상은 일곱 교회의 성도들임을 잊지 말아야 한다.

기록 연대:

요한계시록 이해를 위한 배경으로 기록연대를 살펴보는 것은 본문 내용연구를 위해 유용할 것이다. 듀 란드(J.A. Du Rand)는 "요한계시록의 기록연대를 살펴봄은 그것의 의미를 이해하기 위해 상황적으로 매우 유용하다"[2]고 지적한다. 기록연대는 크게 2명의 후보자(네로와 도미티안 황제) 시대로 압축되어질 수 있다. 이것을 위해 요한계시록 기록연대의 외적인 증거와 그리고 내적 증거를 살펴보자.

19세기 이래로 많은 학자들은 요한계시록의 날짜를 이른 시기인 네로 황제(A.D. 54-68) 시대로 잡는다. 왜냐하면 그때에 대대적인 기독교 박해가 있었고, 또한 당시 상황이 본문 내용과 잘 맞아 떨어진다는 이유에서이다. 그러나 네로 황제 통치 시기에 기록되었다는 설은 다음 몇 가지 이유 때문에 크게 학자들의 지지를 받지 못한다.

첫째는, 요한계시록에서는 '바벨론'이란 명칭이 자주 사용되었다(특히 계 17-18장). B.C. 6세기, (옛) 바벨론은 유다를 멸망시키고 성전을 불태워 버렸다. 그런데 A.D. 70년에는 로마의 티투스 장군이 예루살렘을 멸망시켰다. 그래서 학자들은 성경 본문에 '바벨론'이란 명칭이 예루살렘을 멸망

---

2) J.A. Du Rand, *Johannine Perspectives: Introduction to the Johannine writings*, Orion, p. 228, 1997.

시켰던 70년 이후의 로마를 상징적으로 가리킨다고 주장한다. 즉 성전 파괴는 네로 사후에 벌어진 사건이다. 그러므로 요한계시록이 네로 시대에 쓰이지 않았다고 주장한다. 그리고 이 두 나라를 비유적으로 연결시켜서 예루살렘을 멸망시킨 옛 바벨론과 로마를 동일하게 적용하고 있다. 즉 문자적 바벨론이 아닌 제국 로마를 지시하는 상징적 의미를 갖는다고 설명한다.

둘째로, 요한계시록 11:1-2("또 내게 지팡이 같은 갈대를 주며 말하기를 일어나서 하나님의 성전과 제단과 그 안에서 경배하는 자들을 **측량하되** 2성전 바깥 마당은 **측량하지 말고** 그냥 두라 이것은 이방인에게 주었은즉 그들이 거룩한 성을 마흔두 달 동안 짓밟으리라.")에 나오는 성전 측량은 실제적이고 문자적인 성전을 가리키므로 요한계시록은 실제적으로 성전이 존재하고 있었던 A.D. 70년 이전인 네로 황제 시대 때에 씌어졌다고 주장한다.[3] 그러나 이에 대한 반론을 제기하는 학자들은 본문 11:1-2의 성전은 문자적인 예루살렘 성전이 아닌 상징적인 의미를 가진 교회의 모습을 그려낸 것이라고 주장한다. 즉 영적인 의미에서 하나님의 백성 또는 교회의 보존[4]이란 관점에서 성전측량을 해석한다.

오늘날 대부분의 주석가들은 요한계시록이 도미티안 통치 때인 A.D. 95경쯤에 기록된 것으로 본다. 이런 주장들에 대한 성경 내 · 외적인 증거를 살펴보자. 먼저 외적인 증거를 보자. 초대교부인 이레니우스는 요한계시록이 도미티안 통치 말기에 쓰인 것으로 증언하고 있다.[5] 또한 알렉산드리아의 클레멘트(A.D. 150-215)도 도미티안과 밧모섬의 요한과의 관련성을 언급한다.

---

3) 이 본문의 문자적 해석을 주장하는 학자로는 K.L. Gentry(1989:174-176)가 있다.
4) 참고. Beasley-Murray(1974:182)을 보라.
5) 그의 논문 "Against Heresies"(5:30.3)을 보라.

그러면 성경 본문은 그 연대를 어떻게 잡고 있을까? 우선적으로 기록 연대를 네로 황제 때로 보는 사람들은 네로 황제 당시에 있었던 '박해'를 그 증거로 든다. 그 당시에 박해가 너무 많았고 그런 박해의 흔적들이 본문 안에 많이 드러나고 있다는 것이다. 그러나 성경 본문을 자세히 살펴보면 우리의 예상과는 달리 박해에 대한 흔적들을 많이 찾아 볼 수가 없다. 실질적으로 본문에서 그리스도인이란 이름으로 순교를 당한 예는 2:13절("네가 어디에 사는지를 내가 아노니 거기는 사탄의 권좌가 있는 데라 네가 내 이름을 굳게 잡아서 내 충성된 증인 **안디바**가 너희 가운데 곧 사탄이 사는 곳에서 죽임을 당할 때에도 나를 믿는 믿음을 저버리지 아니하였도다.")에 등장하는 안디바란 단 한 사람으로 제한된다. 이 말은 요한계시록에서 우리는 의외로 공적인 박해의 흔적을 찾기가 쉽지 않다는 것이다. 오히려 그리스도인이란 이름 때문에 겪어야 하는 다른 여러 가지 이유와 원인들을 찾을 수 있다. 그것은 바로 소아시아의 그리스도인들이 실제적으로 매일매일 겪어야 하는 황제 숭배, 로마 제국 내에서 일어나고 있는 제사 행위에 참여하기를 거절함으로 야기되는 억압, 차별, 사회적 추방등 실제적인 문제에 직면하고 있음을 알 수 있다. 이런 시대적 상황에 적합한 황제는 네로보다는 오히려 도미티안 시대가 더 적절함을 시대적 배경과 본문의 상황을 통해 발견하게 된다.

연대를 결정하는데 중요한 또 다른 본문은 본문 17:10-11절("또 일곱 왕이라 다섯은 망하였고 하나는 있고 다른 하나는 아직 이르지 아니하였으나 이르면 반드시 잠시 동안 머무르리라 [11]전에 있었다가 지금 없어진 짐승은 여덟째 왕이니 일곱 중에 속한 자라 그가 멸망으로 들어가리라)에 등장하는 왕들에 대한 언급이다. 학자들이 이들의 정체를 밝히기 위해 많은 시도를 했음에도 불구하고 여전히 논쟁을 불러오고 있다. 그 왕들의 정체를 분명히 밝히면 요한계시록이 쓰인 연대를 알 수 있다. 사실 여기에 등장하는 왕들의 정체를 밝히는 것은 큰 의미가 없다. 그들이 누구인지, 즉 네로인지 도미티안인지 또 다른 누구인지는 요한에게 크게 중요하지 않았다. 왜냐하면 요한은 본문을 통해서 독자들에게 역사적 정보를 제공하는 것을 의도하지 않았기 때문이다. 그에게 중요했던 것은 왕들의 목록을 통해 원래의 수신자들에게 주는 신학적이고 상징적 의미였다. 따라서 우리는 요한이 사용한 언어를 이해해야만 한다. 그는 왕들의 목록을 통해서 그 당시의 시대적 상황을 보여주는 동시에 그 시대를 고발하고 있다. 그리고 이런 그의 의도에 맞는 실제적 상황은 네로 당시의 시대적 상황 보다는 역시 도미티안 시대와 일치함을 보여주고 있다.

짧게 언급했지만 기록 연대를 밝히는 궁극적인 의도는 단순히 요한계시록이 쓰인 날짜를 확정하자는 것이 아니라 요한계시록이 쓰인 삶의 정황을 보기 위해서이다. 이 서신을 기록하게 된 동기가 단순히 네로의 '박해'란 상황에서 태동된 게 아니라 오히려 도미티안 때의 사회-정치적, 문화적, 종교적으로 복잡한 시대적 상황 때문이었다는 것을 알 수 있다. 도미티안 황제 통치시 복잡한 다문화적 배경 속에서 '어떻게 그리스도인들로서 살아가야 할 것인가?'라는 정체성이 그들의 최대의 숙제였음을 보아야 한다. 요한계시록 본문에 대한 올바른 이해를 위해서는 아주 중요한 역사적, 신학적 근거를 제시해야 한다. 이 부분을 좀 더 깊이 얘기해 보자.

제2강

소아시아 일곱 교회의 역사적, 사회적, 정치적, 종교적 상황

소아시아 일곱 교회의 역사적, 사회적, 정치적, 종교적 상황은 주로 본문 2-3장에 집중적으로 소개되고 있다. 사실 이 부분은 요한계시록을 쓰는 사람은 누구나 쉽게 언급하는 단락임에도 불구하고 아주 미흡하고 제한적임을 부인할 수 없다. 2-3장을 보는 현대 성도들의 문제점은 이 단락을 단지 본문의 2-3장까지만 그 한계를 짓는다는 것이다. 즉 2-3장까지는 많은 설명과 강조가 이루어지고 있지만 대부분 4장 이후부터는 많은 주목과 언급을 하지 않는다. 이것이 과연 요한의 의도인가? 아니면 우리의 부족함의 이유인가? 성경의 완전한 충족성을 고백한다면 분명히 이것은 현대의 성도들이 본문에 대한 충분하지 못한 이해 때문임을 알 수 있다. 이런 식의 해석은 전혀 본문과 요한의 지지를 받고 있지 못한데서 오는 것이다.

요한은 우리가 보는 식으로 본문을 보고 쓰지 않았다. 요한이 염두에 둔 것은 전체 본문을 하나의 내용과 구조와 사건으로 보았다. 이것을 이해함은 아주 중요한 것으로 요한계시록 읽기의 대 전제이다. 만약 현대의 성도들이 2-3장의 일곱 교회에게 주는 메시지가 요한계시록 전체 22장 내용의 서론적 진술임을 안다면 본문을 대하는 독자들의 태도와 사고에 큰 변화가 있을 것이다. 이 문제는 후에 요한계시록의 구조를 다룰 때 언급하기로 하자.

요한계시록은 1세기 소아시아에서 역사적, 문화적 상황에 의해 깊은 영향을 받고 있는 일곱 교회를 다루고 있다. 당시 성도들은 소아시아를 통치했던 '로마' 라고 하는 커다란 억압적 괴물의 통치 하에서 어떻게 하나님의 백성으로서의 정체성을 가지고 살아가야 하는가의 실존의 문제로 고민했다. 그리스도인들은 매일매일 겪어야 하는 거친 현실 속에서 생존 게임의 삶에 직면해야 했다.

특히 그들이 이방 땅인 소아시아에서 살기 위해 겪어야 했던 '황제 숭배(皇帝崇拜)와 제국 제사(帝國祭祀)' 의 강요는 그리스도인으로서 이겨내기 힘든 싸움이었다. 그것 때문에 어떤 이는 죽음을 맛보아야 했고, 어떤 이는 로마라고 하는 괴물과 생사고락을 같이 하기로 다짐을 하고 그 괴물이 제공하는 안락함, 평화, 타협 속에서 세속적 삶을 선택했다. 그러면서 그리스도인의 삶의 정체성을 상실하기 시작했다. 누구도 이런 선택을 벗어날 수 없었다. 왜냐하면 이 두 가지 현상은 삶의 모든 영역에 영향을 주었던 중요한 사회적 현상이었기 때문이다.[6] 그들이 그리스도인이기 때문에 겪어야 하는 삶의 다양한 위기가 상대적인 소외감이든 인식된 위기[7]이든지 간에 그들 대부분은 고난/박해와 타협/동화라는 두 가지 현장에 노출된 삶을 살고 있었다.

이전에는 요한계시록의 역사적, 문화적, 종교적 상황을 단순히 '박해'라

---

6) S.R.F. Price, *Ritual and Power: The Roman imperial cult in Asia Minor*, Cambridge: Cambridge University Press, pp. 15-16, 1984.

7) A.Y. Collins, *Crisis and Catharsis: The Power of the Apocalypse*, Philadelphia: The Westminster Press, pp. 84-107, 1984.

는 상황 하나로만 보려고 하는 경향이 있었다. 그러나 본문은 좀 더 복잡하고 다양한 삶의 정황을 노출시키고 있다. 따라서 좀 더 포괄적이고 다양한 관점을 필요로 한다. 요한이 보는 일곱 교회의 역사적 삶의 자리는 너무나 다양하고 복합적이었다. 따라서 그는 단순히 박해라고 하는 하나의 사실 때문에 그의 서신을 보내지 않았다. 오히려 이 글을 보낸 것은 복합적이고 다양한 현실에 처한 성도들에게 현실의 문제를 극복하기 위한 대체적 대안을 제시하기 위해 서신을 보내게 된 것이다.

일곱 교회는 두 가지 형태의 의미로 그 메시지를 받아들였다. 그것은 '구원과 심판' 의 메시지였다. 결국 소아시아의 일곱 교회에게 보낸 메시지는 1세기에 이 글을 받았던 그들에게 '구원'과 '심판'이라는 두 가지 선택 중 하나를 택해야 하는 문제였다. 하나는 현실의 어려움에도 불구하고 끝까지 하나님의 백성으로서의 삶의 정체성을 지키는 것이고 또 다른 입장은 고난 받는 현실을 탈피하고 로마 제국이라고 하는 커다란 괴물 밑에서 삶의 안락을 추구하는 것이었다.

특히 이런 구원의 메시지를 위해서 요한은 중요한 두 가지 대안을 제시한다. 공간적 초월(하늘에서 벌어지고 있는 일)의 형태와 시간적 초월(먼 미래에 벌어질 일)을 제시함으로 성도들이 지금 현실에서 경험하고 있는 사건들에 대한 것들을 새로운 시각으로 바라 볼 것을 요청한다. 하늘 장면을 통해서 땅에서는 어떤 구원의 방법도, 구원자도 있을 수 없다는 것을 지속적으로 보여준다. 오직 하늘 보좌에 계신 하나님만이 성도들의 구원을 가능케 하고 현실화 시킬 수 있음을 말하고 있다.

미래의 장면을 통해서는 땅에서 벌어지는 현실의 타협과 배교에 저항하는 성도들만이 장차 맛 볼 새 하늘과 새 땅과 새 예루살렘의 영광과 승리에 참여함을 제시하면서 현실을 이기도록 격려함을 볼 수 있다. 그래서 유독 요한계시록에서는 천상에서 벌어지고 있는 사건과 인물 그리고 미래에 있을 일들을 자주 소개하고 있다. 여기서 오해하지 말아야 할 것은 이런 기대가 지금 우리 현대인들이 기대하고 있는 형태와는 전혀 다른 의미로 사용되고 있다는 것이다. 이것에 대한 보다 자세한 설명은 뒤에서 살펴보려고 한다. 그러면 이 시점에서 일곱 교회가 겪어야 했던 삶의 자리에 대한 상황들을 살펴보자.

1장: 위기 문학으로서 요한계시록

- 황제 숭배와 제국 제의(祭儀) -

요한계시록은 적대자들로부터 억압적 상황에서 쓰인 위기문학이다. 그 적대자가 로마 제국이든 또는 유대인[8]이든 간에, 요한계시록은 묵시와, 예언과, 그리고 서신 형태를 가진 '위기와 억압문학'[9]임에 틀림없다. 마운스(R.H. Mounce)[10]는 요한계시록이 엄격한 박해의 상황 가운데 쓰인 것으로 이해한다. 위기문학으로서 요한계시록은 구약의 대표적인 묵시서인 다니엘서와 유사성을 가진다. 요한계시록처럼 다니엘서 역시 억압의 시대에 씌어졌다. 그러나 우리는 요한계시록처럼 다니엘서와 같은 문학형태의 성경을 너무 환상적으로 해석해 왔다. 사실 다니엘서와 같은 묵시서

---

8) A.J. Beagley(1987)같은 학자는 요한계시록에 있어 교회의 적대자를 단지 유대인들로만 제한한다. 이런 그의 제한은 부분적으로는 사실이지만, 사실 요한계시록의 다양한 메시지에 암시되어있는 적대자를 다 설명할 수 없는 약점이 있다.

9) T.B. Slater, *Christ and Community: A Social-Historical Study of the Christology of Revelacion*. Sheffield, Sheffield Academic Press pp. 16, 35, 1999.

10) R.H. Mounce, *The Book of Revelation*, NIC, Grand Rapids: Eerdmans, p. 24, 1977.

의 문학적 기능은 억압적 상황에서 고난당하고 있는 하나님의 백성들을 위해 메시지를 주는 것이다. 다시 말해, 요한계시록이나 다니엘서와 같은 묵시문학은 위기문학으로 그 당시의 역사적, 정치적, 종교적 상황의 산물임을 인식해야 한다.

유대문학 중에 가장 탁월한 승리, 순교, 그리고 위기의 주제를 가진 책은 마카비서이다. 마카비서에 있어 순교는 요한계시록에서처럼 의롭고 신실한 하나님의 백성에게 주어진 행동 규범이었다. 상황은 위기와 죽음의 시기였고, 이때에 그들에게 주어진 최고의 하나님의 말씀은 위로와 격려였다. 죽음과 순교라는 절망적 상황 속에서 그들은 어느 때 메시야가 오고 또한 미래가 어느 때 끝장나고 하는 것에 관심을 두지 않았다. 그들의 절대적인 관심사는 말씀을 통한 위로와 소망의 기대로 현재의 고통을 믿음으로 승리하도록 격려 받는다.

요한계시록의 내용이 이것과 크게 다르지 않다는 사실이다. 소아시아에 살고 있는 그리스도인들의 중요한 문제들 중의 하나는 황제 숭배와 제국 제의이다(참고. 13:4, 14:7, 14:9, 15:2, 16:2, 19:20, 20:4). 황제 숭배 즉 황제들의 신성화는 로마 황제 쥴리어스 시이저 이래로 시작되었고(그의 생존시가 아니라 사후에), 그리고 후에 칼리굴라라는 황제로(그는 생존시 신으로 그의 숭배를 요구했으나 원로원이 거부함) 또한 네로를 거쳐 그러나 실제적으로 이 황제숭배는 도미티안 때 본격화한다. 그는 사람들에 의해 "*Dominus et Deus*" (주 그리고 하나님)로 불려졌다. 네로 시대에 중요한 교회 지도자들이 죽임(베드로와 바울의 죽음)을 당했던 사실과 대조적으로, 도미티안 시대에 박해는 조직적이지 않고 제한되고 산발적이었다. 비록 도미티안은 "제2의 네로"[11]라고 불렸음에도 불구하고 그는 또한 황제로서 장점을 가졌다. 그는 수많은 건축물을 지었을 뿐만 아니라 쇼, 게임, 경주 등 백성들의 칭송을 받을만한 것들을 만들어냈다(수에토니우스, 도미티안 IV-V). 이런 의미에서 보면 요한계시록을 단지 위기나 박해 상황으로만 간주함은 본문을 너무 단순화 시키는 것이라 할 수 있다.

당시 성도들의 삶은 그렇게 단순하지 않았다. 그들에게 박해만 있었다면 죽음을 불사하고서라도 끝까지 인내할 수 있었을 것이다. 그러나 문제는 훨씬 더 복잡했다. 오히려 본문의 수신자들인 일곱 교회의 성도들은 복잡한 사회적 그물망으로 얽혀진 삶을 살아가고 있었다. 그 중에 그들을 강하게 옭아매고 있었던 현상은 (바로 그 당시에 로마 제국이 다스렸던) 전 지중해 지역에 편만했던 '황제 숭배와 제국 제의' 문제였다. 이는 "제국의 문화적 질서를 구성했던 복잡한 상징의 그물망"[12]이요, 삶의 모든 영역에 영향을 주는 사회적 상황이었다. 이 두 가지 제도는 제국의 광대한 상황에 처해 있는 도시의 백성들을 결합시키는 정신적 가치 체계였다. 이런 가치 체계가 (그러한 도시 가운데 살아갔던) 그리스도인들에게도 예외는 아니었다. 문제는 어떻게 이방 땅에서 성도로서의 삶을 살면서 이러한 세속적 삶의 가치를 피할 수 있는가였다. 이 문제는 그리스도인들에게 실제적인 생존의 상황이었다.

요한계시록은 바로 이것을 보여준다. 즉 소아시아에 살았던 1세기 그리스도인들 역시 황제 숭배와 제국 제의라는 피할 수 없는 로마 세계의 강력한 정치적이고 종교적 현상과 끊임없이 직면하는 삶을 경험하였다. 그럼 이 두 가지 현상이 가져온 삶의 영향력을 살펴보자.

---

11) G.K. Beale, *The Book of Revelation*, NIGTC, Eerdmans, p. 18. 1999.
12) W. Howard-Brook and A. Gwyther, *Unveiling Empire: Reading Revelation Then and Now*, New York: Orbis, p. 102, 1999.

1. 황제 숭배

쥴리어스 시저 이래로 황제 숭배는 로마에 등장하게 되었고 시저 자신은 예배의 주요대상이 되었다. 원로원은 시저를 그들 신들의 계보에 포함시키기로 결정했다. 그의 사후에 시저의 신성화는 따라야 할 모델로 자리잡히게 된다. 따라서 로마에서 황제 숭배는 도미티안 시대에 갑작스럽게 이루어진 것이 아니라 "쥴리어스 시저로 시작한 오랫동안 되어진 과정"[13] 이었다. 도미티안은 그의 백성에게 신으로써 그의 요구를 이행했다. 그는 스스로를 "Our lord and our god" (*Dominus et deus noster* : 우리의 주 우리의 하나님)으로 불렀다(수에토니우스, 도미티안, XIII). 그는 생애동안 신으로서 자신을 드러내었고 그런 부적절한 상징적 이미지를 통해 자신의 권력을 드러내었다. 그리스도인들이 로마 황제로 대표되는 세상적 왕을 숭배하지 않고 거부했다는 이유로 박해와 갈등이 발생한다. 만약 그리스도인들이 황제 숭배에 참여하지 않는다면 그들은 사회로부터 냉대와 불이익을 경험할 것이다. 왜냐하면 그 당시에 황제 숭배라는 제도 자체가 사회의 다양한 영역에서 다양한 사람들에게 아주 중요한 역할을 수행하고 있었기 때문이다.

이런 황제 숭배의 영향력과 언급들이 본문 2-3장의 일곱 교회 중 일부 교회에서 (예를 들면 버가모, 두아디라 교회) 확연히 보이고 있다. 그들은 본문에서 황제 숭배에 참여해야 하는지 또는 말아야 하는지의 선택의 문제 앞에 직면하고 있다. 여기에 참여함은 그들에게는 안정과 평화를 가져올

---

13) M.G. Reddish, *The Theme of Martyrdom in the book of Revelation*, Ph.D. dissertation, The Southern Baptist Theological Seminary, UMI: Ann Arbor, p. 90, 1982.

것이라는 거짓 소리를 듣는다. 반면에 참여하지 않으면 물리적인 제재와 위협뿐 아니라 심지어는 죽음도 겪을 것을 말하고 있다. 두 가지 선택의 길에서 성도들이 올바른 길을 가야할 것을 요한은 권면하고 있다. 비록 이 길을 가야함이 많은 희생과 수고와 인내가 필요함에도 불구하고 성도들이 소유할 미래의 축복을 바라보면서 승리의 싸움을 할 것을 말하고 있다.

특히 본문 13장은 짐승으로 의인화된 황제 숭배의 실례를 제공하고 있다. 13장에서의 짐승은 로마 제국 이미지로 구체화된 악으로 그들 권력의 허무함과 기만적 실체를 가리킨다. 따라서 그리스도인이 이런 기만적이고 거짓된 실체에 속지 말 것을 강력하게 호소한다. 짐승은 멋진 외모와 행동을 통해 성도들을 미혹하고 있다. 그들의 말은 마치 주님처럼 말하고 하나님이 하시는 것과 같은 행동을 하고 있다. 그래서 사람들은 그들의 겉모습과 행동에 반하고 홀딱 빠져서 추종하기 시작한다. 그러나 본문은 그들의 거짓되고 기만적 실체를 고발하면서 성도들의 생각과 마음을 수정한다. 그리고 성도들이 인내하면서 현실을 올바르게 직시할 수 있는 관점을 제시하고 있다. 그래서 13:10은 "성도들의 인내가 여기 있나니..."라고 그리스도인들이 황제 숭배 가운데서 신실하게 인내할 것을 요청하고 있다.

2. 제국 제의(帝國祭儀)

로마에서 권력은 사람들의 관계를 하나로 묶어주는 그물망의 역할을 하였다. 이것은 사회적, 문화적, 정치적, 그리고 종교적 분야를 포함한 삶의 전 영역을 포함한다. 특히 도미티안 같은 독재자에게 있어서 제국 제의는 *Pax Romana*(로마의 평화) 같은 제국 정책들을 유지하기 위한 중요한 전략이었다. 즉 제국 제의는 사회의 조직적 유기체를 탄탄히 묶어주는 권력의 그물망이었다. 비구찌(G. Biguzzi)[14]는 소아시아가 (일곱 교회가 위치해 있는) 제국 제의의 중심지였다고 제안한다. 이런 종교적 이질 상황 하에서 일곱 교회의 그리스도인들이 겪었던 당면 문제는 바로 이런 이방 제사 행위, 짐승으로 의인화된 권력들, 생생한 종교적 현상들에 어떻게 반응해야 되는가의 결단들에 직면하게 된다.

이것이 바로 소아시아에 있었던 1세기 그리스도인들이 직면했던 사회적-정치적, 종교적 상황이었다. 많은 학자들은 비록 소아시아에 광범위한 박해의 증거는 없지만, 그리스도인들과 로마 제국과의 종교적 삶의 관계는 모든 시민들에게 엄청난 압력을 행사했다고 주장한다. 왜냐하면 제국 제의는 시민들을 제국의 가치 체계로 통제하기 위한 주요한 전략적 도구였기 때문이다. 이런 관점에서 요한의 서신을 받았던 1세기의 소아시아의 그리스도인들은 '교회냐! 아니면 로마에서 강요했던 제국 제의 행사에 참여해야 하느냐!'라는 삶과 죽음의 갈등에 직면했다. 그리스도인들은 그리스도이든지 또는 로마 황제 시이저를 선택해야 하는 딜레마에 빠지게 되었다. 만약 그들이 그리스도를 그들의 주(Lord)로 고백한다면 그들은 로마 당국의 손에 억압을 받게 될 것이고, 만약 그들이 부인한다면 로마 당국은 그들을 로마 가치 체계의 추종자로 간주하고 그들을 구원할 것이다.

이와 같이 제국 제의가 어디에서나 시행되었던 그 당시에 그리고 모든 시민은 반드시 공적인 종교적 행사에 참여해야 했다. 그런 상황에서 요한계시록은 황제 숭배 또는 제국 제의를 통한 세상 권력을 향해 '새로운 관점' 과 '대체적 이상' 을 제시하고 있다. 이것은 세상을 다르게 보는 것이

14) G. Biguzzi, "Ephesus, It's Artemission, It's Temple to the Flavian Emperors, and Idolatry in Revelation" *NovT* 40, 280-290, 1998.

다. 그리고 다른 대안적 세상을 제시한다. 이런 것들을 통해 성도들이 가진 가치관의 놀라운 반전을 요청한다. 이런 것들을 기본적인 내용들로 채우고 있는 말씀이 요한계시록이다. 요한은 성도와 교회들에게 우선적으로 로마 제국의 경제적, 사회적, 그리고 종교적 상황들을 비판하고 그것이 가진 허상과 기만적 체계를 비판한다. 그리고는 성도들에게 절대로 그들의 허상과 기만적 사기술에 속지 말고 종말론적 축복을 얻기 위해 하나님의 말씀과 그리스도의 증거에 굳게 서도록 격려한다.

2장: 소아시아 일곱 교회의 삶의 자리

필자가 위에 잠깐 언급했듯이 우리가 요한계시록 본문을 읽을 때 피해야 할 요소 중의 하나는 '박해만' 의 상황 속에 있는 소아시아 일곱 교회를 위해 이 말씀이 쓰였다고 하는 주장이다. 이런 주장은 본문의 내용을 지나치게 단순화시키는 약점을 가지고 있다. 2-3장에 등장하는 일곱 교회의 말씀을 우리는 쉽게 이해할 수 있다고 생각한다. 그러나 의외로 2-3장의 본문은 단순하지 않다. 왜냐하면 그 내용들 속에는 사실 요한계시록이 전하고 싶어 하는 모든 내용들이 다 들어 있기 때문이다. 2-3장의 본문에 대한 충분한 내용과 언어를 이해한다면 훨씬 쉽게 본문의 자리에 접근할 수 있을 것이다. 서론적 이해를 위해 일곱 교회가 가진 삶의 자리들을 간략하게 살펴보도록 하자. 그 여행을 지금부터 요한과 함께 시작해 보자.

1. 에베소 교회의 삶의 자리(2:1-7)

에베소 도시는 그 당시 종교적 중심지였다. 에베소 교회에 주신 본문 내용을 읽어보면 에베소 교회에서는 그 어떤 외적 박해의 흔적을 찾아 볼 수 없다. 그들의 문제는 서로에 대한 첫 사랑을 버린 것 때문에 주님으로부터 책망을 받은 것이었다. 그들은 사악한 무리들, 거짓 사도들, 그리고 니골라 당의 행위를 미워한다. 그러나 그런 엄격함 때문에 이웃과 하나님에 대한 사랑을 버리게 된다.

이런 상황들이 교회 내부적으로 문제를 가져오게 했다. 이런 내부적 문제 때문에 주님으로부터 "네 촛대를 그 자리에서 옮기리라"(2:5)는 경고를 받게 된다. 이런 표현은 단순한 엄포 그 이상의 엄중한 경고성 언어이다. 그만큼 교회 내에서 사랑이 있는지 없는지가 교회의 정체성과 미래를 결정하는 중요한 사안이다. 아무리 교회 내에서 중요한 일들이 계획되고 진행되고 성취되어 가고 있다해도 그런 외적인 행위들이 교회를 교회 되게 하지 않는다고 요한은 아니, 주님은 경고하고 있다. 에베소 교회의 문제는 외부로부터 오는 어떤 압력이나 박해 상황을 염두에 둔 것이 아니라 교회 내부로부터 오는 문제임을 기억해야 한다.

2. 서머나 교회의 삶의 자리(2:8-11)

서머나는 황제숭배의 중심 도시로서 이 가운데 위치하고 있는 서머나 교회는 외적으로 심각한 박해의 위협과 유대인들과의 갈등으로 인해 환란과 궁핍을 겪고 있었다. 참 가난하고 어려운 교회였다. 그런 고통과 아픔의 원인에는 분명히 그들의 신실함과 믿음이 작용했다. 로마의 황제 숭배에 참여치 않음에 대한 불이익과 유대인들과의 갈등은 하나님과의 언약에 신실하고자 하는 서머나 교인들에게 경제적 빈곤과 환란이라는 최악의 상황을 낳게 했다. 그들은 황제 숭배의 도시에서 지키는 신실함과 믿음에 대한 대가로 '십' 일 동안의 환란과 궁핍을 겪을 것이다. 물론 여기서 '십' 일은 문자적이지 않다. 불확실하지만 짧고 제한된 기간을 '십' 일이라는 숫자를 통해 메시지화 시킨다.

요한은 이 숫자를 통해 '환란과 궁핍의 짧음'을 강조하고 싶어 한다. 상대적으로 이 짧은 환란과 궁핍 뒤에 있을 비교도 안 될 만큼의 기나긴 축복과 은혜를 보여준다. 이것이 부르심 받은 1세기 서머나 교회의 현 모습일뿐만 아니라 21세기 현재 교회의 모습이어야 함을 요한은 보여주고 싶어 한다. 성도들이 그리스도를 위해 받은 환란과 궁핍함에 대해서 주님이 반드시 보상하시고 축복하신다는 것이다. 환란과 궁핍의 시간들은 그리 길지 않을 것이다. 그러나 너희가 받을 보상은 족히 비교할 수 없을 만큼 크고 길 것임을 강조한다. 서머나 교회에서 내부적인 박해의 흔적보다는 오히려 로마와 유대인들에게서부터 오는 외적인 박해와 궁핍의 상황을 볼 수 있다.

3. 버가모 교회의 삶의 자리(2:12-17)

버가모는 공적인 황제 숭배의 중심지로서 유명한 도시였다.[15] 그래서 이 도시에선 황제 숭배와 제국 제의가 강요되었다. 누구도 예외는 없다. 바로 이런 상황에서 그리스도인들은 하나님을 믿는 백성으로서의 정체성을 확인하게 되는 순간들을 직면하게 된다. 하나님을 섬길 것인가 아니면 로마 황제를 '주와 하나님(*Dominus et Deus*)'으로 섬길 것인가의 선택의 기로에 직면한다. 여기서 두 부류의 그리스도인들을 만날 수 있다. 한 부

---

15) R.H. Mounce, *The Book of Revelation*, NIC, Grand Rapids: Eerdmans, p. 96, 1977.

류는 안디바라고 불리는 유일한 순교자(2:13절)이다. 그는 그가 가지고, 지킨 믿음 때문에 목숨을 버린 것으로 본문은 기록하고 있다. 외적인 박해가 교회에 행해짐을 알 수 있다.

또 다른 부류는 교회 안에서 발람과 니골라 당의 교훈을 지키는 자들이었다. 이들은 하나님의 말씀을 왜곡시키는 버가모 교회 안에 있는 거짓 교사들로 볼 수 있다. 그럼에도 불구하고 문제는 많은 성도들이 그들의 가르침을 따르고 있다는 사실이다. 그들의 가르침은 세상과 또는 그 당시의 절대 권력을 행사하는 로마 제국이 강요하는 황제 숭배와 제사 행위들에 큰 문제가 없다는 것이다. 너희들이 그런 행사에 참여해도 문제가 없고 설마 사랑이신 하나님이 너희를 벌하시겠느냐는 것이다. 그들의 거짓 가르침에 사람들은 마음의 안식과 안도의 한숨을 내쉰다. 사실 그 문제 때문에 어떻게 할 것인지를 고민하고 있었는데 한방에 그들의 고민을 거짓 교사들이 해결해 주었다. 거짓 교사들의 소리가 더 달콤하고 합리적인 것으로 인정되었다. 그래서 그들의 소리를 선택했다.

그러나 본문은 오히려 그들의 선택과는 정 반대의 말씀을 제시한다. 본문 2:16절을 통해 주님은 그들에게 "회개하라"고 경고하신다. 그들의 선택이 틀렸지만 지금이라도 너희가 돌이킨다면 늦지 않았다는 것이다. 이것은 현대 교회 안에서 벌어지고 있는 상황과 크게 다르지 않다. 우리 역시 끊임없이 그 당시의 성도들처럼 세상과 그리스도 사이에 선택해야 하는 극단적 상황에 직면하고 있다. 그런 상황 속에서 성도들이 올바르게 판단하고 선택할 것을 보여준다. 하나님만을 섬기라! 이것이 성경의 소리임을 알아야 한다. 이런 상황들을 통해 우리는 버가모 교회 내에 있는 두 가지 문제점들을 발견할 수 있다. 외적인 억압/박해와 그리고 교회 내적인 타협의 모습이다.

4. 두아디라 교회의 삶의 자리(2:18-29)

두아디라는 무역의 중심 도시였다. 이 교회에서 특별한 외적인 박해나 억압의 모습을 발견할 수 없다. 오히려 교회 안에서 하나님의 백성들을 거짓된 가르침으로 유혹하는 거짓 여선지자인 이세벨이라고 불리는 여인을 발견한다. 그녀는 교회 안에서 성도들 사이에서 강력한 영향력을 끼쳤다. 그리고 그녀는 막강한 영향력을 통해 두아디라 교회 성도들에게 이방 신에게 드려진 우상제물을 먹는 것이 아무 문제가 없다고 유혹했다. 또한 부도덕에로 유인함으로 하나님의 백성들을 타락시켰다.

이 교회가 가진 엄청난 장점들(2:19, "내가 네 사업과 사랑과 믿음과 섬김과 인내를 아노니 네 나중 행위가 처음 것보다 많도다.")에도 불구하고 주님은 그들에게 강력한 경고를 보내고 있다. 너희가 가지고 있는 장점들 가지고는 만족스럽지 않다는 말이다. 너희가 더 신실한 삶을 살아야 함을 말씀하신다. 그것은 바로 '신앙인가! 세상과의 타협인가!' 라는 선택의 기로에서 올바른 결정을 할 것을 권면하고 있다. 세상을 좇지 말고 세상적인 삶의 방식에서 벗어날 것을 말씀하신다. 그것이 주님의 뜻이고 그리고 결국 너희가 택한 결정이 너희의 운명을 좌우한다는 것을 엄중히 보여주고 있다. 이런 사실을 통해서 두아디라 교회가 겪은 삶의 위협적 요소는 외부로부터도, 그리고 로마인들에 의한 황제 숭배도 아닌 이세벨이라는 거짓 여선지자에 의해 일어난 교회 내부의 문제임을 알 수 있다.[16)]

---

16) R.H. Charles, *The Revelation of St. John*, ICC, Vol. 1, T&T Clark, p. 69, 1975[1920].

5. 사데 교회의 삶의 자리(3:1-6)

사데는 상업과 부로서 명성을 떨치던 도시였다. 특히 지형적인 특성 때문에 이 도시는 도저히 침입할 수 없는 난공불락의 도시였다. 또한 이상적인 강력한 요새라는 별명이 붙을 정도의 명성을 가지고 있었다. 이런 지형적 특성으로 인한 자만심과 자기만족 때문에 그 도시가 적들의 손에 의해 침공당한 아픈 기억을 그들이 가지고 있었다. 바로 사데 교회가 이 도시와 똑같은 특성을 가지고 있음을 경고하고 있다. 즉 이 교회가 바로 이런 자만심과 영적인 자기만족이라고 하는 문제점을 가지고 있음을 요한은 보여준다.

3:1절은 이것을 "내가 네 행위를 아노니 네가 살았다 하는 이름은 가졌으나 죽은 자로다"라고 표현한다. 사데 교회의 문제는 외부적 요소에 의한 방해나 박해의 흔적에서는 찾아 볼 수 없다. 오히려 이 교회의 문제는 교회 공동체 내부의 내적인 문제임을 알 수 있다. 그들은 살았다고는 하지만 죽은 모습을 가진 교회의 내적인 상태를 적나라하게 보여준다. 사실 무서운 경고임을 알 수 있다. 정작 당사자들인 본인들은 문제없이 가던 데로 가고 있지만 사실 그 길은 잘못 들어선 길이다.

그런데 더 큰 문제는 본인들은 이 사실을 모른다는 것이다. 겉으로는 모든 게 OK! 였다. 많은 성도들, 넓은 교회당, 다양한 프로그램, 누구나 부러워하는 교회임에도 불구하고 주님이 보시는 것은 달랐다. 그것이 중요하지 않다는 말이다. 그런 외적인 조건들이 너희의 구원을 보장해 주는데 전혀 도움이 되지 않음을 말한다. 그래서 본문 3:3절은 "회개하라"라고 경고하신다.

만약에 회개하지 않으면 내가 도둑같이 와서 너희를 심판할 것임을 본문은 경고하고 있다. 심지어 바클레이(W. Barclay)는 이 교회를 "죽은 자 또는 죽은 교회를 위한 평화스런 교회"라고 칭한다.[17] 얼마나 무서운 말인가? 죽었는데, 그래서 전혀 평화스럽지 않은데, 살았다 하고 평화스럽다 하니 그들의 영적인 수준이 거의 밑바닥임을 알 수 있다. 주님은 그들 스스로를 만족스럽게 생각하는 내적인 문제인 영적인 자기 방종과 영적인 무감각에서 벗어나서 다시 한 번 순결한 영적인 삶과 승리에로 돌이키라는 명령을 하신다.

6. 빌라델비아 교회의 삶의 자리(3:7-13)

빌라델비아는 제국 제의로 유명한 도시였다. 그러나 이 교회는 주님으로부터 칭찬만 받은 교회이다. 이 말이 그들 중에는 어떤 문제도 있지 않음을 의미하지 않는다. 그들 역시 문제를 가지고 있었다. 역시 여기에서도 외부적 요인들이 교회를 어렵게 했음을 알 수 있다. 그것은 주로 적대적인 유대인들과의 갈등이다. 유대인들은 그리스도인들을 박해했다. 그럼에도 불구하고 그들은 그리스도인으로서의 정체성을 상실하지 않았다. 이런 성실한 삶의 태도는 주님 보시기에 합당한 것으로 인정되어 칭찬받았음을 알 수 있다. 우리는 이 교회에서 내부적인 문제인 영적인 방종과 게으름보다는 유대인들에 의한 외적인 박해, 차별, 그리고 갈등 상황을 발견할 수 있다.

---

17) W. Barclay, *Letters to the Seven Churches*, London: SCM Press, p. 85, 1957.

7. 라오디게아 교회의 삶의 자리(3:14-22)

라오디게아는 아주 부유한 도시로 잘 알려졌다. 심지어 A.D. 17년과 60년에 발생한 지진 후에도 정부로부터의 어떤 보조금도 없이 도시 자체의 재정으로 다시 재건할 수 있는 여력을 소유할 정도의 경제력을 소유한 도시였다. 그리고 도시가 자랑스럽게 생각한 의학의 발달, 의류의 중심지, 그리고 재정의 중심지로서의 화려함이 그들의 교회 안에서도 자연스러운 신앙의 양태로 나타나게 되었다. 그들 교회는 부족한 것이 없는 모든 것이 완벽한 교회라고 자랑했다(3:17 "나는 부자라 부요하여 부족한 것이 없다 하나").

여기에서 우리는 라오디게아 교회의 영적인 자기만족과 태만의 모습을 찾아 볼 수 있다. 그들의 문제는 부족하거나 궁핍해서 오는 것이 아니라 오히려 모든 것이 넉넉하고 여유로워서 생긴 것이었다. 이들에게 다시 한 번 주님은 "회개하라"(3:19)고 권면하신다. 본문을 통해 우리는 주님과 그들 사이에 시각의 차이가 있음을 발견할 수 있다. 그들에게 강점이고 세상을 살아가는 유일한 소망일 수 있는 부유함과 넉넉함이 오히려 주님 보시기에는 치명적 약점으로 작용할 수 있다고 말씀하신다. 이런 관점이 단순한 권면으로 요청되는 것이 아니라 그리스도인들의 궁극적 운명을 결정할 수 있는 중요한 기독교적 행동강령임을 보여준다. 우리는 이 교회에서 외적인 박해의 모습, 억압, 강요된 황제 숭배 및 제국 제의의 모습을 찾을 수 없다. 오히려 교회 내부에서 나오는 내적인 자기만족이나 영적인 방종의 모습을 발견한다. 그런 모습이 주님과의 올바른 관계를 가장 방해하는 요소임을 알 수 있다.

지금까지 언급한 일곱 교회의 모습에서 다양한 삶의 양태들을 볼 수 있었다. 바로 이런 다양한 삶의 현장 속에 있던 교회들이 겪었던 문제들을 해결하고 새로운 대안을 제시하기 위해 이 말씀이 요한에 의해 소아시아 일곱 교회들에게 보내어 졌다는 사실을 살펴보았다.

이것은 요한계시록을 이해하는데 아주 중요한 해석학적 열쇠를 제공한다. 이 올바른 상황적 이해는 요한계시록이 단순히 미래 또는 종말을 위한 청사진 내지는 시간표를 제공한다고 믿는 왜곡된 시야를 수정하는 중요한 기초적 전제를 제공한다. 이런 생각에 익숙하지 않은 독자들에게는 다소 당황스러운 논리일지 모른다. 그러나 필자의 생각에는 요한계시록이라는 말씀이 오히려 1세기에 이 글을 받았고, 읽었고, 들었던 일차적 독자였던 사람들과 아무 상관없이 현대인들만을 위한 성경이라는 논리가 우리를 더 당혹스럽게 하는 것이라고 생각한다.

이런 관점에서 본다면 본문 2-3장의 일곱 교회에 대한 진술들은 나머지 전체의 본문들과 아무런 관계없는 단지 일곱 교회에 대한 메시지가 아니라 오히려 요한계시록 전체의 서론적 역할을 담당함을 알 수 있다.[18] 이것은 본문이 단편적으로 분리된 조각의 모음집으로 이루어진 하나님의 말씀이 아니라 아주 잘 짜인 조직과 구성과 통일성을 가진 말씀이라는 것을 알 수 있다.

여기서 우리는 한 가지 의구심을 가질 수 있다. 만약에 2-3장과 4장 이후의 본문들이 연관성을 가진다면, '그러면 왜 4장 이후부터는 2-3장과는 전혀 다른 이미지와 그림 언어들을 사용해서 마치 앞부분과 뒷부분이 서로 조화될 수 없는 퍼즐같이 혼란스러운 언어와 구성을 가지게 되었는가' 라는 것이다. 이것은 다시 뒤에서 논의할 것이다. 중요한 것은 본문을 해

18) 이필찬, 요한계시록 어떻게 읽을 것인가, 성서 유니온 선교회, p. 67, 2000.

석할 때 어떤 렌즈와 칼라를 가지고 본문을 보아야 할 것인가에 대한 것이 결국 본문의 방향을 결정한다는 사실이다. 이것을 위해 다음의 여행지로 향해보자.

제3강

요한계시록의 해석 방법

1장: 전통적 4가지 해석 방법

지금까지 대부분의 요한계시록을 해석하는 사람들은 일반적으로 각자 자기의 해석에 대한 독특한 렌즈와 칼라를 가지고 본문을 바라보았다. 그 렌즈와 칼라를 가지고 말씀을 해석하고 그것이 요한계시록의 내용을 결정하는 큰 잣대가 되었음을 알 수 있다. 따라서 이 말씀을 접하는 사람들이 어떤 방법론을 택하는지는 본문을 바라보는 시야를 결정하기 때문에 아주 중요한 해석학적 틀을 제공한다.

이제 지금까지 해석되어졌던 네 가지 요한계시록 해석 방법을 제시해 보려한다. 이것을 소개하는 이유는 단순히 독자들에게 본문의 해석 역사에 대한 정보를 제공하는 데 있지 않다. 오히려 그런 기나긴 과정을 통해 전개되었던 해석 역사를 다시 한 번 짚어보고 또한 그 동안에 간과되었던 부분들에 대한 보다 건전한 대안을 제시해 보려고 한다.

이것을 통해 지금까지 우리의 눈과 귀를 사로잡았던 극단적 세대주의적 해석 방법이 얼마나 오류가 많았고 우리의 신앙과 삶을 황폐하게 만들었는지를 살펴보자. 극단적 세대주의적 해석 방법은 저자인 요한의 의도와 1세기 때 소아시아에서 매일매일 생존 때문에 고통스럽고 힘들었던 성도들의 삶과 는 분명히 거리가 멀었다. 진리는 다수결이 아니고 목소리가 크다고 맞는 것도 아니다. 말씀을 말씀되게 하자. 그것이 바로 종교 개혁적 원리가 아니겠는가?

1. 역사주의적 관점

이 해석법의 가장 기본적인 전제는 요한계시록을 교회사에 대한 하나의 예언적 말씀으로 본다는 것이다. 즉 초대교회로부터 예수 재림 때까지의 세계역사를 예언적 형태로 기록한 책이 바로 요한계시록이라는 것이다. 본문을 세계 역사의 종말을 계산하기 위한 계산자로 생각해서 우리가 이 내용들에 대한 올바른 역사적 대응을 찾는다면 예수 재림의 날짜를 계산해 낼 수 있을 것이라고 해석한다. 그래서 다양하게 서양 역사에서 일어난 사건들과 본문의 내용들을 조화시켜보려는 무수한 시도들이 있었다. 그러나 이런 식의 해석은 특히 역사와 시대가 증명했듯이 무수히 셀 수 없는 오류를 낳게 되었다. 예를 들면 666이 지금, 이 시대에 누구 또는 무엇을 말하고 있는지에 대한 끊임없는 질문을 하게 된다. 그래서 거기에 대한 다양한 후보자들을 등장시킨다. 인물로는 히틀러, 모택동, 나폴레옹, 오바마 등등. 또는 이런 현상들을 이전 시대에는 '바코드'라고 주장하다가 지금은 베리칩과 연결하면서 소위 베리칩 열풍이 불고 있다. 과연 그런가? 성경은 이런 것들을 말하는 책인가? 다시 뒤에 언급 하겠지만 일단 대답은 '아니요!' 이다.

사람들은 성경을 역사 또는 정치 교과서 같은 것들과 자꾸 혼동하고 있다. 성경은 역사의 위대한 인물을 소개한 역사책도, 정치학 교본도 아니다. 그러나 사람들은 이런 것들에 의해 미혹 당하고 있다. 결국 이 해석 방법은 많은 시기의 징조, 재난의 소식들, 예수 재림 날짜에 대한 관심과 억측 그리고 문제들을 교회에 가져와서 너무도 씻을 수 없는 상처를 주고 있다. 그것의 가장 큰 문제점은 그들이 생각하는 세계 역사가 거의가 다 서구 역사에 치중하고 있는 아주 우스꽝스러운 편협성과 주관성을 보여 준다. 그러나 성경은 본문을 통해 세상 종말 날자의 도표를 전혀 제시하고 있지 않다. 이런 근거로 현 시대에는 많은 학자들이 이 해석 방법에 대해 등을 돌리고 있다.

2. 과거주의적 관점

이 관점은 요한계시록의 내용이 이미 예루살렘 멸망시인 A.D. 70년에 또는 로마 멸망시인 A.D. 476년에 이루어진 것으로 보는 관점으로 요한계시록을 특정한 과거 시대와 상황 그리고 독자에게로 한정시킨다. 그들은 본문이 구체적인 시간, 장소, 목적을 가지고 쓰인 말씀이므로 이 글은 1세기 독자들에 대한 올바른 이해와 시각을 제공한다고 본다. 따라서 요한계시록의 메시지는 그 당시에 살고 있었던 소아시아의 성도들의 상황이나 문제들과 직접적으로 관계가 있고 특히 고난당하는 성도들에게 주는 소망과 위로의 말씀과 관계가 있다고 본다.

이 해석 방법은 요한계시록 내용을 미지의 먼 세상이나 공상적인 별들의 세계 속에서 찾지 않는다. 오히려 우리들의 시선을 저자와 수신자들이 살았던 구체적인 시간과 장소로 향하게 하는 장점을 가지고 있다. 그럼에도 불구하고 승리한 성도들의 최종적 구원과 영광 그리고 악한 자들의 심판과 멸망을 설명한 본문 21-22장의 내용을 제시하는데 있어 취약점을 가지고 있다는 것을 부인할 수 없다. 이 관점은 요한계시록이 그 책을 처음 읽고 받았던 독자들인 그 당시의 사람들을 위해 쓰였다는 장점을 제시하지만 그러나 본문 21-22장의 마지막 절정의 중요성을 간과하는 해석학적 약점을 갖는다.

3. 미래주의적 관점

한국교회가 주로 선호하는 관점이다. 교회나 학교에서 질문을 해 보면 성도들은 이 해석을 좋아한다. 사실 좋아한다기 보다는 자주 접하다 보니 익숙해진 것이다. 문제는 정확히 무슨 내용인지도 모르고 선호하고 따른다. 이제는 누군가는 정리해주고 설명되어져야 할 때가 된 것이다. 그래서 본문을 보는 올바른 시야를 열어주어야 한다. 이제는 덮어 놓고 무조건 믿는 시대가 아니라 성경을 열어 놓고 성경의 소리를 들어야 한다.

이 관점은 주로 본문의 내용을 세상 마지막에 일어날 예언적 말씀으로 해석하면서 특히 본문 4장-22장의 내용들이 역사의 종말이 일어나기 바로 몇 년 안에 일어날 것으로 생각한다. 물론 이 해석을 지지하는 사람들도 세부적으로는 약간의 차이점을 보여주고 있다. 그러나 대부분의 지지자들은 세대주의적 영향으로 본문의 내용들을 미래에 이루어질 사건들의 예언적 말씀으로 해석한다. 또한 많은 본문의 내용들을 문자적으로 본다. 특히 많은 한국 교회들이 과격한 세대주의적 미래주의의 영향으로 문자적 이스라엘의 회복, 교회의 휴거, 7년 대 환란, 적그리스도의 출현, 곡과 마곡의 반란 등과 같은 내용들을 문자적으로 일어날 일들로 보고 있다.

이런 해석의 영향으로 요한계시록의 내용을 지나친 환상과 공상의 세계로 설정해 무모하고 지나친 억측과 상상의 나래를 펼 수 있는 동기와 무대를 제공받았다. 즉 요한계시록이 마치 세상 종말에 대한 정확한 시간표를 제공하려는 목적과 의도를 가진 것으로 보게 되었다.

이 해석을 주도했던 대표적 인물로는 존 넬슨 다비(1800-1882)라는 사람이다. 그는 민족적 이스라엘에 대한 문자적 회복과 강조, 666에 대한 예언적 해석, 휴거 개념에 대한 틀을 형성 그리고 종말에 대한 지나친 강조 등 많은 세대주의 해석의 틀을 마련한 것으로 소개된다. 특히 그의 예수 재림 날짜에 대한 도발적 발언들은 결국 다 불발로 끝났음을 역사적 교훈을 통해서 배울 수 있다.[19] 이러한 역사적으로 명백한 불발과 단죄에도 불구하고 안타까운 것은 아직까지도 유사한 형태의 극단적 시한부 종말론자들이 성경의 내용과 역사적 상관성을 찾는다는 사실이다.

특히 그들은 이런 작업을 통해 예수 재림 날짜에 대한 긴박성을 조장하고 있다. 최근 시중에 떠돌아다녔던 2011년에 성도들의 휴거가 일어나고, 바로 그 이후에 3차 세계 대전이 벌어지고, 혜성의 충돌이 있고 난 후에 지구의 대 재앙의 징조가 시작되면서 마지막 주님이 오실 것이라는 소설 같은 시나리오(?)는 결국 어설픈 헤프닝으로 끝났음을 알 수 있다. 지금 우리들은 성경을 정 반대로 보고 있다. 물론 이 해석법이 말씀의 예언적 적합성에 대한 강조를 둠은 큰 장점으로 부각되어져야 한다. 그러나 요한계시록의 서신적 형태에 대한 강조와 상징적 언어에 대한 잘못되고 지나친 문자주의적 해석은 본문이 쓰인 1세기 그리스도인들과의 상관성을 상실함으로 많은 신학적인 문제를 낳게 되었다.

---

19) 참고. 제임스 M. 이워드(이달 역), 현대를 위한 계시록, 한국장로교 출판사, p. 27-31, 1996.

4. 상징주의적 관점

상징주의적 관점은 위의 세 가지 관점이 각각의 시점들인 과거, 역사적 순서, 미래를 염두에 두었던 것과는 달리 어떤 특정한 시간에 매이지 않고 본문의 내용을 통해 중요한 신학적 메시지를 끄집어낸다. 즉 요한계시록은 예수의 초림부터 재림에 까지 이르는 어떤 특정한 역사적 사건과 시기를 예언적 형태로 보여주는 것이 아니고 오히려 '무시간적인 상징적 메시지'를 통해 계시적 말씀을 전달한다고 주장한다. 이것들의 내용은 하나님과 사탄, 선과 악, 진리와 거짓과의 싸움에서 하나님과 선과 진리의 승리를 그리고 사탄과 악, 거짓의 패배 같은 일반적 원리를 강조하는, 즉 어떤 특정한 시점에 매이지 않고 영적인 진리를 강조하는 해석법이라고 말 할 수 있다.

이것은 연대나 시간에 관심을 쓰기보다는 오히려 성경의 일반적 사상을 통해 메시지의 핵심을 끌어내는 해석법이다. 하나님이 결국 승리하시듯이 신실한 하나님의 성도들 역시 승리할 것이라는 메시지이다. 반면에 사탄이 멸망과 심판이라는 최후의 운명을 맞듯이 성도들을 박해하고 핍박하는 적대자들 역시 사탄의 운명과 다르지 않을 것을 강조한다. 이 해석법의 장점은 특별한 시간과 장소에 매이지 않으므로 모든 시대의 사람들에게 우주적이고 보편적 메시지를 전달할 수 있다는 장점을 가지고 있는 반면에 1세기라고 하는 독자들의 역사적 상황과 마지막 종말에 대한 부분을 간과해 버리는 약점을 가지고 있다.

2장: 새로운 대안적 방법으로서의 다차원적 관점(절충주의적 관점)

요한계시록을 보는 최초의 오류 중 하나는 위에서 제시된 어느 특정한 하나의 해석학적 관점만을 고집할 때이다(특히 첫 번째의 역사주의적 관점은 거의 고려할 가치가 없다고 본다). 이런 해석을 유도했던 가장 중요한 본문의 증거로 많은 사람들은 1:19절을 제시한다. 1:19절은 "네가 본 것과 지금 있는 일과 장차 될 일을 기록하라"라고 말씀한다. 이 구절을 근거로 사람들은 '네가 본 것' 이라는 구절을 1장에서 요한이 체험한 과거의 사건으로, '지금 있는 일'을 2-3장에서 보여지는 현재의 일곱 교회에 주신 현재적 말씀으로 그리고 '장차 될 일' 을 4장 이후에 보여질 주님 재림 전에 있을 미래적 사건을 예견하는 것으로 본다.

한번 질문하고 싶다. 이렇게 나누는 것이 과연 성경적이고 요한의 의도인가? 물론 필자의 대답은 No!이다. 왜냐하면 이런 구분법은 요한의 의도이지도 않고 전혀 본문이 지지하지 않기 때문이다(이에 대해서는 뒤에 다시 논의할 것이다!). 과거에 이런 해석을 지지했던 사람들과 책의 영향력이 아직도 한국 교회 내에 자리 잡고 있어서 교회를 혼란에 빠뜨리고 성도들의 삶과 말씀이 주는 메시지의 내용을 혼란스럽게 함을 부인할 수 없다. 한 가지 기억해야 할 것은 요한계시록의 구조가 이렇게 단순하게 나누이지 않는다는 것이다. 그리고 만약 우리가 하나의 특정한 관점만을 고집한다면 본문 안에서 보여주는 의미의 다양성과 그 풍성함을 만나지 못할 것이다. 왜냐하면 요한계시록 본문 자체의 내용을 고려해 볼 때 매우 다양하고 역동적인 본문의 움직임과 다양한 종류의 관점을 만나볼 수 있기 때문이다. 즉 본문에서 독자들은 과거적 요소, 현재적 요소, 미래적 요소, 그리고 상징적 요소가 다 같이 함께 어우러진 구조를 쉽게 만나볼 수 있다. 이들은 마치 잘 연결된 그물 같이 서로가 서로를 지탱해 준다. 만약 독자들이 건전한 성경 읽기를 시도한다면 본문을 통해 전해주는 아주 아름답고 웅장한 선율을 맛 볼 수 있다. 그러므로 본문의 의미를 극대화 내지는 최대화시키기 위해서 서로를 보강하고 보충해주는 다차원적 관점, 즉 절충주의적 관점[20]을 고려하는 것이 가장 건전한 요한계시록 해석 방법임을 알 수 있다. 그 중에 최우선적으로 고려해야 할 특성은 이 책을 가장 먼저 받고 읽었던 소아시아 일곱 교회의 성도들에게 본문이 의미하는 것을 살펴보는 것이다. 1세기를 살아갔던 사람들의 시간 개념을 살펴보기 위해 시간 여행을 떠나보자!!

20) Grant. R. Osborne, *Revelation*, BECOT, Baker Academic, pp. 21-22, 2002.

제4강

요한계시록에 나타난 시간 이해

성경을 이해하는데 가장 어려운 개념 중의 하나는 성경에 나타난 시간에 대한 이해이다. 그런데 21세기에 살고 있고 성경을 해석하고 있는 현대 그리스도인들의 오류 중의 하나는 너무 쉽게 1세기의 사람들과 21세기의 사람들을 동일화 시키는 유혹에 빠진다는 사실이다. 그리고 이런 생각이 마치 성경의 진리와 통일성 그리고 계시를 바로 드러내는 것처럼 너무도 당당하게 그러한 작업을 다양한 분야에서 행하고 있다. 이에 반해 많은 수의 건전한 학자들은 이러한 단순한 동일화를 걱정하고 있다. 왜냐하면 이런 식의 해석 작업이 너무도 쉽고 단순하게 1세기와 21세기의 시간의 간격과 문화적 격차를 무시하고 있기 때문이다. 거기에는 분명히 건널 수 없는 2000년의 간격이 존재하는 것을 인정해야 한다.

1세기 사람들이 살았던 삶의 상황과 종교, 정치, 경제, 문화는 21세기 사람들이 살고 있는 삶의 상황과 종교, 정치, 경제, 문화와는 아주 다른 시대적, 문화적 격차와 간격이 있다. 이런 시대적 상황에 대한 올바른 이해가 부족하다면 우리는 성경을 해석하는데 끝없는 오류와 무수한 추측을 낳을 것이라는 것은 너무도 자명한 사실이다. 그래서 성경을 이해할 때 성경이 쓰인 그 시대로 돌아가서 그 당시의 안경을 끼고 성경을 본다면 본문 해석에 대한 오류를 최소화 시킬 수 있다. 물론 이런 식의 성경해석은 성경이 정확 무오하고 한 글자의 오차도 없다는 성경 무오성에 대한 도전적 발언이 아니다. 오히려 성경의 권위와 규범적 말씀을 좀 더 건전하고 바른 해석의 지평 위에서 바라본다는 장점을 제시한다.

특히 이것을 요한계시록에 적용할 때는 더욱 더 그러하다. 만약 요한계시록을 이해할 때 이 말씀이 쓰인 1세기의 상황을 이해하지 못한다면 우리와는 다른 시대에 쓰인 본문의 내용을 올바로 이해하지 못할 것이다. 이런 관점에서 신약성서의 모든 책은 1세기에 살면서 그 글을 읽는 일차적 독자의 관점에서 바라볼 때 가장 깊고 소중한 의미를 가진다는 칼라스(J. Kallas)의 통찰은 우리에게 중요한 메시지를 시사한다.[21)]

1장: 1세기의 시간 개념

1960-70년대를 거치면서 소위 '문화 인류학적 접근방법' 이 성경해석에 접목되기 시작한다. 이 방법론의 주된 의미는 현대인의 생활 및 사고방식과 1세기 지중해 연안 사람들의 생활 및 사고방식에 대한 차이를 인식하고 그 간격을 좁히자는 것이다. 이것을 위해서는 1세기 지중해 세계에로의 시간 여행을 떠나는 것이다. 그래서 이 방법론은 성경에 등장하고 소개되었지만 현대인들에게는 낯선 성경 당시의 사람들, 개념들 그리고 문화들에 대한 많은 이해와 설명을 제시해 주었다. 예를 들면 이와 같다. 그 당시의 가족이라는 개념과 현대의 가족이라는 개념 사이에는 많은 차이가 있음을 보여준다. 현대의 가족 개념은 대부분은 핵가족 중심에다가 개인

21) 제임스 칼라스(박창환 역), 요한계시록, 컨콜디아사, p. 36, 1996.

적인 사생활을 강조한 문화라면 1세기의 가족 개념은 좀 다르다. 1세기의 성경시대의 사람들은 개인적이고 사생활을 중요시 여긴 것이 아니라 집단적이고 공동체 중심의 삶을 살았다. 이것이 성경 곳곳마다 암시되어 있다. 성경에 보면 한 사람의 이름을 소개할 때는 누구누구의 아들로 소개함을 볼 수 있다. 세베대의 아들 야고보, 또는 알패오의 아들 레위 등과 같은 언급은 그들 개인이 개인적 존재로서 가치가 인정되기 보다는 오히려 가문이나 공동체에 속한 개인으로서 그들의 존재가 규정됨을 알 수 있다. 바로 이것은 그들의 가치가 개인적이거나 사생활을 중요시 한 것이 아니라 공동체 지향적 삶을 살았음을 보여주는 단편적인 실례이다.

시간에 대한 개념도 마찬가지로 현대 21세기와는 많은 차이가 있다. 그들은 지금처럼 시간을 측정하고 약속을 정할 때 시계나 달력을 보고 약속시간을 잡지 않는다. 전혀 그런 문화와는 상관없는 삶을 살아가고 있었던 사람들이었다. 그래서 정확한 시간보다는 대략의 시간을 정한다. '해 뜰 녘에' 또는 '해가 진 후' '닭울 때' 같은 대략적인 시간의 개념적 이해는 그 당시 시간에 대해서 가졌던 그 시대 사람들의 생각에 대한 반영임을 알 수 있다. 그들에게 중요한 것은 '몇 시'에 또는 '언제'라는 정확한 시간개념이 아니다. 이것은 21세기를 살아가는 현대인들의 관심이다. 현대인들은 정확성과 명료함을 전제로 그들의 목표를 이룬다. 중요한 것은 우리의 관심과 그들의 관심을 혼동하고 무시하면 안 된다. 현대인들에게 중요하고 가장 기본적인 관심이 1세기 성경 시대 사람들에게 있어서 중요한 관심사일 것이라는 편견을 버려야 한다. 어떤 사건에 대해서도 현대인들의 관심은 어떤 일이 '언제' 일어날 것인가에 관심과 흥미를 찾는다면 1세기 성경 시대 사람들은 그런 일은 '반드시 일어날 것'이라는 사실에 중요성을 부여한다.[22)]

이것에 대한 연구는 현대 독자들이 알지 못했던 새로운 형태의 세계로 인도할 것이다. 특히 이런 생각과 개념 이해는 성경을 읽는데 있어서도 동일하게 적용될 수 있다. 성경을 더 잘 이해하기 위해서 성경이 쓰여진 1세기의 상황과 문화적 가치 시스템을 살펴보아야 한다. 왜냐하면 하나님의 말씀이 그들이 살고 경험하고 공유했던 문화나 가치 체계와 무관한 말씀이 아니기 때문이다. 다시 말하면 성경을 쓴 저자나 받는 수신자들 역시 1세기의 사람들과 같이 동일한 사회적 가치 시스템과 생각과 문화를 공유했다는 기본적인 전제를 가지고 성경을 새로운(?) 관점으로 보아야 한다.

너무 성경의 저자나 독자들을 신령한 눈으로만 보는 관점을 조금은 지양하고 그들이 어떤 마음과 생각을 가지고 그리고 왜 이런 말씀을 쓰고 보내야만 했는지를 고민하면서 같이 나누자는 것이다. 이런 생각들은 성경을 바라보는 현대인들의 시야를 1세기라는 소위 성경이 쓰인 시대에로 눈을 돌리게 만들 것이다. 성경 당시의 삶의 상황에로 우리를 바라보게 함으로써 1세기 문화와 21세기 문화가 차이가 있음을 발견하게 할 것이다. 이것의 결과는 놀랍게도 성경의 명료함과 확실한 이해로 현 독자들을 사로잡을 것이다.

22) 브루스 J. 말리나(최대형 역), 신약 시대로 가는 시간 여행, 은성, pp. 263-285, 2001.

2장: 과거, 현재 그리고 미래?

위에 언급 했듯이 우리가 하고 있는 성경해석의 가장 큰 약점 중의 하나는 21세기의 눈을 가지고 1세기를 바라본다는 것이다. 특히 그 본문이 요한계시록일 때는 더욱 그러하다. 그래서 수 십 세기의 역사를 통해서 많은 사람들은 요한계시록 본문에서 미래를 판독하고 세상 종말의 연대를 알아 맞히려하는 시도를 수 없이 해왔다. 즉 요한계시록을 역사의 종말을 보여주는 '시간표' 정도로 생각해서 끊임없는 상상과 환상의 나래를 펴왔던 것이 사실이다. 그 결과는 이 말씀을 '나니아 연대기' 또는 '반지의 제왕' 과 같은 종류의 판타지 소설 정도의 수준으로 살아계신 하나님의 말씀을 격하시켜 버렸다. 심지어는 가장 개혁적이고 보수적임을 주장하고 있는 진영에서 조차도 더욱 이러한 움직임을 활발히 하고 있고 또한 더 큰 문제는 많은 사람들이 그런 식의 주장을 아무 생각 없이 받아들이고 있다는 사실이다. 이것은 본문에 대한 명백히 잘못되고 편협한 해석이다.

이제는 관점을 바꿔야 한다. 그리고 스스로 질문을 던져봐야 한다. 과연 그럴까? 과연 요한계시록이 현대 성도들에게 마지막 종말의 시간표를 전해주기 위해서 쓰인 책일까? 그렇다면 지금까지 역사를 거치면서 발생한 이런 식의 종말론의 움직임들이 실패로 끝난 것은 무슨 이유일까? 종말론자들의 해석들이 계속해서 실패한 역사라면 본문을 주신 다른 어떤 이유가 있는 것은 아닐까? 그렇다면 본문이 정말로 하고 싶은 메시지는 무엇일까?

본문에 대한 올바른 생각의 재정립과 수정이 필요하다. 그것의 시작은 바로 저자인 요한과 일차적 수신자들인 소아시아 일곱 교회가 살아갔던 삶의 상황에서부터 출발해야 한다. 요한계시록은 그 당시의 저자인 요한과 수신자들인 소아시아 일곱 교회의 성도들과 전혀 무관하게 어느 날 하늘에서 뚝 떨어진 책이 아니다.

이 말씀은 영화에서 보듯이 마지막에 있을 우주 전쟁을 보여주려 하지 않는다. 공상과학 만화나 책도 아니다. 또한 재앙의 사건들을 미리 보여주고 그것을 계산하게 만듦으로 종말의 날짜나 시기를 점치게 하는 미아리식의(?) 예언 서적도 아니다. 만약 누군가에 의해 계산된 종말이 A.D. 2500년쯤이라면 이 책의 원 저자와 일차적 수신자들과 요한계시록은 무슨 상관이 있겠는가? 그럼 과연 그들에게 있어서 요한계시록이라는 말씀은 무슨 의미가 있는가? 만약 아무 의미가 없다면 왜 당시 성도들은 말씀을 받고 믿음으로 반응했고 죽기까지 인내했는가? 분명한 성경적 대답은 '의미가 있다' 라고 말한다. 그래서 요한계시록은 정경 66권의 마지막 책으로서의 하나님의 말씀을 마치 마무리 하듯이 성도들에게 의미 있게 다가온다.

분명히 이 말씀은 요한의 수신자들인 소아시아 일곱 교회 성도들에게 위로와 소망을 주었고 그들에게 분명히 어떤 의미가 있었음은 의심의 여지가 없다. 그러면 문제는 무엇인가? 문제는 본문을 잘못 해석하고 오해하고 있는 우리에게 있다. 사실 종말에 대해서 성경 본문 자체는 우리의 생각과는 다른 말씀을 하고 있다.

"그러나 그 날과 그 때는 아무도 모르나니 하늘에 있는 천사들도, 아들도 모르고 아버지만 아시느니라 주의하라 깨어 있으라 그 때가 언제인지 알지 못함이니라"(막 13:32-33). 이 구절뿐 아니라 성경 본문은 대부분 종말에 대해서는 '아무도 모른다' 라고 말한다. 그 날에 대한 것은 전적으로 아버지이신 하나님의 영역이다. 누구도 이 날에 대한 것을 알려고 해서도 안 된다. 이 날에 대한 것은 하나님의 영역인데 만약 누군가가 이런 일을 알려고 시도하거나 안다고 주장한다면 둘 중 하나일 것이다. 그 분은 하나님이시거나 아니면 적그리스도(이단)이든지 둘 중 하나임에 틀림없다.

말씀 자체의 소리를 들어보자. 말씀은 시대의 징조든지 또는 현상적으로 드러나는 사건 자체를 연구하고 탐구해서 주님의 재림 날짜를 너희가 알아내고 그 날을 고대하고 기다리라는 메시지를 제시하고 있지 않다. 그보다는 오히려 지금 너희가 살아가고 있는 이 시간을 하나님과 사람 앞에서 최선과 최상의 모습으로 살아가라는 메시지에 더 초점을 맞추고 있음을 알 수 있다.

그럼에도 불구하고 시대의 현상이나 징조를 보면 주님 오심의 희미한 그림자나 발자취 정도는 볼 수 있다고 주장하는 사람들이 많다. 이런 말장난에 속지 말아야 한다. 그 어디에 성경이 정확한 날짜는 못 가르쳐 주지만 그림자나 흔적 정도는 가르쳐 주겠다는 구절이 있는가? 오히려 성경에 나타난 종말에 대한 시간적 언급들은 그 날에 대한 시간적 정확성과 시간표에 대한 관심 보다는 지금 우리가 살아가고 있는 현재의 삶의 내용과 질적인 문제 그리고 올바른 행동을 유발하기 위한 도전적인 동기에 더 관심을 가지고 있다.[23]

다시 시간에 대한 개념으로 돌아가 보자. 시간이란 개념은 세 가지 시제로–과거, 현재 그리고 미래–나눌 수 있다. 이 세 가지 시제에 대한 올바른 이해는 성경을 이해하는데 아니, 요한계시록을 이해하는데 아주 중요한 해석학적 틀을 제공한다. 왜냐하면 요한계시록이란 말씀 자체도 결국 1세기란 시대적 상황 속에서 태동된 말씀이기 때문이다. 물론 그것은 1세

23) 참고, 이광진, 요한계시록 연구, 크리스천 헤럴드, pp. 257-267, 2004.

기란 시대적 상황을 넘어서는 무시간적 진리를 담고 있음에도 불구하고(2차적 의미로) 1차적으로 살펴보아야 하는 것은 이 말씀이 1세기 소아시아 지방(지금의 터키 지역)에 살고 있었던 바로 그 사람들(일곱 교회 그리스도인들)에게 주어진 말씀임을 인식해야 한다. 그렇다면 이 말씀이 그들에게 어떤 의미가 있었는가? 이런 질문은 아주 중요한 실질적인 해석에 대한 실마리를 제공한다. 따라서 우리는 요한계시록이 쓰여질 때에 1세기의 지중해 연안 사람들의 시간 개념은 어떠했는지 살펴 보자.

말리나(B. J. Malina)는 1세기의 지중해 연안 사람들의 시간개념을 가지고 대표적으로 '문화 인류학적 접근' 을 성경에 접목시켰다. 그는 1세기 시대의 시간 개념을 정리하면서, 우리에게 중요한 통찰력을 제공했다. 즉 21세기를 살고 있는 현대인들은 1세기 지중해 연안에 살고 있는 사람들의 시간 개념과는 전혀 다른 개념을 갖고 있다는 것이다. 21세기의 현대인들의 시간 개념은 주로 **미래 지향적**이라는 것이다.[24] 이런 현대인들의 미래 지향적 성향은 주로 의식주와 같은 인간의 기본적 욕구가 충족된 사회에서 나타나는 특징이다. 현대인의 성향은 주로 진취적 사고방식, 미래 지향적 투자 또는 모험을 시도하는 것을 아주 중요하게 여긴다. 이렇게 미래 지향적 성향을 가진 현대인들이 책을 쓰고 읽는다면 당연히 그들은 미래 지향성을 가지고 현대적 성향에 맞는 내용을 가진 글을 쓰고 읽기를 원할 것이다(이런 미래 지향적인 현대적 성향이 요한계시록을 보는 관점에도 영향을 주었음을 무시할 수 없다).

반면에 1세기 지중해 연안에 살고 있던 사람들의 시간 지향성은 좀 다

---

24) 브루스 J. 말리나(최대형 역), 신약 시대로 가는 시간 여행, 은성, pp. 263-288. 2001.

르다. 그들의 삶은 현대인들과는 다르게 의식주와 같은 인간의 기본적 욕구가 충족된 사회에서 살지 않았다. 신약 성경 시대의 사회는 주로 농경 사회였다. 농경 사회에서는 일반적으로 부를 축적하거나 미래를 계획하기보다는(21세기의 특징 중 하나인) 주로 한 사회체계 안에서 생존하는데 그들 삶의 모든 관심을 집중시켰다.[25] 1세기의 사람들은 미래를 위해 투자하거나 저축을 하거나 미래에 대한 어떤 계획을 갖기보다는 오히려 미래를 하나님의 배타적인 영역으로 인정하고 인간이 침범할 수 없는 것으로 자연스럽게 받아들였다.

반면에 그들은 매일매일 힘들게 살아가야 했고 어렵사리 생필품을 구해야만 했다. 그들은 생존게임에 더욱 그들의 마음을 쏟아야만 했다. 그 당시 하루 노동자 평균 임금이 한 데나리온이었다. 이 돈으로 하루의 삶을 연명해야 했다. 산술적으로 일 년의 삶을 위해서는 365데나리온이 필요했지만 대부분의 사람들은 약 200데나리온의 돈으로 일 년을 살아가야 하는 삶의 궁핍함을 겪어야 했다. 그들에게 중요한 것은 진취적 사고방식, 미래 지향적 투자 또는 모험을 시도하는 무모함이 요구되어지는 것이 아니라 오늘 하루 어떻게 버틸까가 더 중요한 관심사였다. 이런 매일매일의 처절한 생존 게임을 해야 했던 사람들에게 만약 21세기에 살고 있는 우리가 시간의 선호도를 묻는다면 아마도 그들의 대답은 현재 지향적인 **'오늘/지금/여기에서의 삶'**이 가장 중요하다고 대답했을 것이다. 즉 그들의 시간 지향성은 주로 현재 지향적이었다.

성경은 시간의 현재 지향적 성향에 대한 많은 예를 제시하고 있다. 주

---

25) 존 J. 필치/브루스 J. 말리나(이달 역), 성서 언어의 사회적 의미, 한국 장로교 출판사, pp. 57-60, 1998.

기도문에서도 “**오늘날** 우리에게 **일용할 양식**을 주옵시고”(마 6:11)라고 오늘에 대해서 강조하고 있다. 또한 “내일 일을 위하여 염려하지 말라 내일 일은 내일 염려 할 것이요 한 날 괴로움은 그 날에 족하니라”(마 6:34), “오늘날 다윗의 동네에 너희를 위하여 구주가 나셨으니”(눅 2:11), “**오늘** 구원이 이 집에 이르렀으니”(눅 19:9)라고 성경은 **‘오늘’** 즉 **현재에 대한 지향성**을 추구한다.

이 같은 몇 가지 예들은 성경에 등장하는 시간에 대한 우리의 시야를 과거나 미래보다는 현재를 지향하도록 인도한다. 그렇다면, 그들은 현재 지향적 가치나 사고를 염두에 두고 글을 쓰거나 읽기를 시작하고 마쳤을 것이다. 요한계시록도 이와 같지 않을까? 성경에 나타난 시간이란 관점을 볼 때, 성경을 쓴 저자들의 주된 시간에 대한 지향적 성향이 그들이 살고 있었던 현재나 현재적 사건에 뿌리를 두고 있었음이 분명하다.

성경을 바라보는 우리의 문제 중의 하나는 바로 21세기의 눈을 가지고 1세기를 바라본다는 사실이다. 그래서 발생하는 시간적, 문화적, 그리고 사고방식의 간격은 시간이 갈수록 더욱더 넓어짐을 알 수 있다. 이 둘 사이에 존재하는 긴장이 큰 난제로 우리 앞에 우뚝 서 있다. 이렇게 잘못된 편견을 가지고 성경을 볼 것이 아니라 성경이 말하는 그 소리를 듣고 그것이 제시하는 방향을 따라가는 것이 성경을 가장 성경되게 하는 것임을 잊지 말아야 한다.

특히 그 본문이 요한계시록일 때는 더욱 주의해야 하고 그러기에 시간에 대한 1세기의 틀을 이해하는 것은 아주 중요하다. 사소한 것처럼 보이지만 시간에 대한 중요한 개념을 놓쳐 버린다면 본문을 오늘날의 시대처럼 왜곡할 수밖에 없다. 그러나 만약 시간에 대한 현재적 방향성을 이해한다면 새로운 시각으로 본문을 바라보는 놀라운 반전을 경험할 것이다.

1세기의 사람들이 선호하는 두 번째 시제는 **과거**이다. 그들은 과거를 회상하고 기억한다. 특히 현재의 고난과 위기의 순간에 성경 시대의 사람들은 과거를 회상한다. 그것의 의도는 '기억하라' 는 것이다. 기억하라는 요청의 의도는 과거를 기억하는 것이 현재 너희들의 삶을 의미 있게 만든다는 것이다. 특히 **'현재적 삶의 과격한 결단'** 을 위해 과거를 회상케 한다. 과거의 회상을 위해 주로 사용되는 본문은 출애굽 사건이다. 왜 자꾸 출애굽 사건을 기억케 하는 것인가? 과거 출애굽 사건이 그리스도인들에게 가져오는 의미는 무엇인가? 이 사건은 그들에게 놀라운 반전의 스토리를 제공한다. 즉 이스라엘 백성들의 고난과 고통의 때에 하나님이 도우셨다는 것이다. 과거 출애굽 사건 때 하나님이 도우셨던 것을 기억하라는 것이다. 비록 지금 눈앞에 보이는 현실은 고난과 위기의 상황이지만 과거 출애굽 사건 때에 이스라엘 백성들을 도우셨던 그 하나님이 지금 고난과 고통의 때를 보내고 있는 너희들을 도우시지 않겠느냐는 것이다. 당연히 그 질문에 대한 대답은 '반드시 하나님이 도우실 것입니다!' 라는 것이다. 이런 과거에 대한 회상과 기억은 결국은 현재의 결단을 촉구케 하고 현재 상황을 극복하기 위한 전략적 수단임을 알 수 있다. 이런 전략을 통해 성경 저자들은 지금, 여기에서 고통당하고 있는 하나님의 백성들에게 확고한 안전성과 위로를 제시한다.

마지막으로 당연히 세 번째 시제는 **미래**이다. 1세기 사람들은 미래에 대해서 진지하게 생각을 하지 않았다. 왜냐하면 그들의 관심은 현재 지향적이기 때문이다. 그럼에도 불구하고 명백히 미래를 나타내고 있는 본문 21-22장에서 새 하늘과 새 땅 그리고 새 예루살렘을 소개하는 이유는 무엇인가? 1세기 사람들이 현재를 선호한다면 왜 이 단락에서는 미래를 언급하고 있는가? '장차 올 미래를 위해서 아닌가' 라고 반문할 수 있을 것이다. 당연히 그리스도인들은 미래에 소유할 새 하늘과 새 땅 그리고 새 예루살렘을 사모해야 한다. 이것이 성도들의 궁극적 목적이기 때문이다. 맞는 말이다. 그 누가 이것을 부인할 수 있겠는가?

그러나 자세히 본문의 의도를 잘 살펴봐야 한다. 요한의 의도는 무엇인가? 그의 의도는 미래에 소유할 새 하늘과 새 땅 그리고 새 예루살렘의 모습이 이러 저러함을 소개하기 위해서가 아니다. 오히려 요한의 의도는 새 하늘과 새 땅 그리고 새 예루살렘을 소유하고 누리기 위해서 **지금, 여기에서** 무엇을 해야 하는가에 초점이 있음을 보아야 한다. 결국은 **지금, 여기에서**의 성도들의 현재적 삶이 그들을 새 하늘과 새 땅 그리고 새 예루살렘에로 인도할 것이라는 메시지를 전하고 있다. 이 말은 미래 역시 현재를 지향케 하기 위한 중요한 전략적 수단으로 등장시키고 있음을 보아야 한다. 아무리 종말에 대한 관심, 수준 높은 신학, 미래의 화려한 외적인 교회와 성도들의 숫자를 자랑한다고 해도 **지금, 여기에서**의 현재적 삶이 빠진다면 그것은 아무것도 아님을 보여주고 싶어 한다. 결국 요한은 본문을 통해 현재의 올바른 선택과 결단 그리고 현재적 삶을 위한 전략적 수단으로 미래를 제시하려는 의도를 가지고 있다. 로버트 카이사르(R. Kysar)는 "영원은 현재다"[26]라는 문구로 미래를 현재의 빛 아래서 보아야함을 올바르게 제시한다.

3장: 요한계시록에 나타난 시간 이해

지금까지 요한계시록을 바라보고 해석해 왔던 가장 큰 오류 중의 하나는 이 말씀이 마치 하늘에서 떨어져서 장차 종말에 벌어질 세계의 일들을 미리 보여주고 그 시간과 사건을 추측하게 하고 예상하는 내용으로 오해케 한 것이라고 지적했다. 이런 오류의 결과는 사람들에게 미래에 대한 호기심과 무수히 많은 자극적인 억지 해석을 가져 왔다는 것을 또한 살펴보았다. 특히 이 말씀은 많은 대중 설교가들이나 전문적으로 신학 교육을 받지 못한 사람들의 놀이터가 되어서 교회나 신자들의 삶에 막대하고 지속적인 잘못된 영향력을 끼쳐 왔음을 부인할 수 없다.

이 말씀은 비밀스럽거나 암호화된 말씀이 아니다. 본문 처음에 나오는 "예수 그리스도의 계시라"(1:1)는 말씀에서 '계시' 란 헬라어 단어 '아포칼립시스('Αποκάλυψις)' 는 '드러냄 또는 보여줌' 이라는 뜻이다. 이 단어가 의미하는 것은 이 말씀이 가려지거나 암호화되고 이해할 수 없는 어려운 책이라는 오해를 일단은 수정케 한다. 본문은 이 말씀을 읽고, 듣고, 그리고 지키려고 하는 사람들에게 드러내고 보여줌으로 어떤 메시지를 주고 싶어 한다. 즉 이 말씀은 감추고 숨겨서 이해하기 어렵게 하려는 것보다는 오히려 어떤 의도를 가지고 이 메시지를 보내는 것임을 알 수 있다. 어떤 신앙적 결단이나 삶의 결과물을 얻어내기 위한 목적과 의도에서 이 책을 쓴 것이 분명하다.

많은 사람들이 오해하는 것 중의 하나는 이 말씀은 앞선 65권과는 다른 차원에서 보아야 한다는 생각이다. 요한계시록은 하나님의 비밀스런

---

26) 로버트 카이사르, 나채운 옮김, 요한 복음서 연구, 성지 출판사, p.198, 1996.

종말에 대한 책이기에 앞선 65권과는 다른 눈을 가지고 읽어야 된다는 것이다. 이런 잘못된 인식이 교회와 교인들 사이에 팽배해 왔다. 그러나 이런 식의 요한계시록 읽기는 본문과 요한의 의도를 완전히 왜곡시키고 성도들의 삶을 황폐화 시키는 것임을 인식해야 한다. 비록 본문이 어렵고 때로는 이해하기 힘들지만 요한계시록도 성경이라는 '단순하지만 중요한 사실' 을 무시해 버리면 안 된다. 요한계시록도 다른 성경과 동일하게 역시 살아계신 하나님의 말씀이다. 그래서 이 말씀을 읽을 때 독자들은 다른 성경을 읽을 때와 동일한 맥락에서 읽어야 한다.[27)]

필자가 학위 논문을 위해 처음 요한계시록을 연구하면서 받은 충격이 바로 이것이다. '요한계시록도 다른 성경 책과 동일하게 읽어야 한다' 는 짧은 문장이 본문에 대한 편견과 선입관을 가지고 있었던 필자의 생각을 완전히 바꾸고 본문을 새롭게 보는 눈을 열어주었다. 이 말이 왜 중요하냐 하면 대부분의 성경을 읽는 방법이 건전하게 진행되다가 요한계시록이라는 부분에 와서는 잘못된 본문 읽기 분위기로 바뀐다는 것이다. 이 말씀은 다른 말씀들과는 다르다는 것이다. 그래서 다른 성경을 해석할 때와는 다르게 해석해야 한다는 것이다. 그리고 우리의 머릿속은 갑자기 지우개로 지운 듯이 하얗게 변한다. 과연 그런가?

누구든지 책을 쓸 때면 머릿속에 어떤 의도나 분명한 생각을 가지고 저술을 시작한다. 그리고 저술을 통해서 자기가 의도했던 것을 당대의 독자나 사람들에게 전달하려고 노력한다. 자신의 사상, 상상력, 비전 그리고 소신을 사용하여 그 전달을 통한 최대의 효과를 기대한다. 글쓰기는 글을 쓰는 저자와 그 글을 받는 독자나 청중 상호간의 공감대 형성에 가장 기

27) De Smidt, J.C. *Neotest* 28, pp. 229-244, 1994.

본적인 전제를 가진다. 여기서 우리가 유념해야 하는 가장 기초적인 책 읽기의 전제는 그 책의 메시지가 글을 쓴 작가와 같이 살아가고 있는 그 당대의 사람들을 위한 것이라는 사실이다.

요한 역시 이와 다르지 않다. 그는 2000년 이후 미래에 살아갈 우리들을 위해 요한계시록을 쓰지 않았다. 그의 관심은 21세기에 살고 있는 현대의 성도들이 아니다(오해는 하지 마시라. 예언적 말씀으로서 본문은 현대의 성도들에게 동일하게 적용된다). 그의 관심은 그와 동 시대를 살고 있으면서 성도로서의 실존적 문제에 직면했던 사람들이다. 그는 일차적 청중(1세기 당시의 성도들)에게 지금 이 글을 보내고 있는 것이다.

위에서 언급했듯이 요한 역시 현재 지향적인 사고방식과 가치관을 가진 1세기에 속한 사람임을 기억해야 한다. 그래서 그 역시 현재 지향적 사고로 글을 쓰고 있다. 이런 관점에서 본다면 요한계시록의 말씀은 현대의 성도들을 위해 장래에, 미래에 일어날 어떤 사건이나 시간과 종말에 대한 현대인들의 관심을 충족시켜 주기 위해 쓰인 것이 아님을 알 수 있다. 오히려 저자인 요한은 1세기 그 당시 소아시아에서 벌어졌던 역사적 사건들과 사실들에 대한 문제점들을 예언자적 통찰력을 가지고 파악한다. 그리고 이런 문제들이 그 당시 일곱 교회 공동체에 끼친 영향들 그리고 끼칠 영향들에 대해서 하나님으로부터 환상을 보고 진지한 기독교적 고민을 가지고 그 해결책과 대안을 제시한다. 즉 일곱 교회 공동체를 위한 기독교적 대안을 제시하기 위해 요한계시록이라는 말씀을 썼다 라고 보는 것이 훨씬 많은 본문의 지지를 받는다. 이것은 1세기 사람들이 현재 지향적 사고를 선호했다는 전제를 이해한다면 어렵지 않게 내릴 수 있는 결론이다.

지금까지 시간 이해를 통해서 요한계시록은 하늘로부터 떨어진 신비한 우주전쟁의 모습을 그린 21세기의 공상과학 소설과 같은 부류의 책이 아니라고 설명했다. 오히려 이 말씀을 보낸 하나님의 사람 요한이 그 당시 이 말씀을 받았던 소아시아 일곱 교회의 상황을 해결하기 위해 보낸 선지적이고 예언적 말씀임을 설명했다. 이런 기본적인 요한계시록의 시간 이해는 21세기 독자들이 1세기에 쓰인 본문 읽기에 대한 시대착오적 오류를 피하기 위해 아주 중요한 근거를 제시한다.

제 5 강

요한계시록이 사용된 배경적 상황 이해

앞에서 언급했듯이 요한계시록은 무시간적인 상징으로 쓰이지 않았고 그것이 쓰일 때는 정확한 삶의 상황이 있었다는 사실을 살펴보았다. 이런 삶의 상황에 대해 깊게 살피는 것은 성경 해석의 아주 기본적인 일임에도 불구하고 많이 너무 무시되어 왔다. 신약성경의 거의 절반을 쓴 바울 같은 경우도 정확한 수신자들을 염두에 두고 그의 서신을 썼다고 하는 데는 그 누구도 다른 의견을 제시하지 않는다. 그러나 우리는 요한계시록이라는 말씀 앞에 오면 이런 성경 해석의 전제를 다 망각하고 갑자기 환상과 만화경 같은 세계로 진입한다. 그리고 본문이 얘기하지 않는 상상의 나래를 펴고 본문에 대한 끝없는 미로의 여행을 떠난다.

본문 자체는 이러한 상상력에 대해서 일침을 가한다. 왜냐하면 요한계시록 역시 다른 말씀과 같이 동일한 사회적, 정치적, 종교적, 역사적 상황 속에서 태어나게 된 하나님의 계시적 말씀이기 때문이다. 보링(E. Boring)이라는 학자는 요한계시록은 천국이라는 초월적 세계에 들어가는데 많은 관심을 가진 개별 사람들을 위해 쓰인 말씀이 아니라 요한계시록이 쓰인 그 당시에 어려운 사회적, 정치적, 종교적 결정을 해야만 했던 기독교 공동체의 지체들을 위해 쓰인 말씀임을 주장한다.[28]

1장: 읽는 자, 듣는 자들, 지키는 자들

학자들은 요한계시록이 예배 중에 읽혀지도록 보낸 말씀이라는데 대부분 동의한다. 여러 가지 요소 중에서 예배가 본문에서 가장 중요한 요소 중의 하나라는 것이다. 요한은 진정한 예배의 대상이 누구인지를 밝히 드러내며 이 땅에서 진정한 예배의 삶을 살아가도록 촉구하고 있다. 학자들은 요한계시록을 '예배'라는 관점에서 새롭게 조명하기 시작했다. 요한은 예언적 말씀을 일곱 교회에 보냈고, 말씀을 받은 교회는 예배 중에 이 말씀을 낭독했다. 그래서 2-3장에서 일곱 교회에 보낸 메시지에는 공식처럼 쓰인 "귀 있는 자는 성령이 교회들에게 하시는 말씀을 들을찌어다"(2:7, 11, 17, 29; 3:6, 13, 22)라는 말을 계속적으로 반복한다. 반복된 후렴구의 의미는 본문이 예배 중에서 읽혀지고 들려졌음을 보여준다.

여기서 기억해야 하는 것은 우선적으로 요한계시록의 말씀은 읽혀졌고 들려진 하나님의 말씀이라는 사실이다. 이렇게 요한계시록은 낭독을 통해 그들에게 권면의 메시지를 전하고자 한 목회적이고 교회 중심의 성격을 가진 서신이다. 이것은 본문에 대한 해석을 고려할 때 아주 중요한 특징 중의 하나이다.

이것에 대한 본문의 내적 증거는 1:3에 근거한다. 1:3절에서는 "이 예언의 말씀을 읽는 자와 듣는 자와 그 가운데에 기록한 것을 지키는 자는 복이 있나니 때가 가까움이라"고 기록하고 있다. 이것은 말씀이 예배 중에 누군가에 의해 읽혀지고 청중들은 듣고 있었다는 사실을 보여준다. 이 본문 가운데 '읽는 자'라는 헬라어 '호 아나기노스콘(ὁ ἀναγινώσκων)'은 단

---

28) M. Eugene. *Boring, Revelation, Interpretation*, John Knox Press, p. 60, 1989.

수이다. 이 단어가 의미하는 것처럼 본문의 말씀이 예배 중에 어느 한 사람에 의해서 읽혀졌음을 알 수 있다. 교회 대표자든지 목회자든지 어느 한 사람에 의해 요한계시록 본문이 회중 앞에서 읽혀졌다. 공공 예배 시에 말씀을 읽는 관습은 유대교에서 모세 율법 또는 예언서들을 읽을 때 일상적으로 행해졌었다.[29] 이런 유대적 예배 형식이 자연스럽게 일곱 교회 안에서 규칙적으로 행해졌을 것이다. 그리고 이 단어에 이어서 나오는 '듣는 자들과 지키는 자들'로 읽혀지는 헬라어 '호이 아쿠온테스(οἱ ἀκούοντες)'와 '테룬테스(τηροῦντες)'는 복수 형태[30]이다.

이렇게 '읽는 자'는 단수로, '듣는 자들과 지키는 자들'은 복수로 쓴 것은 이들 모두가 온 교회의 회중들이기 때문이다. 이 고백에서 아주 단순하지만 중요한 개념을 발견할 수 있다. 그것은 이 글을 보내는 저자 요한과(궁극적으로는 하나님이시고 예수 그리스도) 수신자들인 소아시아 일곱 교회 사이에는 온전하고 충분히 이해 가능한 형태의 의사소통이 예배 중에 이루어졌다는 것이다.[31] 이 말이 시사하고 있는 것은 본문이 예배의 상황 속에서 저자인 요한과 일차적 수신자들인 소아시아 일곱 교회의 회중들과의 **의사소통**에 기본 전제를 두고 있음을 보여준다.

이 시점에서 질문을 한 번 해보자. 1세기의 이 글을 읽고 듣고 지켜야 하는 자들로 부르심 받은 청중들은 과연 이 말씀을 이해했을까? 강의 때나 세미나 때에 이런 질문을 해보면 대부분의 사람들의 대답은 '아니요! 그들 역시 이 말씀을 이해하지 못했을 껄요.'라고 대답한다. 왜냐하면 요

---

29) R.H. Charles, *The Revelation of St. John*, ICC, Vol. 1, T&T Clark, pp. 7-8, 1975[1920].

30) 지금의 개정 개역성경은 이 둘을 단수로 번역하고 있다.

31) Simon J. Kistemaker, *Revelation*, NTC, Baker Books, pp. 79-80, 2001.

한계시록은 예언이고 계시의 말씀이기 때문에 비록 그들이 이 말씀을 들었지만 이해하지 못할 것이라고 대답한다. 이런 코미디 같은 대답이 어디 있는가? 말씀을 듣고 위로나 소망의 메시지를 얻기 위해서 예배로 모인 청중들이 자기들이 들은 말씀을 이해하지 못한다는 것이 과연 가능한 설정인가? 생각과 사고의 전환이 필요하다.

지금까지 가졌던 잘못된 편견과 이상하게 떠돌아 다녔던 무성한 소문에 대한 철저한 검증과 수정이 필요하다. 본 책의 기본적 전제는 **'반드시 그들은 이해했다'** 라는 관점으로 문제를 접근했다. 이런 관점을 지지하고 이 틀 안에서 본문을 해석하기 원한다면 이 말씀이 쓰인 당대의 사회적, 정치적 그리고 종교적 상황을 고려하는 것이 가장 현명하고 올바른 방법이다. 그러나 이런 바램과는 달리 대부분은 너무나 동떨어진 해석을 한다. 이런 신학적인 영향으로 본문의 대부분을 환상과 공상의 세계로 밀어 버렸다. 따라서 이 말씀이 원래 의도했던 것과는 전혀 다르게 하나의 공상과학 같은 부류의 책으로 전락되어버렸다.

이런 잘못된 오해를 가져온 대표적인 사람은 세대주의 신학의 창시자 존 넬슨 다비(John Nelson Darby)였다. 그는 지나친 문자주의적 해석에 치우쳤다. 무엇보다 그는 시간의 간격을 무시하고 원래 주어진 상황보다는 21세기의 현대적 안경을 끼고 본문을 보려는 잘못을 범했다. 그 결과로 장차 벌어질 3차 세계 대전, 핵전쟁의 공포, 아마겟돈과 같은 검증되지 않은 개념들을 본문에서 끄집어내서 마치 이런 일들이 벌어질 것을 본문이 예언하고 있는 것처럼 사람들을 미혹했다. 과연 1세기의 독자들이 예배중에 들려나오는 본문의 말씀을 통해 3차 세계대전과 핵전쟁의 공포를 느끼면서 두려움 가운데 본문을 접했겠는가? 과연 그들이 그들과 상관없는 미래의 어느 날 벌어질 아마겟돈 전쟁을 염두에 두고서 본문을 들었겠는가? 여기에 대한 우리의 대답은 No! 이어야 한다. 그것은 21세기의 눈으로 1세기를 보는 즉 본문의 의도를 100% 역행하는 잘못된 해석이다. 이런 방식의 해석에 대해서 넬슨 크레이빌(N. Kraybill)은 정반대의 의견을 제시했다. 요한계시록은 2000년 뒤에 벌어질 일들을 예언의 형식으로 진열해 놓은 책이 아니라 오히려 저자 요한이 살던 시대의 일들을 실제적이고 구체적으로 보여준 말씀이라고 강조했다.[32)]

이렇게 본문을 21세기의 현대적 안경을 끼고 보려는 생각은 요한의 의도하고는 거리가 멀뿐만 아니라 성경을 보는 아주 기초적인 해석과 신학에 대한 오해와 무지 때문이다. 1세기를 살아갔던 그들에게 너무도 낯설고 이해할 수 없는 개념으로 내용을 탈바꿈시켜 버리고 말았다. 성경을 삼류 소설화 시켜버리고 말았고 사람들은 내용의 실체도 제대로 인식하지 못하고 거기에 열광하기 시작했다.

본문은 저자 요한이 소아시아 일곱 교회의 문제를 해결하기 위해 하나님에 의해 본 환상의 내용을 보낸 것이다. 그래서 독자들에게 '아 정말 주님 당신이 오셔야 되겠습니다' 라는 믿음의 반응과 결단을 얻어냈다. 그러므로 1세기의 눈으로 1세기를 보아야 한다. 그들은 이 말씀을 읽었고 들었고 지켜야 함을 뼈저리게 인식했다. 그들은 당연히 요한의 메시지를 통해 믿음의 반응을 보였음을 본문 자체를 통해서 볼 수 있다. 이렇게 일차 독자에게 주어진 메시지의 의미를 정확히 파악하고 나서, 그 말씀이 오늘을 살아가는 현대인들에게 어떤 의미로 적용되어야 하는 지를 진지하게 고민해야 한다. 요한계시록이 21세기를 살아가는 우리의 현재 상황과 미래를 보여주기 위한 예언적 비밀 코드가 아니라 1세기 소아시아의 그리스

32) J. 넬슨 크레이빌, 박노식 역, 요한계시록의 비전, CLC, p. 23, 2012.

도인들을 위해 쓴 목회서신[33]임을 전제하면서 본문에 대한 좀 더 올바른 이해를 가질 것을 요청한다. 이렇게 요한계시록은 1세기의 독자들 – 소아시아의 일곱 교회 – 에게 보내져서 공적 예배 시에 읽혀졌을 뿐만 아니라 (1:1, 3-4; 22:6-7, 10, 18) 그 내용들이 충분하게 이해되어지면서 용기와 위로를 주었다는 사실을 기억해야 한다.

2장: 요한계시록의 구약 인용과 문화적 소통

요한계시록을 처음 접하게 되면서 필자가 놀랐던 몇 가지 내용 중의 하나는 요한계시록 안에는 많은 구약의 내용과 인용으로 가득 차 있었다는 것이다. 그러면서 왜 요한계시록은 구약의 내용으로 가득 차 있는가에 대한 질문을 갖기 시작했다. 본문을 연구해 나가면서 거기에 대한 해답을 찾기 시작했고 그 질문에 대한 실마리를 발견했다. 그렇다면 '왜 본문에는 그렇게 많은 구약의 그림언어를 사용하고 있을까?'를 살펴보자.

요한계시록에는 다양한 그림언어들로 가득 차 있다. 그것은 우리가 요한계시록이라는 성경을 읽을 때부터 만나게 되는 피할 수 없는 사실이다. 본문을 이해하는데 가장 어렵게 만드는 것은 바로 '낯선 그림언어'이다. 그러나 만약 요한이 사용했던 이 그림언어가 단순하게 이해할 수 없는 천상의 그림언어가 아니라 그 당시 이 말씀을 받았던 1세기 소아시아 독자들에게 익숙한 언어라면 관점은 약간 달라질 것이다.

만약 이것이 사실이라면 그들 즉 1세기 소아시아의 그리스도인들에게

---

33) 이광진, 요한계시록 연구, 크리스천 헤럴드, p. 57, 2004.

가장 강력한 메시지와 상징적 의미를 전달할 수 있는 자료는 과연 무엇이겠는가?

첫째는, 그들에게 가장 익숙하고 친근한 그리고 가장 쉽게 이해될 수 있는 언어인 구약의 그림언어를 사용하는 것이다. 강력한 유대적 특성으로 그들은 구약의 그림언어에 아주 능통했다. 이런 것들은 하나님 말씀에 대한 경외감, 연구, 그리고 해석이라는 과정에 익숙한 유대적 특성을 반영한다고 볼 수 있다. 1980년대 이후에 많은 학자들은 요한계시록에 나타난 구약 인용을 연구하기 시작했고 놀라운 연구 결과를 얻기 시작했다. 그들은 본문에 나타난 다양한 어구와 단어들이 구약의 많은 부분에서 인용되었음을 밝히면서 요한계시록에 나타난 구약의 중요성을 부각시키기 시작했다.[34)]

예를 들면 만나, 낙원, 이세벨, 생명나무, 발람, 성전, 인자, 새 예루살렘 등과 같은 언급들은 구약에 아주 익숙한 그들의 상황이 반영되었음을 보여준다. 학자들은 본문에 나타난 구약 인용의 암시에 대한 구절들을 연구하기 시작했다. 스웨트(H.B. Swete)는 요한계시록 전체 404 구절 중에서 구약이 278회 정도 인용되었다고 주장한다.[35)] 약간의 차이는 있지만, 많은 학자들이 요한계시록의 상당 부분이 구약에서 인용되었음을 밝히고 있다. 특히 세 가지 심판시리즈(인, 나팔 그리고 대접심판)에서 대부분의 언어는 구약의 출애굽 언어에서 온 것임을 알 수 있다.

그럼 왜 요한계시록에서는 이렇게도 많은 구약이 인용되었는가? 이것

---

34) 요한계시록에 나타난 구약 인용에 대한 중요한 연구를 위해 G.K. Beale의 "John's Use of the Old Testament in Revelation"을 참고하라.

35) H.B. Swete, *Commentary on Revelation*, Grand Rapids, Krugel Publication, p. cxl, 1977.

은 무엇을 의미하는가? 답변은 그리 어렵지 않다. 그 이유는 청중들이 이런 언어들을 이미 잘 알고 있고 익숙해져 있기 때문이다. 따라서 그들은 본문의 내용을 듣고 이해하는 데 큰 문제가 없었다는 것이다. 그러나 그 많은 구약 인용 중에 직접적으로 구약을 인용한 예는 없고 거의 대부분의 구약 인용은 다 간접인용이다. 요한은 구약을 인용할 때 똑같이 그 내용과 형태를 빌려오지는 않았다. 그는 인용된 형태와 내용을 요한계시록이라는 상황에 맞게 기독교적으로 재해석을 했다.

예를 들면 본문 1:7절은 "볼지어다 그가 구름을 타고 오시리라 각 사람의 눈이 그를 보겠고 그를 찌른 자들도 볼 것이요 땅에 있는 모든 족속이 그로 말미암아 애곡하리니 그러하리라 아멘"이라고 기록하고 있다. 주님 재림에 대한 본문으로 익숙한 구절이다. 1:7절 역시 두 가지 구약 본문을 인용하고 있다. 다니엘 7:13절과 스가랴 12:10절이다. '구름을 타고 오심'을 다니엘 7:13절의 "인자 같은 이가 하늘 구름을 타고 와서"에서 인용하고 '찌름과 애통'에 대한 본문은 스가랴 12:10절의 "그들이 그 찌른바 그를 바라보고 그를 위하여 애통하기를"에서 인용한다.

요한은 두 개의 구약 본문을 다시 현재 요한계시록 본문에 맞게 재해석한다. 그래서 다니엘 7:13에서 '인자의 구름타고 오심'을 '예수의 오심'으로 묘사하고 그리고 스가랴서 12:10에서 하나님에 대한 이스라엘의 배반을 묘사한 '찌름과 애통'을 예수에 대한 '찌름과 애통'으로 전환시키는 것을 볼 수 있다. 요한은 두 가지 구약 인용을 통해 예수의 오심이 신적인 오심이며, 또한 그를 거부하거나 배반한 자들에 대해 심판과 멸망이 닥칠 것을 말하고 있다. 이 내용을 읽을 때 1세기 독자들은 현대의 성도들처럼 고민하지 않았고 그 내용도 충분히 이해할 수 있었다. 따라서 요한은 1세기 성도들에게 익숙한 구약의 인용을 통해서 전하고자 하는 메시지를 아주 효과적으로 전달했음을 볼 수 있다.

요한은 시대적 정황들, 사회적. 정치적 현상들에 문외한이 아니었다. 그는 선지자적 통찰력을 가지고 시대를 읽을 수 있는 사람이었고 그리스도인으로서 시대적 요청을 누구보다도 꿰뚫고 있었던 예언자였다. 그래서 그는 직접적 구약인용을 보류한다. 왜냐하면 요한은 구약시대와 요한계시록을 쓸 시대 사이의 시간적, 정치적, 종교적 간격을 간파하고 있었기 때문이다. 요한은 구약의 예언적 말씀을 그 자신의 시대에 적합한 말씀으로 재해석하고 새로운 이해를 1세기 독자들에게 제공했다.[36] 요한은 1세기 소아시아에 살던 그리스도인들에게 그들이 아주 익숙하였던 구약의 그림언어를 통해 그의 메시지를 보냈던 것을 알 수 있다. 빌(G.K. Beale)은 구약의 그림언어에 대한 이해는 요한계시록의 의미가 명백히 드러나는 구속사적-역사적 배경을 제공한다고 주장한다.[37] 본문에 이런 구약의 언어가 반영되어 있다는 핵심적 내용은 우리를 올바른 요한계시록의 이해에로 인도하는 중요한 좌표를 제공한다.

올바른 구약의 그림언어의 이해는 본문을 통해 우리가 환상의 나래를 펴는 것을 결코 용납지 않는다. 마치 본문이 천상의 언어로 쓰여 있어서 아무나 이해하지 못하는 감히 범접하지 못하는 놀라운 하늘의 계시를 보여주는 말씀이라는 잘못된 견해에 경종을 울린다. 더 이상 요한계시록은 인간의 머리에서 상상해낸 상상물의 산물이 아니다. 그래서 우리가 알지도 모르는 언어로 쓰였다는 논리도, 우리가 알지도 모르는 이상한 나라로 인도해 주는 이정표도 물론 제시하지도 않는다. 오히려 이 말씀은 구약적

36) G.K. Beale, *John's Use of the Old Testament in Revelation*, JSNTS, Sheffield Academic Press, pp. 23, 43, 1998.
37) G.K. Beale, *The Book of Revelation*, NIGTC, Eerdmans, p. 97, 1999.

인 아주 익숙한 그림 언어로 쓰여서 이해되도록 주신 말씀이고 그래서 1세기의 새로운 질서와 관점에서 본문을 보도록 인도하는 예언적 말씀임을 알게 한다.

다시 말하면 요한은 그의 예언적 말씀을 1세기 소아시아에 살고 있는 그리스도인들에게 가장 이해하기 쉽고 익숙한 언어인 구약을 통해 그의 메시지를 전하고 그것을 받는 그들에게 믿음과 삶의 결단을 촉구하는 "변형 과정"[38] 또는 "의미의 보고"[39]를 창출케 하기 위해 요한계시록을 저술했음을 알 수 있다.

둘째는 동 시대적인 역사적 현상과 문화 그리고 상징들에 대한 내용들을 요한이 그의 메시지를 전달하기 위해 사용한다. 문제는 본문에 소개된 많은 내용들 그리고 그 내용을 전달하기 위한 이미지들 특히 상징들이 21세기를 살아가고 있는 우리들에게 익숙한 언어들로 이루어지지 않았다는 사실이다. 우리가 요한계시록을 처음 접할 때에 익숙하지 않은 이유가 여기에 있다. 왜 그렇게도 이 안에 있는 언어들이 익숙하지 않고 기묘하게만 느껴진단 말인가?

요한계시록은 영원히 우리가 이해할 수 없는 언어로 써졌다는 것이 과연 사실인가? 여기에서 많은 오해들이 생기는 것을 볼 수 있다. 마치 요한계시록이 21세기를 살아가고 있는 우리를 원래의 독자로 생각하고 쓰인 것으로 오해한다는 사실이다. 그래서 우리의 관심은 지금 이 시대에다 모든 초점을 맞춘다. 과연 2013년에 세상의 종말이 올 것인가? 종말이 온다면 어떻게 올 것 인가? 등등. 이런 오해를 수정해야 한다. 요한이 1세기

---

38) Grant. R. Osborne, *Revelation*, BECOT, Baker Academic, p. 26, 2002.

39) 리챠드 보쿰(이필찬역), 요한계시록 신학, 한들출판사, p. 39, 2000.

독자들과 소통하는 방법인 문화적 공감대에 익숙해질 필요가 있다. 만약 현대의 독자들이 이것에 익숙해지기 시작한다면 요한계시록은 그리 멀리 있는 책이 아님을 느끼게 될 것이다.

이것에 대해 칼라스(J. Kallas)는 이 예언적 말씀은 요한이 보낸 최초의 독자들의 상황과는 무관하게 기록된 하늘에서 떨어진 이상한 책으로 볼 것이 아니라, 요한이 이 말씀을 보냈고 그리고 그것을 받았던 맨 처음 독자에게 어떤 의미가 있었겠는가 라는 시각을 가지고 이 말씀을 읽어야 할 것을 권면한다.[40)]

요한은 위에 언급한 구약의 그림언어를 사용한 것처럼 그 당시에 익숙했던 문화와 이미지 그리고 상징의 옷을 입는다. 이런 옷은 21세기를 살아가는 우리에게는 이해할 수 없는 것이지만 1세기를 살아갔던 그들에게는 이해하는데 큰 문제가 없었다. 보쿰(R. Bauckham)은 "문화적 공명"[41)] 이라는 언어를 사용해서 얼마나 요한계시록이 그 당시의 문화, 정치, 그리고 종교적 생각들을 반영하고 있는지를 보여준다. 즉 본문의 내용들과 형태와 상징들은 그 당시 사람들이 모두 공감하고 공유할 수 있는 것들이었다. 이 말은 요한계시록이 읽혀질 때 시간이라는 특정한 역사적 상황과 상관없이 무시간적 진리를 보여주는 책이라기보다는 철저하게 그 당시의 역사적, 문화적, 종교적 상황 아래에서 태동한 말씀임을 보게 한다.

예를 들어 전쟁 이미지들, 천지개벽과 같은 현상들, 용, 바다짐승, 땅짐승, 666, 아마겟돈 전쟁, 천년왕국 등과 같은 언어들은 21세기를 사는 현대인들에게는 이해하기 어려운 그림언어이지만 1세기에 살았던 사람들

40) 제임스 칼라스(박창환 역), 요한계시록, 컨콜디아사, p. 37, 1996.
41) 리챠드 보쿰(이필찬 역), 요한계시록 신학, 한들출판사, p. 39, 2000.

의 시각에서 바라본다면 결코 이해하기 어려운 내용이 아니었다. 단순하지만 아주 중요한 이런 예비적 선(先) 이해는 요한계시록을 보는 우리의 시각에 대한 중요한 전환을 가져다준다.

정리하면, 요한계시록에 나타난 수많은 구약의 그림 언어와 1세기의 시대적, 문화적, 정치적, 종교적, 상징적 공감대는 분명히 그 당시를 살았던 사람들에게는 아주 잘 이해할 수 있는 언어였다. 그러나 오해해서는 안 되는 것은 우리 현대인들이 이 그림언어를 이해하지 못한다고 1세기에 이 말씀을 받았던 그들도 이해하지 못했을 것이라는 생각은 아주 잘못된 비성경적인 전제이다. 만약 이런 전제를 버리지 못한다면, 우리는 끊임없이 본문에 상상을 담아 다시 끝없는 미래에로의 시간 여행을 계속해 나갈 것이다. 자! 그럼 이런 잘못된 상상의 나래를 펴는 것을 막기 위해 본문에서 쓰인 상징적 이미지에 대한 올바른 이해를 제시해 보자.

제 6 강

요한계시록에 나타난 상징적 이미지 이해

요한계시록을 가장 어렵게 생각하는 것 중의 또 하나는 본문에 등장하는 상징적 이미지에 대한 이해에 있다. 대부분의 현대 성도들이 어려워하는 대표적인 형태의 내용이 바로 이 상징성에 있다고 해도 과언이 아니다. 즉 본문의 이미지를 너무 문자적으로 해석해서 자꾸 현 21세기의 현상적 사건들과 동일시하거나 아니면 먼 미래로 밀어 버리고 환상 속에서 본문의 의미를 찾으려고 시도하는 잘못을 저지른다. 이런 식의 시도는 진정으로 본문에서 얘기하고 싶은 의미의 내용을 상실하므로 잘못된 본문 이해를 유도했다. 만일 우리가 주의 깊게 본문을 읽는다면 이 상징적 이미지가 결코 낯설지 않음을 발견할 수 있을 것이다. 왜냐하면 이들의 대부분은 그들에게 익숙한 구약이나 유대교 또는 동시대적 이미지들을 사용하기 때문이다. 이것이 아주 중요한 사실임을 현대의 독자들은 알아야 한다.

이 상징적 이미지는 21세기의 현대를 살아가는 우리에게는 낯선 것이지만 그 시대의 사람들에게는 그리 낯설지 않게 이해할 수 있었던 그림언어였다. 이 글을 보낸 저자 요한과 이 글을 받은 소아시아의 일곱 교회 회중들은 동일한 문화적, 정치적, 종교적인 상징적 틀을 공유했기에 큰 혼란 없이 본문 속에서 등장하는 상징적 이미지들을 이해했다. 그들이 용, 바다 짐승, 땅 짐승 등과 같은 상징적 이미지들을 접했을 때 그들에게 문제가 되었던 것은 그것들이 누구를 가리키는가의 문제보다는 그들을 통해 전달되어지는 '메시지의 의미' 에 보다 큰 관심을 두었다. 왜냐하면 저자 요한은 그의 청중들에게 상징적 언어와 이미지의 방법으로 메시지와 의미를 전달하고자 의도했기 때문이다. 21세기의 우리들과는 달리 그들은 이 상징적 이미지 때문에 본문을 해석하는데 어려움을 겪지 않았다. 그것은 그들에게 익숙한 그림언어로 발신자인 요한과 수신자들인 소아시아 일곱 교회 회중 사이에 **'충분한 의사소통의 기능'** 을 담당할 수 있었다. 이것은 "상징에 의한 의사전달"[42] 또는 "상징 너머 실체를 해석하는 필요"[43]를 제공한다.

그러므로 요한계시록에서 상징을 만날 때 상징이 미래의 어떤 사건이나 인물들을 밝혀내기 위한 비밀코드인 것처럼 취급해서는 안 된다. 마치 다빈치코드를 풀듯이 풀어나가면 놀라운 미래 역사나 적그리스도의 실체를 보여줄 것이라는 문자적 묘사로 보아서는 안 된다. 이런 기묘하고 환상적 이미지로 표현된 것들을 실제적이고 문자적 이미지로 해석하려는 시도보다는 오히려 이것들을 통해 일차적 수신자였던 1세기 소아시아 일곱 교회 회중들에게 전해주고자 했던 '기능적 의도'를 살펴보는 것이 더 필요하다.

---

42) G.K. Beale, *The Book of Revelation*, NIGTC, Eerdmans, p.52, 1999.
43) Grant. R. Osborne, *Revelation*, BECOT, Baker Academic, p. 16, 2002.

1장: 상징의 의미 이해

요한계시록에서 상징적 언어 사용은 저자와 독자들이 살아가야 했던 사회적 상황과 전혀 무관하지 않다. 우선적으로 요한은 이 글을 받았던 최초의 수신자들의 입장에서 복잡하고 민감한 사회, 정치, 문화, 그리고 종교적인 사안들을 직설적인 언어보다는 상징적인 그림언어를 사용하여 그들의 문제들을 조율하기 원했다. 이런 그림언어들은 이 글을 보내고 받았던 같은 공동체의 입장에서는 아주 자연스런 의미의 결과들을 산출하는데 아무 문제를 야기하지 않았다. 위에 언급 했듯이 상징적 언어들의 대부분은 받는 수신자들에게 익숙한 구약과 유대적 색조로 채색되어 있다. 반면에 구약과 유대적 언어에 익숙하지 못했던 공동체 밖에 있던 사람들(박해자들인 로마인 같은 사람들)에게는 본문에 나타난 다양한 그림언어들이 아주 낯설게 느꼈을 것이다. 즉 공동체의 내부인에게는 알려지도록 의도한 반면에 공동체의 외부인에게는 감춰지도록 쓰인 언어였다.

그러면 왜 1세기의 사람들에게만 익숙했던 이런 언어를 통해 21세기의 사람들은 열광하면서 미래와 세상 종말의 시나리오를 쓰려하는가? 그리고 우리 21세기의 사람들이 이해하지 못하기 때문에 이 글을 최초로 받았던 1세기 그리스도인들이였던 그들도 이 상징적 언어를 이해하지 못할 것이라는 기묘막측한 논리를 전개하는가? 어쩔 수 없는 우리의 신학적 무지를 인정하면서 조금 더 상징적 언어에 대해서 살펴보자.

상징적 언어를 이해할 때 가장 크게 이해하지 못하고 간과하는 부분은 '시간의 간격' 을 무시하고 그것을 크게 고민하지 않는다는 것이다. 신문을 예를 들어 보자. 먼저 독자들은 신문이 독자들에게 전해주려고 하는 기능과 목적을 인식해야 한다. 신문이라는 매체는 동물의 왕국과 그 세계에 대한 기사를 전해 주려고 하는 '내셔널 지오그래픽(야생 동물들의 세계와 삶을 그려내는 책과 T.V. 채널)' 과 같은 형식과 내용을 추구하지 않는다. 이런 형식의 책은 가능하면 사실적이고 생생하게 동물의 세계를 묘사해서 독자들에게 전해주는 우선적인 기능과 의도를 가진다. 그러나 신문은 좀 다른 뉘앙스의 의도를 가진다. 특히 그것이 정치 삽화일 때는 더욱 그렇다. 정치 기사나 삽화를 그려낼 때는 분명히 신문사의 의도적 행보를 독자들은 읽어내야 한다.

예를 들면 현대인들이 신문 사설을 읽다보면 정치 삽화에 대한 그림을 발견할 수 있다. 거기에서 우리는 독수리와 곰이 싸우는 상징적 그림을 볼 수 있다. 만약 이 그림을 보면서 '야 신기한 일도 다 있네! 어떻게 저 두 마리의 동물들이 싸우지!' 라는 식으로 신문의 내용을 이해한다면 그 독자는 심각하게 신문 기자나 편집자의 의도를 왜곡시키는 것이다. 그러나 현대의 독자들은 그와 같은 그림을 보면서 문자적으로 독수리와 곰이 싸울 것을 전혀 기대하지 않는다. 오히려 독자들의 머릿속에는 다른 어떤 것이 그려진다. 즉 이 상징적 그림이미지가 표현하고 있는 그것 배후의 의미를 캐내려고 안간 힘을 쓸 것이다. 그것은 '독수리라는 상징적 이미지로 표현된 미국' 과 '곰이라는 상징적 이미지로 표현된 러시아' 라는 두 나라가 뭔가 그들의 국제적 이해관계를 위해 갈등하고 경쟁하는 모습을 그려내는 메시지를 끄집어낸다. 이것이 신문에 소개된 상징적 이미지를 읽어내는 바른 신문 읽기 방법이다.

이렇게 상징적 그림언어는 그것 자체로 의미가 있지 않고 '그림을 통해서 그림 너머의 무언가' 를 전달하려는 '기능적 역할' 을 가진다. 즉 그림을 통해 눈에 보이는 이미지 너머에서 얘기하고 싶어 하는 어떤 메시지를 끄집어내서 그것을 일반 독자에게 전달하려는 것이 신문의 의도임을 알 수 있다. 그러므로 신문에서 이미지화된 언어를 그것 자체의 있는 그대로의 내용으로 이해해서는 안 된다. 마치 이미지나 상징은 창문의 창과 같은 역할을 담당하면서 창을 통해 투사된 다른 무엇인가를 보게 하는 역할을 한다. 다른 무엇인가는 바로 동 시대 사람들을 위한 **'의미의 창출'** 과 **'의사소통'** 이라는 기능과 역할임을 알 수 있다. 즉 상징을 통한 의미와 의사소통을 만들어내는 것이 중요한 핵심 요소이다.

이 시점에서 하나의 질문을 던져보자. 어떻게 현대인들은 이런 상징화된 그림언어를 어렵지 않게 무난히 읽어낼 수 있는가? 그에 대한 대답은 아주 간단하다. 비록 내용들이 상징적 이미지로 쓰였음에도 불구하고 그것들은 21세기를 살아가는 현대인들이 같이 공유할 수 있고 이해할 수 있는 문화적, 동 시대적인 소통의 언어이기 때문에 가능하다.

그러나 이런 현대인들의 상징적 그림이미지를 2000년 전에 살고 있던 사람들에게 옮겨가면 문제는 또 달라진다. 1세기의 사람들은 이런 형태의 그림언어들을 전혀 이해할 수 없다. 만약에 1세기의 사람들이 독수리와 곰이 싸우는 현대인들의 정치 삽화를 실제로 보았다면 그들은 신기해하고 많이 의아해 하면서 이런 질문을 했을 것이다. '어떻게 이런 일이 가능하지? 어떻게 이 두 마리의 동물들이 싸울 수 있지? 내 생애에 다시 못 볼 구경거리를 보았네 그려!' 라고 말할 것이다.

우리는 '왜 이들은 같은 그림을 보면서 다른 반응을 보이지?' 라는 질문을 갖게 된다. 도대체 이 두 시대 사이에는 무슨 문제가 있는 것인가? 상반된 두 개의 반응을 어떻게 이해해야 하는가? 분명히 이 두 시대 사이에는 문제가 있다. 그것은 이 두 개의 상반된 반응 사이에는 2000년이라는 도저히 좁혀지지 않는 시간의 간격과 서로 다른 문화, 정치, 종교라는 벽이 가로막혀 있다. 우선적으로 그 벽을 허물어야 한다. 이것을 해결하기 위해서 문화와 언어 그리고 상징의 의미를 각자가 처한 시대의 렌즈를 통해서 객관적으로 바라보아야 한다. 그것이 올바른 요한계시록 읽기의 시작이다.

요한계시록의 상징적 언어도 이와 같다. 왜 이것이 이해 될 수 없는가는 2000년이라는 좁혀지지 않는 시간의 간격과 서로 다른 문화, 정치, 종교라는 벽 때문에 그렇다. 만약 좀 더 철저하게 이런 부분들을 분석한다면 훨씬 좋은 통찰력을 갖게 될 것이다. 예를 들면, 이 글을 받았던 1세기 소아시아의 그리스도인들은 음녀 바벨론 그리고 일곱 머리 열 뿔 짐승 등이 누구를 말하는지를 가지고 고민하지 않았다. 오히려 그들의 고민은 그들이 매일의 일상에서 직면해야 했던 그와 같은 존재들과의 관계에서 '신자로서 이 땅에서 어떻게 올바르게 살아가야 하지'가 문제였지, 우리 현대인들처럼 그들이 누구인지를 가지고 씨름하지 않았다. 그들은 현대의 극단적인 세대주의적 해석가들처럼 열 뿔 달린 짐승을 EU 가입국의 열개 나라로 생각하지 않았다. 물론 지금은 EU 가입국이 열 개국을 훨씬 넘기 때문에 이 말이 맞지 않다는 것을 증명함에도 불구하고 이런 식의 오류를 아직도 행하고 있음을 볼 수 있다. 참으로 안타까운 일이다.

이런 자의적이고 올바르지 않은 본문 읽기에 성도들이 미혹 당하지 않기를 간절히 간청한다. 이것은 우리의 관심이지 요한과 1세기 일차적 수신자들의 관심이 아니라고 누차 강조했다. 현대인들이 이해하지 못한다고 그들도 이해하지 못했을 것이라는 생각은 버려야한다. 그들은 이해했다. 왜냐하면 그것은 그들의 언어였기 때문이다. 그것들을 통해 1세기의 독자들은 새로운 '상징적 세계'를 창출하면서 하나님과 세상에 대해서 '의미를 만들어내고 소통'을 계속했다. 요한은 이런 상징적 이미지를 통해 1세기의 그리스도인들을 위한 신학적 메시지와 효과적인 의사전달의 역할을 잘 수행했다.

또 다른 상징적 그림언어의 중요성은 직설적인 언어가 주는 단순성보다 더 강력하고 효과적인 충격을 독자들에게 제공한다는 것이다. 월(R.W. Wall)은 '강력하고도 호소력 있는 상상적 힘을 제공하기 위해 상징적 그림언어가 사용된다고 했다.[44] 상징적 그림언어는 평이한 한 권의 책을 읽는 것보다 더 강력하게 시각적 인상을 남긴다. 300페이지 내지 500페이지의 책이나 전문 서적을 읽는 것은 독자들이나 청중들의 관심을 분산시키고 집중력과 호소력에 대한 기대치를 약화시키는 현상을 종종 경험하게 된다. 그러나 오히려 극도로 집약된 내용과 메시지를 가지고 독자들이나 청중들의 관심을 집중케 하고 효과를 극대화 시키는 매체들을 볼 수 있다. 예를 들면 그것들은 시, 사진, 조각품, 그림 등과 같은 예술작품이다. 그런 것들은 단 몇 줄의 시구를 통해서 또는 단 한 컷의 사진이나 그림을 통해서 사람들에게 감동과 충격적인 메시지를 전달해 준다. 그래서 독자들로 하여금 그런 상징적 이미지에 집중하게 만들고 생각하게 하고 그것이 제공하는 놀랄만하고 충격적인 메시지에 귀와 눈을 고정시키게 만든다.

요한계시록이 제공하는 상징적 이미지의 본질적 핵심 내용이 이와 다르지 않다. 상징적 이미지를 통해 본문은 독자들에게 놀라운 힘과 충격을 경험하게 한다. 그리고 상징적 이미지를 통해 다른 세계를 보게 만듦으로 독자들로 하여금 새로운 세상을 경험하게 하고 진짜와 거짓의 실체를 보게 한다. 가시적으로 보이는 세계가 진정한 세계가 아닌 거짓의 세계임을 보게 하고 보이지 않는 세계가 참된 세계라는 놀라운 "상징적 우주"[45]를

44) Robert. W. Wall, *Revelation*, NIBC, Peabody: Hendrickson, p. 16, 1991.

45) J.A. Du Rand, *Johannine Perspectives: Introduction to the Johannine writings*, Orion, p. 262, 1997.

제시한다. 이렇게 하는 의도는 거짓과 참에 대한 놀랄만한 진실을 상징이라는 언어를 통해 말해주면서 그들이 살아가야 하는 현실에 어떻게 신실하게 반응해야 하는지를 보여주기 위함이다. 물론 이것은 그들이 직접적으로 부딪히고 매일 맞대야 했던 거대 괴물 로마 제국과 유대인들과의 갈등 그리고 교회 공동체에서 일어나고 있는 갖가지 극복해야 되고 인내해야 했던 상황을 해결하려는 의도로 사용되었다.

결국은 믿음을 지킨 성도들이 그리스도와 더불어 영원히 왕 노릇할 것이라는 실체를 제시함으로 독자들에게 관점의 반전을 요청한다. 충격적이고 놀라운 반전의 메시지에 신실한 성도들은 소망과 위로를 받으면서 믿음의 좁은 길을 걸어가기로 결심한다. 이것이 본문의 상징적 이미지를 통해 요한이 일곱 교회 공동체에게, 아니 이 땅에 사는 모든 하나님의 신실한 그리스도인들에게 주고 싶은 메시지임을 인식해야 한다.

지금까지 위에서 언급한 상징적 이미지에 대한 설명을 통해 볼 때 우리가 이런 부분에 대한 인식이 얼마나 편협하고 근시안적이었는지를 알 수 있다. 특히 잘못된 시대착오적 상징 해석에 대한 글들이 대부분의 내용을 채우고 있는 작금의 현실은 사뭇 염려스러운 상황임을 부인할 수 없다. '말씀을 말씀 되게 하자! 또한 요한을 요한 되게 하자!' 는 어느 학자의 외침을 다시 한 번 한국 교회와 성도들이 기억했으면 좋겠다.

2장: 요한계시록에 나타난 숫적 상징 이해

요한계시록에 두드러지게 나타나는 상징 중에 하나는 숫자에 대한 이해이다. 특히 요한계시록이란 본문을 읽으면서 우리를 가장 당혹스럽게 하는 것 중의 하나가 바로 숫자에 대한 해석이다. 이것을 어떻게 볼 것인가? 문자적으로 또는 상징적으로? 이것에 대한 올바른 전제는 본문 해석에 대한 중요한 잣대를 제공한다. 고대인들은 현대인들과는 다른 문화적, 사회적 상황에서 살았다. 그들은 무엇을 들으면 즉각적으로 받아 쓸 필기도구가 없었다. 순전히 그들이 듣고 전승 받아졌던 것들을 주로 기억에만 의존해야만 했다. 그래서 '들음'에 대한 강조가 유독 눈에 띄게 두드러짐을 알 수 있다. 또한 기억을 돕기 위해 다양한 문학적 기법들을 사용해서 청중들의 들음에 대한 이해를 도왔을 것이다. 이런 상황을 우리가 이해한다면, 왜 고대인들이 심지어는 숫자를 통해 의미를 서로서로 나누었는지를 이해할 수 있다.

고대로부터 사람들은 숫자를 통한 메시지를 전달하는데 익숙해 있고 실제적으로 고고학적인 발굴을 통한 고대 비문에 보면 고대인들은 숫자를 통해 자기들의 감정이나 의사전달을 했음을 알 수 있다. 고대의 한 비문에는 나는 '545'라는 숫자의 이름을 가진 여인을 사랑한다 는 고백이 있다. 이를 볼 때 숫자를 통한 의미나 의사전달이 결코 낯설지 않음을 알 수 있다. 실제적으로 성경 시대의 사람들은 '게마트리아(Gematria)'란 문학적인 수적 기법을 통해 의미를 전달하곤 하였다. '게마트리아'란 '각각의 히브리어나 헬라어 알파벳에 숫적인 가치를 부여하고 그러한 숫적인 가치를 가진 히브리어나 헬라어 알파벳을 사용하여 의미를 전달하는 형태의 기술' 을 말한다. 숫자에 상징적 의미를 부여하여 의미를 전달하는데 결코 이상함이나 어색함을 느끼지 않았다. 우리가 인식해야 할 중요한 사실은 이러한 숫자를 통해 의미를 전달하고자 할 때 결코 그들은 고민하지 않았다는 사실이다. 왜냐하면 그런 식의 삶은 그들에겐 아주 일상적이고 자연스런 삶의 일부분이었기 때문이다. 이해하기 힘든 것은 21세기를 살아가는 현대인들이지, 이것들을 사용한 그들은 이런 숫자의 상징성 또는 의미를 산출하는데 힘들어 하지 않았다는 것이다.

우리가 본문에 나타나는 숫자를 접할 때 이런 식의 관점으로 본문을 본다면 숫자의 이미지에 대한 이해의 폭을 넓힐 수 있다. 본문에 등장하는 가장 작은 단위의 숫자를 둘 이란 숫자로 보고 또한 큰 단위의 숫자를 십사만 사천으로 본다면 이 두 숫자 사이에는 사실 많은 숫자가 있다. 그러나 막상 요한계시록 본문 안에 실질적으로 사용되는 숫자의 개수를 계수해 보면 놀라지 않을 수 없다. 왜냐하면 실제적으로 쓰이는 숫자는 몇 개가 되지 않기 때문이다.

예를 들면 가장 빈번하게는 사용되는 숫자는 4, 7, 12, 24 등이다. 다음에는 2, 3, 3/$\frac{1}{2}$, 10, 1000 등등 이다. 사용되는 숫자를 통해서 볼 수 있는 것은 본문에서는 모든 숫자를 사용하는 것이 아니라 자주 등장하는 숫자만이 계속적으로 반복되는 것을 볼 수 있다. 네 생물, 네 모퉁이, 네 바람, 일곱 교회, 일곱 인, 일곱 나팔, 일곱 대접, 열두 지파, 열두 문, 열두 기초석, 열 두 사도 등등이 사용된다. 자꾸 반복되는 동일한 숫자의 사용은 독자와 청중들에게 문자적인 숫자 사용보다는 의미 있는 메시지 전달을 위한 상징적 암시로 볼 수 있다. 즉 요한이 이 말씀을 쓸 때 우연이거나 무작위로 숫자를 사용한 것이 아니라 다분히 의도적으로 사용했음을 알 수 있다.

요한은 아주 의도적인 숫자의 배열을 통해서 그가 전해주고 싶어 하는 신학적인 메시지를 전하고 있다. 전 세계 피조계를 나타내는 숫자 넷의 반복적 사용을 통해, 그리고 완전한 숫자로 이해되어지는 숫자 일곱의 반복적 사용을 통해, 그의 신학적 의도를 지속적으로 전해줌을 볼 수 있다. 따라서 본문에 등장하는 대부분의 숫자를 접할 때 이런 요한의 의도를 충분히 파악하는 것이 본문을 이해할 때 아주 중요한 요소이다. 요한계시록에 나타나는 숫적 상징에 대한 이해를 위해 몇 가지를 제시하고자 한다.

수(number):

요한계시록에서 숫자는 문자적으로 보다는 대부분 상징적으로 해석된다. 여기서 독자들이 오해하지 말아야 할 것이 있다. 상징적으로 봐야 한다는 말이 요한계시록이 역사적이고 실제적이지 않다는 말은 아니다. 오히려 요한의 상징 사용은 철저히 역사적이고 실제적 삶의 상황에 뿌리박고 있다. 그런 삶의 상황들을 전달하는 방법이 숫적 상징이라는 이미지를 통해서 표현한다는 것이다.

2 : 타당한 증언의 수

3 : 삼위 하나님의 수

4 : 전체 피조계 세계, 전 창조계

6 : 사람의 수 or 불완전한 수

7 : 완전수

10 : 완성의 수

12 : 하나님의 백성의 수의 충만성 or 완전함.

24 : 12 + 12 (12지파와 12제자)

144: 12 x 12

1000: 충만한 수

만약에 21세기의 독자들이 1세기에 사용되었던 숫적 상징들을 이해하고 그리고 그것을 통해서 전하고자 하는 메시지에 익숙해진다면 최소한 현대 독자들은 666이 누구인지 또는 일곱 머리 열 뿔이 누구인지를 가지고 고민하지 않을 것이다. 1세기 독자들의 입장에서 본문의 숫자를 보는 안목을 키우는 것이 필요하다. 왜냐하면 이 숫자가 현대인을 위한 숫적 이미지가 아니라 그 당시의 사람들을 위한 숫적 메시지이기 때문이다.

제 7 강

요한계시록의 문학장르

요한계시록을 읽을 때 오해를 불러일으키고 때로는 잘못 읽는 또 다른 이유 중의 하나는 이 책의 성격에 대한 오해에서 시작된다. 신약의 경우에 마태복음에서 요한계시록 바로 앞부분에 위치한 유다서까지는 정상적인 성경 읽기를 행한다. 그 부분들은 크게 문제없다는 것이다. 말씀 자체가 쉽지는 않지만 그래도 읽는 데 큰 문제는 없다. 마태복음은 복음서로 예수님의 생애를 다룬 부분이고 또한 바울 서신은 대부분이 편지의 기능이 있어서 이해하는데 어려움을 느끼지 않는다. 그러나 문제는 요한계시록이라는 책에 들어오면서부터 마치 우리의 모든 기능들이 정지한 듯 새로운 성경 읽기로 몰입한다. 이런 식의 사고방식은 요한계시록이라는 하나님의 말씀을 천지개벽을 미리 일러주는 겁나고 이상한 소설 수준으로 생각하기 때문이다. 궁극적으로는 하나님 말씀을 통속적인 무협지 수준으로 전락시킴으로 하나님 말씀에 대한 왜곡된 편견을 심어준다.

왜 이런 일들이 발생했는가? 정말로 미래 인류의 종말에 대한 정보를 요한계시록이라는 책을 통해 알려주는가? 정말로 본문은 핵전쟁의 위협 또는 3차 세계 대전의 가공할 만한 인류 마지막 전쟁을 예언이라는 이름으로 우리에게 알려주는 책인가? 여기서 요한계시록이라는 책에 대한 장르 이해에 심각한 몰이해가 있음을 알 수 있다. 이 장에서는 장르에 대한 현대 독자들의 올바른 이해를 통해, 본문을 해석하는데 바른 선택을 할 수 있는 관점을 제시하려고 한다.

장르를 이해한다는 말은 이와 같다. 모든 성경은 각각 독특한 형태의 글 쓰는 방식이 있어서 본문을 해석할 때 각각의 글 쓰는 방식에 따라서 쓰인 본문을 해석해야 한다는 것이다. 구약의 경우에는 역사서, 시가서, 잠언과 같은 지혜서, 예언서 같은 장르가 있다. 구약을 읽을 때 모든 성경을 하나의 장르로만 읽어서는 안 된다. 각각의 장르에 맞는 글 읽기를 해야 된다. 예를 들면 시편은 시적인 정서와 구조의 눈을 가지고 본문을 읽어야 한다. 그래야만 올바르게 시편의 감정과 메시지를 끄집어 낼 수 있다.

신약 역시 마찬가지이다. 신약의 장르는 크게 복음서, 서신서, 묵시/계시 등으로 분류된다. 이런 장르에 따른 글 읽기를 할 때에 그 본문을 가장 잘 이해할 수 있다. 복음서는 복음서란 장르의 눈을 통해서 볼 때 예수가 이 땅에서 어떻게 사역을 하셨고 삶을 사셨는지를 주의 깊게 살펴볼 수 있다. 서신서는 서신(편지)이란 장르를 통해 바울이 그 당시의 교회가 가지고 있었던 다양한 문제를 해결하려고 편지를 쓴 배경과 그리고 원인과 결과를 볼 수 있다. 요한계시록도 이런 장르의 분류에 예외가 아니다. 문제는 단지 하나의 장르로 이루어진 다른 말씀들과는 달리 요한계시록은 세 개의 장르로 이루어졌다. 그것은 계시/묵시(1:1), 예언(1:3), 편지(1:4)의 형태를 띈 다소 복잡한 구성을 가지고 있다. 외견상으로 볼 때 다소 복잡하게 보일지 모르지만 이 세 가지 형태의 요소들을 하나하나 주의 깊게 살펴본다면 이 안에 담긴 많은 진리의 요소들을 발견할 수 있을 것이다.

1장: 묵시문학[46)]이란 무엇인가?

묵시문학이라는 용어에 대해서 현대의 독자들은 매우 당혹감을 느낄 것이다. '어! 이게 무슨 말이지?' 라는 느낌을 분명히 받을 것이다. 왜냐하면 이 용어가 별로 들어보지 못한 아주 낯선 용어이기 때문이다. 그럼에도 불구하고 필자가 이것을 언급하는 이유는 계시의 형태로서 쓰인 요한계시록을 이해하는데 이 용어가 아주 중요하기 때문이다. 이 시점에서 놓치지 말아야 할 것은 이 용어가 우리 21세기의 사람들에게는 낯선 것이지만 요한계시록을 처음 접했던 1세기의 그리스도인들에게는 전혀 낯선 언어가 아니었다는 것이다. 이런 형태의 글이 뿌리 깊은 기원과 역사를 가지고 있음을 살펴볼 것이다.

묵시란 말은 요한계시록에서 사용된 '계시' ('Αποκάλυψις)와 같은 의미로서 고대 유대 사회에서 나타났던 일종의 문학 형태를 가리키는 전문용어이다. 이런 형태의 글들을 묵시문학이라고 부른다. 이런 묵시문학이 태동되었던 시기는 B.C. 200-A.D. 100으로 주로 극심한 사회적, 정치적 격동기를 겪었던 시기였다. 이런 사회적, 정치적 혼돈기에 이와 같은 형태의 글들이 쓰여졌기 때문에 학자들은 묵시문학을 '위기 또는 박해문학' 으로 간주하기도 한다.[47)]

---

46) 예를 들면 유대 묵시 문학에는 제1에녹서(B.C. 2세기), 레위 유언서(B.C. 2 또는 1세기), 모세 유언서(A.D. 1세기), 아브라함 묵시(A.D. 1 또는 2세기) 그리고 기독교 묵시에는 베드로 묵시(A.D. 2세기), 허마스 목자(A.D. 1 또는 2세기)와 같은 작품들이 있다.

47) 제임스 M. 이훠드(이달 역), 현대를 위한 계시록, 한국장로교 출판사, p. 19, 21-22, 1996.

특히 B.C. 2세기 시리아의 셀류키드 왕 안티오쿠스 에피파네스 4세의 등장은 유대인들의 근간을 뒤흔들었다. 그는 하나님의 성전에 이방 신상을 세우고 (이방신에게 제물로 드렸던) 돼지를 희생제물로 드렸다. 또한 그는 율법과 할례를 금지하는 등 유대인들에게 종교, 정치, 사회적 혼란과 위기와 박해를 가져온 인물이었다. 이때 익명의 유대인들은 고난당하는 자기 백성들에게 위로와 소망을 주기 위해 묵시문학이라는 형태의 글을 통해 그들의 메시지를 전달했다.

이 묵시문학의 내용은 대부분 극심한 위기와 박해의 소용돌이 속에서 악의 세력들은 멸망할 것이고 하나님의 백성들은 승리할 것이라는 내용이다. 위기와 박해의 세상으로부터의 시야를 (역사의 주인이시고 이 세상을 통제하시는) 전능하신 하나님에게로 향하도록 독자들을 격려한다.

그러므로 묵시문학에 대한 문학적 특성을 규정할 때 이것을 마치 '세상의 종말을 예고' 하는 것처럼 간주해서는 안 된다. 이 작품들은 "현재의 투쟁과 지금 인내"[48]에 대한 결단을 요청한다는 사실을 인지해야 한다. 이런 특이한 시대적 배경과 역사적 상황으로 인해 묵시문학을 쓴 익명의 저자들은 (요한계시록과는 달리 묵시문학의 저자들은 실명 대신 익명을 사용) 좀 특이한 형태의 글쓰기를 할 수밖에 없었다.

묵시적 언어 및 특성 이해

유대인들은 신정 정치와 율법에 대한 준수를 통해 그들의 정체성에 대한 확고한 종교적 신념을 가진 민족이었다. 그러나 그들은 하나님과의 언

---

48) 상기서, p. 22.

약적 신실함을 배반했다. 하나님은 B.C. 586년에 바벨론을 통해 유대를 멸망시키신다. 물론 그들은 하나님에 대한 불성실함을 회개한다. 페르시아의 고레스의 통치 아래서 유다는 3차에 걸친 본토 귀환이 이루어졌다. 유대인들은 그들의 실패의 원인을 하나님에 대한 불성실로 생각했다. 따라서 그들은 율법에 대한 철저한 준수를 통해 그들의 정체성과 하나님과의 언약적 신실함을 회복하기 위한 개혁 운동을 (에스라를 중심으로) 펼치게 된다.

그러나 개혁 운동의 결과는 만족할 만한 것으로 나타나지 않았다. 율법에 대한 철저한 준수와 회개운동을 전개했음에도 불구하고 여전히 그들의 역사는 굴욕과 억압과 고난이라는 현실로 나타났다. 그들은 더욱 갈등속에 빠졌다. 그들이 믿고 있던 신학(하나님이 이 세상을 통치하시고 주관하신다는 것)과 현실(하나님이 이 세상을 통치하시고 주관하심에도 불구하고 그들은 여전히 고난과 이방 외세의 억압가운데 살고 있는)의 모순을 해결해야 하는 더 큰 숙제를 가지게 되었다.

결국 이런 모순처럼 보이는 사상의 영향으로 유대인들은 세상에 대해서 회의적 또는 비관주의적이고 이원론적(이 세상은 악하고 오는 세상만이 옳다는) 세계관을 가지게 되었다. 이런 사상은 자연스럽게 유대 묵시문학의 근저를 이루게 되는 사상의 틀을 제공하게 된다. 묵시문학을 이루고 있는 특징적 형태를 몇 가지로 살펴볼 수 있다.

1. 마지막 때인 종말에 대한 관심을 드러낸다. 이것의 메시지는 선이 승리하고 악이 패한다는 사실을 통해 하나님의 백성들에게 희망과 용기를 얻게 하려는 의도를 가진다. 그들은 현 시대를 고난 받는 현재로 간주하고, 미래 종말에 언젠가는 그들이 승리하고 악의 세력들이 최종적으로 멸

망할 것이라는 희망 속에 살아가게 된다. 이런 메시지는 고난당하는 성도들에게 현재를 견디고 인내하게 만드는 유용한 전략적 수단임을 알 수 있다. 이런 시대적 환경과 상황을 효과적으로 그리고 적절하게 표현할 수 있는 도구로서 가장 적합한 수단은 상징적인 언어와 그림으로 이것들을 통해 의미전달하는 것이었다.

2. 상징주의 언어를 사용한다. 이들 묵시문학의 대부분은 환상과 비유, 동물 그리고 숫자 등으로 그 내용을 채우고 있다. 많은 부분들이 구약의 빚을 지고 있고, 그런 구약의 빛 아래서 역사적 상황을 종말의 관점에서 해석한다. 즉 묵시적 상징주의는 단지 알지못하는 세상에 대한 기대감과 호기심을 그 목적으로 하지 않는다. 오히려 그런 상징주의 언어를 통해 다른 세계의 눈으로 또는 천상세계의 눈으로 **현재를 해석**하도록 한다. 억압과 고난 속에 있는 신자들에게 하나님의 천상비밀을 밝힘으로 하나님의 종말론적인 승리에 참여케 함을 목적으로 한다.[49] 그래서 상징적-시적 언어는 이런 글을 접하는 독자들에게 신적 승리에로의 참여를 요청한다. 또한 묵시문학에는 많은 동물에 대한 묘사들이 등장한다. 이런 동물은 보통 국가 또는 사람을 묘사할 때 사용하던 수단으로 등장한다. 하나님의 임재의 상징으로 황소의 이미지가, 왕의 이미지가 양으로, 이방 국가들을 사자, 독수리 등으로 묘사된다.[50]

묵시문학의 저자들은 상징적 언어와 동물 묘사를 통해, 우리가 알지 못하는 먼 미래의 종말의 시간표를 작성함을 목적하지 않는다. 오히려 그들

49) Robert.W. Wall, *Revelation*, NIBC, Hendrickson, p. 14, 1991.
50) D.S. 러셀(임태수 역), 신 구약 중간시대, 컨콜디아서, pp. 122-124, 1977 (2003).

은 그런 이미지를 통해, 하나님의 백성들이 승리하고 이방인들이 결국은 파멸할 것이라는 사상을 전해준다. 동물 이미지나 상징적 언어가 전해주는 것은 문자적 해석이나 또는 먼 미래에 대한 추측성 사고를 갖게 하는 것이 아니라 오히려 이런 것들을 통해 현재의 고난과 위기의 실체를 극복하고 소망과 위로를 제시하려는 데 있다.

3. 묵시문학은 종종 일정한 형태의 외적 구조를 가진다. 예를 들면 제4에스라서나 제2바룩서 같은 책들은 모두 일곱 개의 환상의 구조로 이루어졌다.[51] 위에 언급된 형태들은 유대인들에 의해 쓰인 묵시문학들이 주로 사용했던 언어와 구조와 형태들에 대한 설명이었다.

'그러면 이것들과 요한계시록이 무슨 관련이 있는가?' 하고 질문할 수 있다. 당연히 서로 밀접한 관련이 있다. 요한 역시 묵시문학에 익숙한 유대인이다. 그래서 그는 요한계시록을 쓸 때 묵시의 틀과 형태를 사용했다. 그리고 그것을 통해 그가 전하고 싶어 하는 메시지를 보내고 있다. 이런 개념들은 현대의 독자들에게 본문 이해에 대한 훌륭한 이정표를 제시한다.

현대인들은 마치 요한계시록이 하늘에서 뚝 떨어져서 하늘의 신비를 즉 천국이 어떻게 생겼는지를 설명한 책이라는 오해를 갖는다. 미래 종말의 시간표와 이정표 그리고 종말의 징조를 제시해주는 훌륭한 네비게이션이라는 오해를 가지고 있다. 이런 생각은 한국 교회에 엄청난 파장을 일으켰다. 만약 이것이 사실이라면 필자도 할렐루야를 외치며 신이 났었을 것 같다. 미래를 알고 종말을 안다는데, 그 누가 신나하지 않을 수 있겠는가? 그러나 아쉽게도 요한계시록은 이런 종류의 말씀이 아니다. 이 말씀

---

51) 찰스 탈버트(안효선 역), 묵시록, 에스라 서원, p. 19, 2001.

은 요한이 살았던 시대와 역사 속에서 태어난 상황의 산물이다. 그래서 그 당시 성도들에게 필요한 메지시를 이전부터 익숙한 묵시문학이라는 그림으로 가장 효과적으로 전하고 있다. 이런 언어와 이미지를 통해 그것들에 익숙해 있던 하나님의 백성들에게 승리와 구원 그리고 심판과 멸망의 메시지를 전하고 있다. 즉 묵시문학의 틀을 사용해 요한계시록을 고통당하는 교회의 관점에서 재해석하고 있다. 예수 그리스도가 죽음을 통해 부활하시고 승리했듯이, 결국 너희들, 즉 하나님의 백성의 공동체인 교회 역시 고난과 위기 속에서 승리할 것이므로 조금만 더인내하라는 결단에로 초청한다.

2장: 요한계시록 장르 이해

위에 언급했듯이 요한계시록을 읽다보면 이해하기 어려운 것 중의 하나가 바로 장르에 대한 이해의 부족에서 온다고 설명했다. 장르에 대한 바른 이해는 성경을 올바로 읽기 위한 기본적 과정임을 인식해야 한다. 그러나 이런 사실을 크게 또는 중요하게 생각하지 않는다. 성경이 살아계신 하나님의 말씀이면 되었지 장르니, 저자의 의도니, 구조니 하는 것이 뭐가 필요하냐는 생각 때문이다. 오히려 이런 식의 작업을 성경에 칼을 댄다는 이유로 또는 자유주의자들이나 하는 불경한 일로 치부해 버렸다. 그래서 가져 온 피해는 고스라니 성도들의 몫이 되어버렸다. 각종 이단들이 판치고 또한 전혀 근거 없는 자의적 성경해석이 난무하는 그곳에서 조차도 말씀에 갈급한 신실한 성도들이 은혜(?)를 받는 안타까운 현실이 한국교회의 현 주소임을 우리는 부인할 수 없다. 왜? 어디에서? 이런 현상들이 시작되었는가? 어디에서부터 잘못 끼워진 단추를 바로 잡아야 하는가? 그 원인 중 하나는 성경에 대한 장르를 무시하고 너무 성경 본문 전체를 천편일률적으로 해석하는 잘못을 범했다는 사실에 있다. 이렇게 각각의 특징을 가진 말씀을 가장 효과적이고 원래 쓰인 의도와 목적을 잘 이해하기 위해서는 독자들이 읽고 있는 말씀이 어떤 장르의 글인가를 우선적으로 고려하는 것이 중요하다.

한 명의 저자가 자기가 원하는 글을 쓸 때면 그의 머릿속에는 이미 그가 어떤 형태의 글을 쓸 것인가에 대한 충분한 목적과 의도를 가지고 있다. 왜냐하면 그 누가 책을 쓴다 해도 아무렇게나 또는 생각나는 대로 책을 쓰지 않기 때문이다. 여기에 요한계시록이라는 말씀도 예외이지 않다. 저자 요한은 환상을 본다. 그러나 그것을 본대로 들은 대로 즉흥적으로 받아 적지 않는다. 이것은 본문을 통해 잘 드러난다. 저자 요한은 성령의 감동과 영감 아래 요한계시록이라는 말씀을 깊은 사색과 신학을 통해 독자들에게 전해준다. 또한 그는 아주 잘 짜인 구조와 탄탄한 메시지를 전달하기 위해 고도의 문학적 기법들을 사용한다. 특히 그와 동시대 사람들에게 익숙했던 문화적 공감대를 형성하기 위해 묵시적 언어, 예언, 서신이라는 틀을 사용해 그의 동시대인들에게 전달해 주고자 하는 메시지의 극대화를 꾀한다.

요한의 이런 강력한 전달 효과와 메시지가 이 말씀을 받고 들었던 독자들에게 생명력 있게 다가왔음에 틀림없다. 만약 독자들이 장르에 대한 이해가 부족하다면 여전히 요한계시록은 뿌옇게 낀 안개 속을 걷는 것과 같이 이해할 수 없는 말씀으로 남겨질 것이다. 그래서 평생에 걸쳐 단 한 번도 제대로 본문을 이해하지 못한 채 살아갈 것이다. 이렇게 되는 가장 큰 원인 중의 하나가 바로 이 장르에 대한 부족한 이해 때문이다. 이것이 요한계시록을 이해하는 것에 대한 큰 걸림돌로 작용한다. 이 단락에서는 세 가지 형태의 장르에 대한 이해를 제시하고자 한다. 이것에 대한 올바른 이해는 우리를 더 넓고 깊고 풍성한 하나님의 말씀인 요한계시록 이해에로 인도할 것이다.

1. 계시/묵시(1:1)

요한계시록은 세 가지 장르로 이루어졌다. 그 중에 하나가 계시 또는 묵시라는 장르이다. 계시록 1:1에는 "예수 그리스도의 계시라..." 고 소개되고 있다. 요한계시록하면 가장 먼저 떠오르는 생각은 이 말씀은 하나님의 계시이기 때문에 잘 알 수 없을 뿐만 아니라 그리고 언제인지는 알 수 없지만 특별한 세상 종말의 청사진에 대한 정보를 제시할 것이란 막연한 기대감과 호기심에 사로잡힌다. 이런 생각은 끊임없는 추측과 억측을 낳게 한다. 요한은 세상 종말에 대한 청사진과 시간표를 제시하려고 이 책을 쓴 것이 아니다. 오히려 그는 소아시아의 일곱 교회가 당면하고 있었던 여러 가지 상황과 문제들을 해결하려는 목적을 가지고 '목회자' 의 심장으로 이 책을 썼다. 그런 의도를 가지고 책을 써나갈 때 그는 어쩔 수 없이 로마 제국이라는 그 당시의 최고의 힘과 권력 앞에서 그들에게 익숙한 묵시문학의 틀과 형태를 빌려온 요한계시록이라는 내용의 말씀을 쓰게 된다(이런 이유 때문에 위에서 길게 묵시문학이 무엇이고 어떤 형태의 틀과 내용을 사용했는지를 언급하였다).

당시 전 세계를 통치하고 다스렸던 로마라는 거대구조 앞에서 하나님의 백성들에게 승리와 위로와 희망의 메시지를 전해야 했던 요한은 어떤 방법을 선택했을까? 그는 사탄의 화신으로 대변되었던 로마인들에게는 가려진 언어로, 하나님의 백성들에게는 열려진 언어로 표현해야 했기에 요한계시록은 묵시의 언어로 옷을 입힌다. 이것을 세 가지로 분류할 수 있다.

첫째, 형태적인 측면이다. 위에서 언급했듯이 요한계시록에는 묵시문학에서 많이 사용되었던 다양한 상징적 이미지들이 발견된다. 많은 숫자들, 다양한 짐승 이미지들, 천상의 존재들, 천상의 사건들과 같은 형태가 요한계시록에서도 동일하게 사용된다. 이 말이 의미하는 것은 그들은 이런 형태의 이미지를 보았을 때 낯설어하거나 전혀 어려움을 느끼지 않았다는 것이다. 이해하는데 큰 문제없었기 때문이다. 재미있는 것은 요한은 이런 묵시문학적 틀을 사용은 하지만 똑 같이 복사하듯이 빌려 오지는 않는다. 단지 그는 묵시문학의 옷 즉 형태를 빌려와서 그 안에 담을 내용을 일곱 교회의 상황과 형편에 맞게 재해석 한다. 재해석을 통해서 일곱 교회에 맞는 메시지를 보내고 있다. 이 말은 요한계시록의 기묘하고 신비로운 다양한 이미지와 그림 형태들이 하늘에서 뚝 떨어진 천지개벽과 별 천지의 그림들과 메시지가 아니라 그들에게 익숙한 유대인들의 문학 형태에서 빌려 온 것임을 알 수 있다. 그래서 이 글을 받았던 1세기의 소아시아의 독자들은 그렇게 어려움 없이 요한계시록이라는 하나님의 말씀을 이해한 것이다.

두 번째는, '그러면 묵시의 옷 안에 담긴 내용은 무엇인가?'에 대한 질문이다. 그것은 세상에 대한 관점의 변형을 촉구한다. 이것을 두 가지 내용의 관점에 대한 변형을 촉구한다고 볼 수 있다.[52] 그 하나는 시간적 초월을 제시함으로 단순히 현재에만 만족해하며 살아가는 삶의 모습에 변화를 촉구케 한다. 지금이라는 현실에 안주하지 말라는 것이다. 만약에 지금이라는 시간에 만족해서 현실적으로 로마라는 거대한 괴물에 편승해서 살

52) 참고. J.J. Collins, "Introduction: Towards the Morphology of a Genre", *Semeia* 14, 1-20, 1979.

아간다면 너희는 영원을 상실할 것이다. 그러니 현실에 만족하거나 현실에 너희들의 삶을 던지지 말라는 메시지를 준다. 그래서 하나님의 백성들에게 미래와 종말을 바라보게 한다. 즉 미래와 종말의 관점에서 현재를 바라보게 한다.

미래와 종말의 약속에 대한 성취를 위해 요한은, 아니 하나님은 본문 21-22장에 소개되고 있는 새 하늘과 새 땅과 새 예루살렘에 대한 소망을 제시하면서 현실과는 다른 대안적 세계와 상징적 세계를 제시한다.[53] 대안적 세계에 대한 확실한 소망은 고난과 삶의 역경을 살아가고 있던 1세기 독자들에게, 아니 지금 21세기의 현 독자들에게 세상을 바라보는 새로운 관점을 요구한다. 만약 너희가 현재를 견디고 인내한다면 결국은 미래의 영광에 참여할 것이라는 중요한 메시지를 제시한다. 이것은 현재의 삶에 대한 철저한 도전과 반전을 요구한다. 결국은 승리할 것임을, 아니 이미 획득한 승리의 메시지를 새로운 방식으로 제공한다. 이러한 관점에서 시간적 종말에 대한 말씀인 것이다.

이런 해석은 본문의 내용이 미래 사건의 시간표를 제시한다고 주장하는 것과 그리고 시한부 종말론적 개념과는 좀 더 정직하고 솔직하게 표현하면 양 극단 쪽에 대치상태로 서 있음을 알 수 있다.

또 다른 하나는 공간적 초월을 제시한다는 것이다. 이것은 미래나 종말과는 달리 위의 공간, 즉 하늘의 세상을 보게 한다. 이것은 두 가지 공간인 땅과 하늘을 대조시키려는 의도이다. 땅에서는 누가 주인 노릇하는가를 질문하게 하고 거기에 대한 답변을 제시한다. 로마 황제 도미티안(A.D.

---

53) 참고. 김세윤. 신약을 어떻게 읽을 것인가, 성서 유니온 선교회, pp. 216-222, 2008.

81-96)이 황제 노릇하면서 엄청나고 막강한 권세를 행사하고 있던 시대에 요한은 그의 예언적 말씀을 통해 그 당시 황제의 거짓되고 기만적 실체를 고발하고 있다. 그는 결코 이 땅의 주인이 아니라는 사실을 보게 한다. 마치 주인처럼 보일 뿐이다.

황제 도미티안은 세상 사람들의 경배와 예배의 대상으로 숭배 받는다. 사람들은 그를 '우리의 주와 하나님' 으로 칭송한다. 그리고 하나님께 돌려야 할 마땅한 찬양과 경배를 그에게 돌린다. 성경은 그의 기만적 실체를 결코 인정하지 않는다. 본문은 역시 그의 기만적 거짓 망상에 대한 철저한 고발의 형식을 띄고 있다. 그런 고발을 위해 저자 요한은 눈을 이 땅에 머물게 하지 않는다. 그래서 공간적 초월의 형태를 통해서 진정한 왕이 누구신지 그리고 진정으로 예배와 찬양을 받기에 합당하신 분이 누구신지를 보게 한다. 바로 그런 실체를 보게 하기 위해 하나님께서는 요한을 환상 중에 하늘의 열린 문을 통해 하늘 장면에로 그를 인도한다. 이것이 본문 4장에 나오는 하늘 보좌 장면의 주요 메시지이다.

여기서 우리는 교회의 휴거에 대한 어떤 흔적 또는 하늘이 이러저러하게 생겼을 것이라는 어떠한 정보를 얻지 못한다. 만약에 여기서 이러한 정보를 얻기 위한 호기심을 가지고 이 본문을 대한다면 그리고 만약 이 본문을 통해서 휴거에 대한 기대감을 소망한다면 분명히 크나큰 실망을 맛볼 것이다. 왜냐하면 전혀 이 본문은 내가 본 천국(?) 모양에 대한 이상한 내용을 우리에게 소개하거나 확인시키는 일을 하지 않기 때문이다. 이런 식의 오류는 마치 문자적으로 하나님이나 예수 그리스도를 우리가 알지 못하는 하늘 우주의 어떤 공간에 또는 장소에 가둬두거나 또는 문자적으로 들림 받을 것이라고 말하는, 즉 휴거라는 이상한 교리(?)를 마치 진리인 것처럼 대중화시키는 잘못을 행함과 같음을 기억해야 한다(뒤에 다시 언급할 것이다). 이것은 본문을 조금만 주의 깊게 살펴봐도 금방 드러난다.

요한은 단지 땅과 대조되는 하늘이라는 공간적 초월을 1세기 독자들에게 제시함으로 그들로 하여금 하늘의 관점에서 땅의 관점을 해석하도록 돕기 위한 전략을 제공한다. 이 본문을 통한 더 좋은 성경적 질문은 이러해야 할 것이다. 공간적 초월을 제시하는 성경적 의도와 요한의 의도는 무엇인가? 그것의 중요한 메시지는 무엇인가? 그리고 이 장면과 앞의 2-3장에 등장하는 일곱 교회와의 유기적 관계는 무엇인가에 오히려 관심을 두는 것이 더 성경적이다. 성경은 아무렇게나 쓰여진 말씀이 아니다. 이 말씀은 우리의 상상력을 동원해서 해석하도록 주어진 말씀이 아니다. 그래서 철저하게 말씀에 근거한 해석이 있어야 한다.

종교개혁자들이 "오직 성경"의 권위만을 주장했다. 요한이 본 하늘 보좌 장면은 요한과 그 글을 받았던 그 당시의 교인들에게 놀라운 삶과 태도의 반전을 가져오게 했다. 하늘 위에서 요한은 다른 세상을 보고 경험하게 되고 또한 땅의 실체를 보게 된다. 눈에 보이는 대로 보았던 세상이 진짜가 아님을 보게 된다. 그것은 환영과 거짓과 그림자의 세계였던 것이다. 황제 도미티안이 진정한 주인이고 경배와 찬양의 대상이라고 생각했던 것이 거짓임이 드러난다. 공간적 초월의 관점에서 본 세상은 누가 진정한 주인이고 누가 진정한 찬양과 경배의 대상인지를 보여준다. 하늘에서 본 실체는 하나님이 진정한 주인이셨고 그분만이 찬양과 경배의 대상임을 보여준다. 그래서 이 땅의 거짓되고 기만적인 실체를 비판한다.

이렇게 시간적 초월과 공간적 초월을 제시하는 이유는 무엇인가? 하나님은 역사의 처음과 나중이 되시고 그리고 하늘에서 왕으로서 세상을 통치하시는 분이라는 메시지를 통해 이 글을 보고 듣는 독자와 청중들에게 믿음 안에서 소망과 위로를 제시하려는 의도를 가진다.

이런 성경적 관점에서 본문을 읽는다면, 우리는 이 안에서 공포, 두려움, 전쟁의 소문, 적그리스도의 출현과 같은 헛된 메시지보다는 복음을 발견할 것이다. 이 안에서 두려움 보다는 기쁨으로 우리 삶을 가득 채울 하나님의 메시지를 듣게 될 것이다. 만약 본문을 통해 진정한 하나님의 음성을 듣는다면 더 이상 요한계시록이 이단과 시한부 종말론자들의 놀이터의 역할을 하지 않을 것이다.

세 번째는, 그러면 이런 형태의 글을 쓰는 목적은 무엇인가에 대한 것이다. 즉 이 글의 기능적 측면을 보는 것이다. 요한이 이런 상징적 이상을 통해 교회에 주는 메시지는 초월적 또는 하나님의 관점에서 이 세상을 바라보게 함으로 하나님의 백성 또는 성도들에게 위로와 희망의 메시지를 제시해 주기 위함이다. 궁극적으로 이것의 의도는 시간적, 공간적 초월성을 통해서 일곱 교회의 현재를 해석하기 위한 것이다. 어려움 속에 처해있는 현실에서 좌절 또는 고민하지 말고 하나님만 바라본다면, 결국 하나님의 백성인 공동체는 반드시 승리할 것이란 **위로와 희망의 메시지**를 의도한다. 도미티안과 로마 제국의 거짓에 속지 말고 두려워마라. 그들은 결국 심판받을 것이다. 하나님은 보좌에 앉아 계신다. 그분이 하늘에서 왕으로 통치하신다. 그 분만이 찬양과 경배의 대상이시다. 너희가 온전한 하나님의 자녀라면 바로 이 분이 너희를 돌보실 것이다. 그러니까 "믿음 안에 굳게 서서 인내하라"고 교회를 위로하고 격려하고 있다.

이와 같이 계시 또는 묵시란 장르에 대한 온전한 이해는 우리의 시야를 먼 미래와 쓸데없는 추측과 억지에로 향하게 하는 것을 막는다. 그러므로 요한계시록은 1세기 어려움 속에 처해있는 성도들에게 익숙한 묵시/계시란 장르를 통해 그들을 위로 또는 격려하기 위해 주신 하나님의 말씀임을 깨달을 수 있다.[54)]

2. 예언(1:3)

요한계시록의 두 번째 장르는 본문이 예언적 성격을 가진 말씀이라는 것이다. 본문 1:3절은 "이 **예언의 말씀**을 읽는 자와 듣는 자와 그 가운데에 기록한 것을 지키는 자는 복이 있나니 때가 가까움이라"고 소개한다. '요한계시록이 왜 어렵고 이해할 수 없는가?' 라고 질문해 보면 일반적으로 그 반응은 요한계시록이 예언의 말씀이기 때문이라고 대답한다. 과연 그런가 질문하고 싶다.

이 문제를 조금 자세하게 살펴보자. 대체로 사람들은 '예언' 이라는 단어의 의미를 '앞으로 일어날 일이나 사건을 미리 보여주는 것' 이라고 생각한다. 그래서 일반적으로 이 구절에서 '예언' 이라고 얘기할 때 그것은 거의 항상 '앞일을 미리 말함' 이라는 단어인 예견(豫見)과 동의어가 되다시피 한다. 이것이 도가 지나치면 거의 점치는 수준으로까지 간다. 그래서 기독교를 많이 미신화 시켜버리고 말았다. 바로 이런 예언에 대한 우리의 잘못된 이해는 고스란히 요한계시록 해석에도 적용되었다. 이 말씀 역시 예언적 말씀으로 단순히 앞일을 미리 말하는 책으로 인식되어졌다. 그 증거 본문은 당연히 1:3절로 시작한다. 이런 관점에서 보면 요한계시록은 당연히 미래에 되어질 무엇을 전해주는 미래 정보에 관한 책으로 간주되어져야 한다. 과연 그런가? 요한계시록은 과연 이런 종류의 정보 제공을 목적으로 쓰인 책인가? 요한이 과연 그것을 염두에 두고 요한계시록을 썼는지 살펴보자.

우선적으로, 요한계시록을 단순히 앞일을 미리 말하는 책으로 인식하는

54) 김세윤. 신약을 어떻게 읽을 것인가, 성서 유니온 선교회, p. 221, 2008.

것은 성경 본문에 대한 무지와 잘못된 이해에 근거한다. 그리고 잘못된 전제를 성경 본문에 강요하는 억지를 부리고 있다. 본문의 의도를 무시하고 '예언' 이라는 언어의 몰이해가 결국 요한계시록을 미래에 일어날 어떤 사건들을 미리 말하는 말씀 정도의 책으로 격하시켜버리는 잘못을 저질렀다.

예언이라는 단어를 쓴 요한의 의도를 살펴보자. 요한은 자신을 구약의 예언적 전통을 이어받은 선지자로 보았음에 틀림없다. 그 예언적 전통이라는 것은 구약의 예언자 또는 선지자들이 전하려고 했던 예언적 말씀 선포와 소명 의식을 반영한다고 볼 수 있다. 여기에서 질문을 한 번 던져보자. '그러면 옛 구약 선지자들이 전하려고 했던 예언적 말씀 선포의 대상과 내용은 과연 누구였고 무엇이었는가? 당연히 그 대상은 선지자들과 한 하늘 아래에서 같이 살아갔던 이스라엘 백성이이고, 내용은 그 당대의 사람들에게 살아계신 하나님의 예언적 말씀을 전달하는 것이라고 할 수 있다. 왜 선지자들은 그렇게 하는가? 당연히 이런 예언적 말씀 선포와 전달의 목적이 있다. 그것은 바로 이스라엘 백성들의 '회개와 구원' 이다.

구약에서 선지자들은 예언적 말씀 선포를 시도한다. 그들의 예언적 말씀 선포의 대상은 먼 미래의 사건이나 독자를 염두에 두고 하나님의 말씀을 전하지 않았다. 그들의 관심은 이스라엘 백성의 삶에 있었다. 예언적 메시지의 초점은 그들이 살아가고 있었던 현재를 겨냥한 것이다. 때로는 미래에 관한 말씀이 언급됨에도 불구하고 역시 그것의 중심은 이스라엘 백성들에게 현재를 하나님 앞에서 충실하게 살아가도록 요청하기 위한 것임을 알 수 있다.[55] 선지자들은 미래의 알지 못하는 독자층을 대상으로 또는 사건들을 염두에 두면서 선지적 말씀을 쓰거나 말하지 않았다. 그들

55) 죠엘 그린(한화룡 역), 어떻게 예언서를 읽을 것인가?, IVP, pp. 64-65, 1987.

의 관심은 온전히 동시대의 이스라엘 백성에게 있었다(오해는 마시라! 물론 현대의 성도들도 이차적 수신자로서 의미를 가짐을 기억하시라). 그들에게 하나님의 언약적 백성으로서의 온전한 삶을 요청한다. 아버지이신 하나님과 올바른 관계를 계속 유지해라, 그리하면 너희가 복 받을 것이지만 만약 하나님의 자녀들인 너희들이 범죄했다면 하나님께 회개하라고 요청한다. 그리하면 하나님이 너희 죄를 용서할 것이라는 예언적 말씀을 선포함을 볼 수 있다.

구약의 선지자들이 전한 예언적 말씀에 대한 올바른 해석이 필요하다. 구약 학자인 반 게메렌(W. A. Van Gemeren)은 예언의 말씀은 시와 상상력과 직유와 은유로 가득 찬 언어로 그 당시의 문화적 상황과 특별한 역사적 배경 안에서 이해되어져야 한다고 주장한다.[56] 물론 그는 그 당시의 역사적 상황뿐 아니라 현 시대에 주는 예언의 성경적 메시지를 강조함으로 말씀의 균형을 잘 유지하고 있다.

이런 관점에서 요한계시록의 장르를 얘기할 때 '예언' 을 단순히 미래의 비밀을 보여주는 의미를 갖는 것으로 보는 것은 분명히 본문에 나타난 메시지의 의도를 왜곡시키는 결과를 가져온다. 오히려 '예언' 이란 말은 **역사적 사건들에 대한 현재의 하나님의 뜻을 전달함**을 의미한다. 그들은 주어진 역사적 상황에 대한 예언적 선포의 의미(구원과 심판)를 보게 한다. 이런 관점에서 보면 예언이 진공 상태에서 존재하는 것이 아니라 대부분은 역사적인 정황 가운데서 주어진 것이라고 보는 카이저(W.C. Kaiser)의 관점은 예언에 대한 좋은 통찰력을 제공한다.[57] 요한은 그의 동시대 사람

---

56) 반 게메렌(김의원, 이명철 역), 예언서 연구, 엠마오, pp. 121-135, 1993.
57) 월터 C. 카이저 Jr.(박찬호 역), 예언서 이해를 위한 지침서, 엠마오, p. 23, 1993.

들에게 익히 알고 있었고 들었고 익숙해 있던 예언적 말씀 선포의 형태를 빌려와서 하나님의 말씀을 선포한다.

이 예언의 글을 읽고 들었을 때에, 우리가 기대했던 것처럼, 그들은 미래의 어느 시점에 휴거를 기대하고 자연재앙의 현상과 전조들을 살피고 그것을 통해 주님의 재림을 고대하는 식으로 이 말씀을 듣거나 읽지 않았다. 이런 내용들은 그들의 주요한 관심사가 아니었다. 요한과 이 글을 받고 듣고 읽었던 소아시아 일곱 교회 성도들의 주요 관심은 그들이 매일매일 일상에서 맞부딪치는 삶과 죽음의 문턱과 억압과 착취와 차별의 상황을 어떻게 그리스도인으로서 극복할 것인가에 대한 것이었다. 그래서 본문은 마치 구약의 선지자들처럼 그 당시의 소아시아 일곱 교회의 회중들에게 두 가지 메시지(구원과 심판)를 제시한다. 소아시아 일곱 교회의 성도들 모두가 이 구원의 초청에 믿음으로 반응할 것을 제시하고 있다. 너희가 하나님의 구원의 메시지에 믿음으로 반응하면 새 하늘과 새 땅, 그리고 구원을 받을 것이지만, 만약 너희가 믿음의 도리에서 벗어나면 심판을 받을 것임을 경고하고 있다. 이런 관점에서 예언적 말씀으로서 요한계시록의 메시지는 세상 끝 날에 일어날 일을 예견한 비밀스런 책이라기보다는 오히려 하나님의 백성의 공동체인 교회에게 하나님의 구원의 승리에 참여할 것과 악의 세력들의 심판을 제시하면서 끝까지 이 싸움에서 승리하는 "이기는 자"가 될 것을 제안한다.

결론적으로 예언은 동시대 상황에 대한 선포와 1세기 그리스도인들의 상황을 선지자 요한의 선포적 관점에서 해석한 말씀이라고 정의할 수 있다. 만약 우리가 위에서 언급한 예언에 대한 올바른 이해가 결여된다면 또 다른 퍼즐게임을 시작해야 하고, 또다시 짝 맞추기 식의 본문 해석에 몰입하는 시한부 종말론적 행태에 빠지게 될 것이다.

3. 서신(1:4)

요한계시록의 세 번째 장르는 이 말씀이 '서신' 의 형태를 가진다는 것이다. 아주 단순하지만 올바른 본문 읽기에 중요한 힌트를 제공한다. 독자들은 요한계시록이 서신이라는 사실을 고민하거나 주의 깊게 생각하지 않는다. 그래서 본문에 대한 오해가 발생한다. 성경 해석을 할 때 가장 중요한 것은 우리의 생각을 본문에 강요하거나 주입하는 것이 아니라 본문이 말하는 소리에 귀를 기울이는 것이다. 본문 1:4절에 보면 "요한은 아시아에 있는 일곱 교회에 편지 하노니…"라고 시작한다. 이 말은 요한계시록 전체가 서신의 형태를 가진 하나님의 말씀이라는 것이다. 특히 서신의 형태는 2-3장에 집중되어 있다. 2-3장에 소개되는 일곱 교회까지는 뚜렷한 서신의 특성을 가지기 때문에 어렵지 않게 진행되다가 4장 이후를 읽게 되면 갑자기 기묘한 언어와 상징 때문에 당혹감을 느끼게 된다. 놀랄 것 없다. 4장 이후부터 글 쓰는 문체가 바뀐다고 생각하면 된다. 예를 들면 똑 같은 형태의 내용들을 2-3장의 산문체로, 4장 이후부터 시적이고 상상력 있는 언어로 표현하고 있다고 보면 된다. 이 말의 이해를 위해 본문의 서신적 특성을 고려해 보면 좀 더 간단하고 명료하게 뜻을 파악할 수 있다.

서신은 가장 기본적인 구조를 가지고 있다. 그것은 의사소통(communication)의 형태이다. 보내는 자와 받는 자와 그 둘 사이에는 내용, 즉 메시지가 존재한다. 지금 요한계시록이 서신의 형태를 가지고 있다는 말은 보내는 자인 요한과 받는 자들인 일곱 교회와 그리고 내용인 본문이 존재한다는 말이다. 이런 형식을 통해서 그들은 아무 문제없이 의사소통(communication)을 하게 된다. 세상에는 보내는 자가 모르는, 그리고 받는 자가 모르는 내용의 편지는 존재하지 않는다. 우리는 이것을 서신/편지라고 부르지 않는다.

예를 들어보자. 한 어머니가 외국에 나가있는 아들에게 편지를 보낸다고 가정해 보자. 어머니는 아들에게 추억과 행복 그리고 기쁨을, 때로는 아픔과 고통의 내용을 그 둘만이 이해할 수 있는 언어로 보내고 있다고 가정해 보자. 물론 외부인들이 이 편지를 보면 이해할 수 없는 부분도 있을 것이다. 왜냐하면 그것은 어머니와 아들이 나누고 느낀 그 둘만의 공감대를 표현하고 있기 때문이다. 그러나 100% 확실한 것이 하나 있다. 그것은 어머니와 아들은 분명하게 서신 내용을 이해했다는 것이다. 왜냐하면 이것은 그 둘만의 언어였기 때문이다. 요한계시록의 내용이 이와 같다. 그 안에 존재하는 내용의 형태들이 어떠한 식으로 씌여졌든 상관없이 이 말씀은 분명히 이 글을 보낸 요한이 이해했고 이 글을 받았던 즉 수신자들인 일곱 교회의 청중들이 이해했다. 왜냐하면 이 둘 사이엔 분명히 서로 같이 공유할 수 있는 공감대가 형성되어졌기 때문이다.

문제는 본문이 아니라 이 말씀을 접하는 우리에게 있다. 21세기의 독자들이 이해할 수 없는 언어와 상징으로 쓰여 졌기 때문에 그들도 이해하지 못할 것이라는 순진한(?) 생각을 버려야 한다. 만약 이것이 사실이라면 이 말씀은 더 이상 서신, 즉 편지가 아니다. 이것은 보내는 요한도, 받는 일곱 교회의 회중도 이해하지 못하는 기묘한 암호풀이 게임 책 그 이상은 아닐 것이다. 요한은 독자들과 함께 암호풀이 게임을 하고 싶어 하지 않는다. 요한계시록은 성경 퀴즈 내지는 암호풀이를 목적으로 쓰이지 않았다. 그는 그의 메시지를 일곱 교회가 돌려보도록 의도하고 목적한다. 왜냐하면 일곱 교회에 문제가 있으며 그 문제를 해결하려는 절박한 심정과 의도를 가지고 본문을 기록했기 때문이다. 단지 일곱 교회에 주어진 박해 상황뿐만 아니라, 다양한 상황 속에서 문제에 직면해 있었던 1세기 그리스도인들에게 보내진 것이다. 이들이 묵시적 관점에서 주어진 예언의 말씀들을 수용함으로써 이 땅에서 승리자의 삶을 살도록 격려하기 위해 이 글을 써 보낸 것이다. 그래서 그들은 이 책 마지막에서 요한의 모든 메시지를 다 듣고 나서 "아멘 주 예수여 어서 오시옵소서"(계 22:20)라는 회복과 믿음의 반응을 고백한다.

또 하나 흥미로운 사실은 요한계시록의 처음과 결말이 서신의 형태로 존재한다는 것이다. 본문을 읽는 많은 사람들이 이런 사실을 놓치고 있다. 많은 복음적 설교 혹은 강의를 한다는 사람들조차도 이런 간단하지만 중요한 본문의 소리를 간과한다는 사실이 참으로 안타깝다. 따라서 본문과는 상관없는 또는 본문의 의도와는 관계없는 자의적 해석을 시도함으로 성도들을 미혹시키고 있다. 요한계시록 본문의 서론과 결론이 서신의 형태로 끝난다는 것은 이 글을 읽거나 듣거나 지켜야할 자들이 이 안에 담겨져 있는 말씀의 내용을 하나도 빠짐없이 다 이해했다는 것을 의미한다. 이는 서신적 메시지를 보내는 요한과 수신자인 일곱 교회 회중간에 철저한 의사소통이라는 큰 틀 안에서 교감하고 있음을 보여준다. 즉 예배 때 본문 말씀 전체를 다 듣고 보니까 과연 그러하다는 것이다. 그들은 1장에서 22장까지 다 듣고 나서 세상 종말의 청사진이나 또는 예수 그리스도 재림의 날자와 징조와 표징을 찾은 것이 아니다. 그 안에서 하나님의 백성들을 위한 승리와 구원의 메시지를 발견했고 그래서 그들이 발견한 소망 가운데 그들이 처한 삶의 상황을 넉넉히 이길 수 있는 힘을 얻을 수 있었다.

그들이 본 것은 이 세상을 통치, 통제하시는 하나님과 예수 그리스도의 전지 전능하심이다. 그분들 안에서 새로운 소망을 재확인 한다. 세상을 보는 눈이 달라지면서 로마 제국(1세기에 온 세상을 지배한)과 그리고 그것이 제공하는 팍스 로마나(로마의 평화)의 불합리성과 기만과 거짓 환상의 실체를 요한계시록의 말씀을 통해서 보게 되었다. 그래서 끝까지 인내하고 믿음의 싸움을 신실하게 수행할 것이라는 믿음의 고백을 하게 된다.

이런 메시지가 얼마나 그들에게 힘이 되었겠는가? 고통과 아픔의 시간을 보내고 있는 그들에게 얼마나 위로와 소망의 메시지가 되었겠는가? 이 땅에서 신실하게 세상을 '이긴다'는 것이 얼마나 큰 감동으로 그들에게 다가왔겠는가? 아마 틀림없이 1세기 독자들은 눈물과 감격으로 이 말씀을 듣고 읽었을 것이다. 21세기의 독자들 역시 너무나 큰 위로와 감격의 메시지를 본문을 통해서 발견할 수 있다.

현 시대를 살아가는 성도들 역시 온전하게 산다는 것이 너무나 어려운 일임을 잘 알고 있다. 그러나 요한계시록은 우리에게 하나님의 음성을 들려준다. 이 땅에서 '이기는 자의 삶'을 살 것을 요청한다. 만약 이긴다면 결국 성도들의 고통과 아픔을 예수께서 보상하시고 승리와 위로로 가득차게 해 주실 것을 약속하신다. 누가 요한계시록을 보면 겁나고 무섭다고 했는가? 누가 요한계시록을 공포 스릴러의 책으로 만들어 버렸는가? 과연 요한이 아니 하나님이 그런 식의 본문 읽기를 의도했을까? 다시 한 번 본문의 철저한 검증과 연구가 필요함을 느낀다. 올바른 장르에 대한 충분한 이해를 통해 요한계시록을 볼 때 본문의 바른 소리를 들을 수 있다. 이런 합리적이고 본문 중심적인 성경 읽기는 성경을 파괴하는 것이 아니라 오히려 성경을 성경되게 하고, 성경을 각종 오염으로부터 지키는 방법임을 주지해야 할 것이다.

제 8강

시간/연대기적? 또는 반복적?

요한계시록을 이해함에 또 하나의 어려움은 본문을 어떤 관점에 따라 볼 것인가에 달려 있다. 이것은 본문을 시간 또는 연대기적으로 보든지 아니면 요한계시록의 본문이 반복적으로 쓰여 있는지를 보는 것이다. 예를 들면 본문을 시간적으로 보는 관점은 인(印) 심판 후에 나팔 심판이 이어지고, 그 후에 마지막으로 대접 심판이 나오는 식으로 본문의 메시지를 이해하는 원리를 말한다. 위에 잠간 언급 했듯이 본문 1:19절이 세 가지 시제(과거, 현재, 미래)의 형태로 이루어졌다고 본다. "네가 본 것"을 1:9-20절에 설명으로, "지금 있는 일" 을 2-3장에 대한 언급으로 그리고 "장차 될 일" 은 4장 이후에 벌어질 일들로 주로 미래의 관점에서 해석하면서 이 구절들을 시간적으로 이해하는 형태를 말한다. 특히 4장 이후를 통해 종말의 시간표와 청사진을 찾으려고 하는 시도들을 엿 볼 수 있다. 이 이론은 대부분의 많은 목회자들과 소수의 근본적인 입장을 견지하는 학자들에 의해 주장되고 있다.

그러나 문제가 되는 것은 이 본문에 대한 요한계시록의 해석이 위에 언급된 것처럼 그렇게 순진하게(?) 쓰여지지 않았다는 것이다. 본문을 볼 때 칼로 무 자르는 듯한 이런 식의 본문 구성은 전혀 존재하지 않는다. 다시 말하면 '1장은 과거를, 2-3장은 현재를, 4장 이후는 미래를 보여 준다' 라는 식의 구분은 아무 의미 없는 인위적인 분류에 불과하며 본문 자체의 지지도 받지 못한다. 특히 이 입장의 약점은 본문에서 등장하는 사건들의 유사한 변화, 언어적 연계성, 상징적 유사성의 사용 등과 같은 것들을 무시한다는 데 있다. 이런 것들을 무시함은 본문 전체를 무시해야 하는 더 큰 문제를 낳기 때문에 여기에 대한 본문의 철저한 검증이 필요하다. 이것은 뒤에 가서 더 자세히 언급하겠지만 1:19절의 증거는 본문을 하나의 큰 통합적인 구조 안에서 보아야 함을 제안한다. 왜냐하면 이 구절은 요한계시록 전체 역사와 의미를 구성하고 있는 중요한 본문으로 통합적으로 구성되어 졌기 때문이다.[58] 이훠드(J.M. Efird)의 주장처럼 만약 요한계시록을 시간적으로 이해한다면 우리는 책 전체의 일관된 의미와 순서를 놓치게 된다.[59]

학자들은 언어적 상관성, 이미지 이해, 변화의 현상 등을 근거로 요한계시록이 단순히 시간 또는 연대적으로 쓰인 것이 아니라 반복의 원리에 따라 쓰여졌다고 본다. 즉 요한계시록의 본문은 반복된 내용과 구성과 의미와 원리에 따라 쓰였다는 이론이다. 이는 빅토리우스(A.D. 270년경)라는 사람에게서부터 시작된 오랜 역사를 가진 이론이다. 그는 본문이 단순히 시간적 순서대로 쓰였다는 이론보다는 오히려 반복의 형태를 가지고 쓰였음을 주장했다. 예를 들면 마지막 대접 심판은 나팔 심판을 반복한 것이라고 본다. 그러나 사건이 뒤로 갈수록 더 자세하고 명확하게 발전되어 가는 형태임을 제시한다. 이 이론은 본문이 시간적 순서에 따라 벌어질 사건을

---

58) Simon J. Kistemaker, *Revelation,* NTC, Baker Books, pp. 101-102, 2001. 참고. G.K. Beale, *The Book of Revelation*, NIGTC, Eerdmans, pp. 152-170, 1999.

59) 제임스 M. 이훠드(이달 역), 현대를 위한 계시록, 한국장로교 출판사, pp. 102-103, 1996.

예언의 형태를 빌어 전달해 줌으로써 종말의 시간표나 청사진을 보여주려는 것이 아님을 보여준다. 오히려 이 이론은 본문의 주제적 전개와 문학적 구조를 통해, 하나님의 백성의 공동체인 교회에게, 승리와 구원의 메시지를 전하려는 의도로 구성되어졌다고 본다. 그렇다고 복사하듯이 똑 같은 주제와 구조를 제시하지는 않는다. 그 대신에 매번 다른 관점과 높은 각도와 보다 강화된 강도에서 사건을 바라본다. 그리고 메시지의 의미와 사건의 전개를 더 심화시키는 작업을 한다. 즉 변화를 주어 반복한다는 것이다.[60]

특히 본문의 대부분의 중심 내용을 차지하는 세 개의 심판 시리즈를 어떻게 해석하는 가는 중요한 내용의 틀을 제공한다. 이 심판 시리즈에서 시간적 순서를 가진 종말의 심판 메시지를 발견할 것인가? 그래서 인 심판에서는 인류의 1/4이, 나팔 심판에서는 1/3이, 마지막으로 대접 심판에서는 전체 인류의 심판을 기대해야 하는가? 아니면 이것은 요한계시록의 구원과 심판 또는 승리와 파멸이라는 주제적 구성과 문학적 의도를 염두에 둔 요한의 목회적 전략의 절정체인가?

우리는 이것을 어떻게 이해할 것인가? 만약 이것을 문자적이고 시간적으로 이해한다면 우리는 이해할 수 없는 많은 일들을 상상해야 한다. 문자적인 하늘 별들의 떨어짐, 핏빛으로 변한 바다, 무저갱에서 나오는 황충같은 이미지에 대한 문자적 출현 기대나 또는 현재 역사 속에서 1대 1로 맞아 떨어지는 동일한 사건을 찾기 위한 것에 혈안이 되어 있을 것이다. 본문을 통해서 이런 기대를 소망하는 사람들은 매일 성경을 묵상하고 연구

60) 찰스 탈버트(안효선 역), 묵시록, 에스라 서원, pp. 19-21, 2001. 참고. W. Hendriksen, *More Than Conquerors: An Interpretation of the Book of Revelation*, Baker Books, pp. 34-36, 2000.

하는 것이 아니라 오히려 하늘의 별들에, 땅에서 벌어지는 지진의 움직임에, 그리고 세상의 전쟁의 소문에 더 많은 시간과 관심을 소모한다. 여기서 우리의 질문은 '과연 그런가?' 하는 것이다. 물론 그렇지 않다. 이런 식의 기대나 소망은 본문의 이해를 왜곡시킨다. 이것은 시한부 종말론을 부추기는 잘못된 이해이다.

저자인 요한은 문자적, 시간적 정확성과 순서를 제시하기 보다는 하나님의 백성들의 종말론적 구원과 승리의 메시지를 반복적으로 그리고 좀 더 확장된 형태로 강조하고 있음을 알 수 있다. 이런 사실에 대한 그레엄 골즈워디(G. Golds-worthy)는 다음과 같이 말하고 있다.

> "선지자들은 20세기에 사는 우리와는 달리, 연대나 사건의 순서에 그다지 구애를 받지 않았습니다. 또 그들은 같은 사건을 이런 관점에서 보다가 관점을 바꿔 저런 관점에서 보기를 좋아했습니다. 더욱이 시간상으로는 뚜렷하게 구별이 되는 사건들을 그런 구별이 별로 중요하지 않은 양 쉽게 묶어서 언급하였습니다."[61)]

이런 것들에 대한 이해는 본문의 의미를 더욱 풍성케 한다. 요한계시록은 문자적으로 발생할 그리고 시간적으로 일어날 어떤 사건들을 정확하게 그려주고 있지 않다. 만약 본문에서, 특히 세 개의 심판 시리즈에서 발생할 사건들을 우리의 역사 속에서 동일하게 찾기를 기대한다면 아마 크나큰 절망감을 느낄 것이다. 왜냐하면 그것이 요한의 의도가 아니기 때문이다. 이 글을 받아보고 읽은 1세기 사람들은 지금 21세기를 살아가고 있는

---

61) 그레엄 골즈워디(김영철 옮김), 복음과 요한계시록, 성서유니온, p. 75, 1991.

우리와는 다른 사고 구조를 가지고 있다. 이것은 히브리적 사고와 헬라적 사고의 차이에서 오는 간격을 이해하지 못하는 오해에서 비롯된다. 헬라적 사고가 과학적이고 논리적이라면, 반면에 히브리적 사고는 역설적이고 전체적으로 사물을 본다.[62] 다른 말로 하면 히브리적 사고는 나무 하나하나 보다는 전체 숲을 먼저 본다. 머리에 큰 그림을 생각한 다음에 (숲이란 큰 그림 안을 채우고 있는) 나무를 살펴본다.

히브리적 사고를 요한계시록이라는 말씀에 적용시켜 보자. 이 글의 저자인 요한 역시 유대인으로 히브리식 사고를 하는 사람이다. 그는 환상 중에 하나님의 계시의 말씀을 받는다. 그가 본 것은 완결된 계시의 말씀으로 분명히 이 글은 1세기 독자들의 100% 공감대를 형성했다. 마치 본인인 요한도 모르는 어떤 일이 2~3천년 후 어느 시점에 벌어질 것을 미리 보는 형식으로 쓰여지지 않았다. 그가 본 것은 본문 내용에 근거해 하나님에 의해 세상에 벌어질 종말의 큰 그림을 다 보았다는 것이다.

그러나 이 시점에서 오해하지 말 것은 종말의 큰 그림을 다 보았다는 것이 마치 시한부 종말론자들이 얘기하는 식의 미래에 있을 어떤 사건이나 인물 또는 시점의 시간표나 청사진을 본 것으로 이해해서는 안 된다. 만약 이런 식으로 본문을 이해한다면 우리는 제2의 그리고 제3의 이장림이 될지도 모른다. 사실 그가 본 것은 다른 성경 말씀과 동일한 하나님과 우리 주 예수 그리스도 그리고 그의 백성의 공동체인 교회가 궁극적으로 승리할 것이라는 메시지였다. 그러니까 지금 이 땅에서 인내하고 말씀을 지키면서 하나님의 백성들에게 주어진 삶을 살아가라고 격려하고 위로하고 있다.

62) 제임스 칼라스(박창환 역), 요한계시록, 컨콜디아사, pp. 135-157, 1996.

이런 중요한 메시지를 그가 본 환상에 근거해 쓴 것이 요한계시록이라고 이해할 수 있다. 그래서 그가 본 환상을 하나님과 예수 그리스도를 "처음과 나중" 또는 "알파와 오메가"라는 하나님과 예수 그리스도에 대한 칭호로 시작하고 끝냄을 알 수 있다. 하나님께서 역사의 태초와 종말을 있게도 하시며 끝내기도 하시는 분이란 전체 그림을 요한은 그의 환상을 통해 보았다.

그러고 나서 그는 이런 중요한 메시지를 하나하나 그의 의도대로 써내려간다. 이것에 대한 특징들이 본문에서는 "이 후에(Μετὰ ταῦτα)" 또는 "그리고 내가 보았다(καὶ εἶδον)"라는 문구로 소개된다. 이런 문구를 시간 또는 연대기적으로 이해할 경우, 요한계시록은 하나의 사건이 일어난 후에 또다른 사건이 일어난 것으로 이해할 수밖에 없다. 그러나 이런 특징적 문구들은 사건들의 연속성을 보여주기 위한 의도보다는 그가 하나님으로부터 본 환상을 하나하나 전개시켜 나가기 위한 하나의 구성적 특색임을 알아야 한다.

요한은 이미 환상 속에서 하나님의 백성들의 궁극적 승리 그리고 사탄과 그의 졸개들의 최종 심판의 메시지를 보고나서 그가 본 내용들을 전개한다. 이것을 위해 그는 익숙했던 다양한 문학적 구성과 형태를 사용해서 요한계시록이라는 놀랄만한 하나님의 말씀을 기록한다. 이런 문학적 구성과 형태 중에서 반복의 원리를 사용했다. 그 반복을 통해 메시지를 더욱 강조하고 있다. 다른 말로 하면 각각의 심판 장면들은 자충족적인 논리와 결론을 가지고 있으며, 그것들은 똑같은 내용을 서로 다른 관점으로 묘사한 것이다.

요한의 반복은 그가 본 환상을 통해 하나님의 백성들의 확정적 최종 구원과 하나님의 적대세력의 최후 멸망이라는 이미 결정된 사실을 하나하나 풀어 가고 있다. 요한은 시간적 순서를 배제하고 하나의 주제를 논리적이고 일관성 있게 전개하면서 설명하고 있다. 이렇게 요한계시록의 내용을 해석해 나간다면 우리는 본문 안에서 어렵고 이해 불가능한 본문의 실마리를 찾게 된다. 보쿰(R. Bauckham)은 이것을 저자 요한이 "기술적으로 배치한 구성적인 장치"[63]로 설명한다. 그러나 만약 본문을 시간적 연속성을 가진 연대기적으로 본다면, 본문 안에 빈번이 반복된 문구나 어휘 그리고 구조적 대칭관계를 설명해야 하는 어려움에 직면하게 된다. 따라서 요한계시록의 구조적 특성을 잘 이해하면 전체적 그림을 이해하는데 큰 도움이 된다. 이것은 다음에 등장하는 2부를 통해서 설명 할 것이다.

지금까지 필자는 1부를 통해서, 다양한 관점에서, 요한계시록에서 독자들이 오해하고 무시하기 쉬운 신학적이고 역사적 부분들을 살펴보았다. 간과되어 왔던, 그러나 절대로 무시할 수 없는 부분이기 때문에 길게 조목조목 설명을 이어나갔다. 시간에 대한 개념들, 상징적 언어 이해, 장르 이해, 반복 개념과 같은 중요한 신학적인 개념 이해가 없으면 절대로 요한계시록은 해석될 수 없는 책이다. 이 부분을 설명하기 위해 피치 못 할 약간의 중복된 내용에 대해서 독자들의 양해를 구한다. 그러나 필자는 한국 교회 안에 이 부분에 대한 체계적이고 손쉬운 설명이 잘 이루어지고 있지 않다는 사실에 늘 아쉬움은 있다.

1부에 대한 설명들은 '왜 요한계시록이 이해하기 어렵지!'라는 스스로의 질문에 대한 해법이었다. 그동안 고민하고 연구한 것에 대한 결과물로 부족하지만 꼭 필요한 부분이라 생각해서 같이 나누었다. 만약에 여기까지 설명한 부분이 이해되어지고 공감되어 졌다면 독자들은 요한계시록의

---

63) 리챠드 보쿰(최흥진 역), 요한계시록 연구: 예언의 절정I, 한들출판사, p. 41, 2002.

많은 부분을 보는 눈이 열렸을 것이라고 의심치 않는다. 이 책은 자세한 본문 주석을 목적하지 않았다. 자세한 본문 주석은 차후로 미루고 구조 분석을 위해 필요한 본문들을 제2부에서 살펴볼 것이다. 아직도 가야 할 길이 멀기만 하다. 이제 2부에서 주로 다룰 '요한계시록의 구조 분석' 을 위한 새로운 시간 여행을 함께 떠나보자!!

제2부

요한과 함께하는 요한계시록의 구조 이해

필자는 1부에서 주로 요한계시록의 신학적 측면을 부각시켰다. 왜냐하면 이 부분에 대한 정확한 이해가 없이는 본문을 해석하는 것이 불가능하기 때문이다. 제발 독자들은 아니, 성도들은 1부에서 취급한 내용들을 충분히 숙지하기를 바란다. 만약 충분히 이해했다면 우리의 관점에 변화를 가져올 것이다. 그리고 이런 신학적 측면과 함께 같이 다루어져야 하는 부분이 있다. 그것은 바로 본문의 구조에 대한 이해이다. 요한계시록의 구조 이해는 본문을 해석하는데 아주 중요한 열쇠를 제공한다. 왜냐하면 구조는 저자의 의도가 충분히 반영된 하나의 결정체로서 본문의 메시지를 전달하기 위한 아주 중요한 전체적인 틀을 제공하기 때문이다. 그런데 이것에 대한 인식의 부재와 진지한 고민을 전혀 하지 않는 것이 현 교회의 상황이다. 그래서 본문의 의미와 내용을 갈기갈기 찢어 버렸다. 이 말은 마치 우리의 주된 관심이 가능한 한 본문과 요한의 소리와는 상관없이 본문을 자꾸 외면하고 파편화시키고 나누는 것임을 보여준다. 현 독자 또는 성도들이 본문을 오해했고 잘못 해석했음을 알 수 있다.

요한의 관심은 본문을 나누고 파편화 시키는 것이 아니라 하나로 묶는 것이다. 그래서 본문을 하나의 통일성 있는 큰 틀에서 이해한다. 이 말은 그가 이해한 것은 우리가 지금 이해하는 것과는 다를 수 있다는 것이다. 요한이 본문을 하나의 통일성 있는 큰 틀에서 이해했다는 것은 본문 속에서 다양한 특징들로 나타난다. 앞뒤 본문의 언어적 연계성, '성령에 감동하여' (1:10; 4:2; 17:3; 21:10)와 같은 유사한 언어의 반복, 중간 중간 등장하는 소위 '막간' 이라고 불리어지는 장들(7장과 10-11장)과 같은 특성은 본문이 통일성 있고 전체적 구조를 가진 본문임을 독자들에게 제시한다. 독자들은 그것을 보아야 한다. 그러면 여기서 질문이 생길 수 있다. 이런 구조적 특징들이 가지는 의미는 무엇인가라는 것이다. 그것은 요한이 전하고자 하는 본문의 내용을 탄탄하고 짜임새 있게 구성하고 그리고 이런 구조적 전개를 통해 독자들에게 요한이 전하고 싶어 하는 신학적 메시지의 실체를 파악하도록 하는 것이다. 과연 요한은 그와 그의 청중들인 소아시아의 일곱 교회의 회중들과는 상관없는 미래에 벌어질 어떤 사건과 인물에만 관심을 보이고 있는가? 아니면 그는 그의 생각과 문화와 정치 그리고 종교적 현안들에 공감하는 사람들을 위한 무엇인가를 쓰고 싶어했는가? 이것에 대한 대답은 우리가 본문을 보는 해법을 제공할 것이다.

1부에서 논의했듯이 요한계시록은 1세기 당시의 사람들을 위해 주어진 것이라는 사실을 살펴보았다. 이런 기본적인 읽기 전제와 함께 본문을 볼 때 또 다른 중요한 특징인 '구조' 에 대한 큰 틀을 2부를 통해서 살펴보려 한다. 2부의 전제는 요한계시록은 정교한 구조를 가진 잘 짜인 하나님의 말씀이라는 것이다. 이 말이 의미하는 것은 구조를 잘 이해하지 못하면 전체 그림을 그려낼 수 없다는 것이다. 즉 1장의 내용은 2-3장의 내용과 그리고 2-3장의 내용은 4장 이후의 내용과 별개로 존재하는 것이 아니라 이들의 내용은 아주 유기적이고 통합적으로 서로 긴밀하게 얽혀 있다는 것이다. **본문 전체를 통일성 있고 잘 짜인 구조적 말씀으로 보자는 것**이 2부의 의도이고 목적이다. 만약 이런 관점으로 본문을 본다면 요한계시록은 배타적으로 흔히 얘기 하는 세상 종말의 미래에만 관심을 두는 것을 목적으로 쓰인 책이 아니라 성경 전체가 추구하는 신학적 구도인 **'이미와 아직'** 이라는 큰 그림을 제시하기 위한 것임을 보게 한다. 즉 예수 그리스도의 도래를 통해 종말은 '이미 시작' 되었다는 것이다. 그 분의 오심으로 사탄은 쫓겨나고 패배를 맛보고 결국 하나님의 사람들은 승리 했다. 그러나 '아직' 주님의 재림 사건이 임하지 않음으로 그 분 오실 때까지 믿음의 여정을 계속하도록 성도들은 부르심 받았다. 그렇다고 성도들이 하늘

나라에서 누리고 맛 볼 완벽한 의미에서의 하나님의 통치를 이 땅에서 볼 수 있는 것은 아직 아니다. 성도들은 그 과정의 한 복판에 서 있다. 최종 결승점에는 아직 도착하지 않았으므로 사탄은 그 짧은 남은 기간 동안 활동하면서 하나님의 사람들을 미혹하고 있다. 본문은 성도들에게 그 약간의 세월 동안만 인내하며 말씀 안에 거하면서 믿음의 삶을 살아가라고 권면하고 있다.

이것이 본문이 제시하는 큰 그림이다. 사실 요한계시록은 이 얘기를 하고 싶어 한다. 이 얘기를 길고, 다른 형태로, 변화를 주면서 하나님의 구원의 역사를 써나가고 있다. 이 말이 의미하는 것은 이와 같다. 요한계시록 전체 구조 자체는 본문을 나누지 않는다는 말이다. 왜냐하면 전체 구조 자체는 하나의 중요하고 커다란 줄거리로 이루어졌기 때문이다. 본문은 단편적인 이야기들의 모음집으로 독자들에게 제시되어 있지 않다. 오히려 본문은 하나의 큰 구조 내에서 각각의 단편들을 연계해서 보기 원한다. 이것은 마치 퍼즐을 이해하는 것과 같다. 거의 비슷한 색깔과 형태를 가진 3000개 또는 5000개의 퍼즐을 맞추기 위해서는 퍼즐 하나하나에 집중하다 보면 절대 그 많은 퍼즐을 이해할 수 없다. 전체 그림에 대한 이해가 필요하다. 먼저 전체 그림이라는 밑그림을 이해하고 나서 그리고 하나하나의 그림에 대한 특징, 의미, 배열 등을 살펴보면 그 많은 3000개 또는 5000개의 퍼즐들이 그냥 막 구성되어진 것이 아니라 그것을 만든 제작자에 의해 의도적으로 잘 짜인 하나의 작품임을 알 수 있다. 그리고 나서 그 많은 퍼즐의 조합이 어렵지 않게 가능함을 경험할 수 있다.

요한계시록도 마치 이와 같다. 요한계시록을 이해할 때도 전체 구조의 밑그림에 대한 이해가 필요하다. 전체 구조의 밑그림은 부분적인 단락에 대한 올바른 해석을 위해 아주 중요한 전제를 제시한다. 개인적인 아쉬움은 시중에 그렇게 많은 요한계시록 책이 시판되고 있음에도 불구하고 구조에 대한 이해를 강조하거나 또는 언급한 책은 거의 찾아볼 수 없다는 사실이다. 사실 서론으로 몇 장의 여백을 활용하고는 있지만 필자의 사견으로는 요한계시록의 그림을 전체적으로 그리게 해 주는데 있어서는 턱없는 분량과 내용 정도로 그친다. 아무리 그 내용이 탁월하고 훌륭하다고 하더라도 만약 이 부분에 대한 충분한 이해가 있지 않다면 요한계시록을 건전한 통찰력을 가지고 보는 것은 거의 불가능 하다.

그래서 중요한 사실은 각 부분보다 독자들로 하여금 전체 그림을 그리게 만들어 주는 것이다. 특히 우선적으로 가지고 있어야 할 선(先) 이해는 요한계시록이라는 본문이 세 가지 시제(과거 1장, 현재 2-3장, 미래 4장 이후)를 나누는 본문의 형태를 제시하는 것이 아니라 이 세 가지 시제가 상호 혼합된 형태를 가진다는 사실이다. 그리고 그것의 의도는 그때그때마다 필요한 메시지를 교회에 전하기 위한 저자 요한(궁극적으로는 하나님이시지만)의 신학적 의도임을 보아야 한다. 만약 21세기 독자들의 의도가 본문을 나누는 것이라면 요한의 의도는 본문을 하나로 묶는 것이라는 분명한 사실을 인지해야 한다. 이것들에 대한 실례들을 뒤에 언급할 본문 내용들의 유기적이고 통합적 관계를 통해서 살펴보도록 하자.

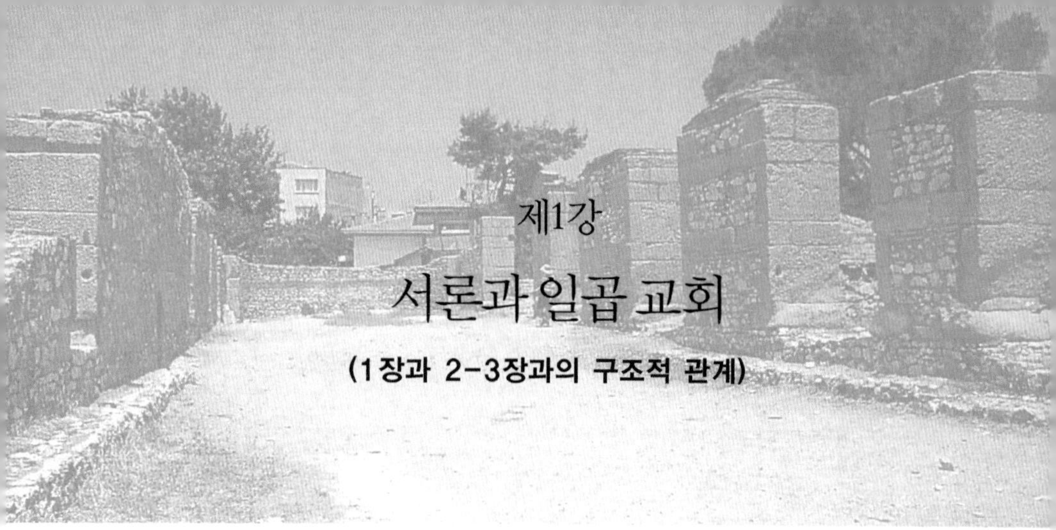

제1강

서론과 일곱 교회

(1장과 2-3장과의 구조적 관계)

1장의 내용이 2-3장의 내용과 밀접하게 연결되어 있다는 것은 초보적인 수준에 있는 독자들도 쉽게 발견할 수 있다. 1:10-11절에서 요한은 나팔 소리 같은 큰 음성을 듣고 그 음성의 내용들을 일곱 교회에 보낼 것을 명령 받는다. 그래서 1:11절은 "네가 보는 것을 두루마리에 써서 에베소, 서머나, 버가모, 두아디라, 사데, 빌라델피아, 라오디게아 등 일곱 교회에 보내라 하시기로"라고 기록하고 있다. 이 말은 1장의 서론 부분은 2-3장에 등장하는 일곱 교회의 단락과 매우 밀접한 본문임을 보여준다. 즉 요한이 1장 10-11절에서 들은 음성에 따라서 그는 2-3장에 등장하는 일곱 교회에게 편지를 보낸다는 사실을 독자들에게 알려준다. 그리고 요한은 다양한 내용과 특징들로 1장의 본문들을 채우고 있음을 보게 된다. 1장은 크게 몇 가지 특징으로 나누어 볼 수 있다. 첫째로는 1:1-8절은 서론 부분에 해당하는 1:1-3:22의 서언으로 주로 삼위이신 하나님과 예수 그리스도와 그리고 성령님께 초점을 맞추면서 그의 메시지를 전하고 있다.

이것은 우리가 흔하게 교리에서 만나는 '하나님은 누구시고, 예수님은 누구시고, 성령님은 누구신가'와 같은 것들을 설명하지 않는다. 요한은 삼위일체의 교리에 관심이 있지 않다. 사실 삼위일체의 교리는 훨씬 후대에 형성된 것이다. 요한의 관심은 그 당시에 고난 받고 여러 문제에 직면해 있었던 일곱 교회에 있었다. 그들의 문제를 해결하기 위한 해법으로 삼위 하나님을 소개한다. 삼위 하나님에 대한 설명들이 어떻게 구체적으로 소아시아 일곱 교회와 성도들의 삶에 간섭하시고 역사하실 것인가를 보여주기 위한 서론적 도입으로 소개된다.

하나님은 과거에 일하셨듯이 지금도 일하시고 그리고 지금도 오고 계시는 역동적인 분(1:4)으로 그려지고 있다. 백성들을 위한 그 분의 일하심에는 변함이 없고 끊임없음을 보게 한다. 또한 예수님은 '충성된 증인' (1:5)으로서 이 땅에서 신실하게 주어진 구속 사역을 감당하시다가 죽으시고 부활 하셨음을 말한다. 그 분의 부활은 성도들을 위한 '보증' 이 되었음을 보여준다. 즉 예수의 부활은 성도들을 위해 보증금을 미리 치룬 놀라운 사건이라는 것이다.

결국 신실한 성도들인 너희들도 예수의 부활에 참여할 것임을 말하고 있다. 왜냐하면 '충성된 증인' 이셨던 그 분이 이미 성도들을 위해 보증금을 지불하셨다는 사실 때문이다. 흥미로운 것은 '충성된 증인' 이라는 동일한 단어가 2:13절에서 요한계시록에서 유일하게 언급된 순교자인 '안디바' 에게 사용된다. 신실한 성도 '안디바' 가 순교했다. 그러나 본문은 그의 죽음이 헛된 죽음이 아님을 보게 한다. 비록 그는 죽었지만 죽음으로 모든 것이 끝나는 것이 아니라 예수처럼 그 역시 부활할 것임을 말해준다. 이 얼마나 파격적이고 놀라운 소망과 위로의 메시지인가!! 이런 말씀의 실체를 경험한다면 그 누구도 이 땅 위에서 순교적 삶을 포기하지 않을 것이다. 그들의 현실은 예수를 믿는다는 사실 때문에 말로 표현할 수 없을 만큼 고달프고 괴롭지만 이런 성도들의 삶을 예수께서 결코 외면하지 않고 보상해 줄 것을 약속하신다. 너희도 반드시 예수의 부활에 참여할 것임을 확증시킨다.

마지막으로 일곱 영, 즉 성령에 대한 설명을 계속한다. 요한은 성령에 대한 언급을 그가 선호했던 일곱이라는 숫자로 소개한다. 일곱이라는 숫자를 통해 그는 성령의 전지전능하심을 소개한다. 바로 삼위 하나님의 본질, 일하심 그리고 역사하심을 통해 요한은 성도들에게 이 분들이 역사를 주도적으로 이끄시는 것을 보게 한다.

서언의 마지막 구절인 1:8절은 "주 하나님이 이르시되 나는 알파와 오메가라 이제도 있고 전에도 있었고 장차 올 자요 전능하신 자라 하시더라"로 마친다. 그래서? 어쩌라고? 하는 식으로 만약 우리가 질문한다면, 이것에 대한 요한의 답변은, 그러니까 너희들은 아무것도 근심하거나 염려하지 말고 끝까지 믿음의 인내를 하라는 격려의 메시지를 보내고 있다. 요한은 하나님과 예수 그리스도와 성령께서 역사를 통제하시고 통치하시는 분이심에 대한 올바른 인식을 제시함으로 소아시아 일곱 교회가 현재 겪고 있는 삶의 정황을 극복할 것을 요청한다. 재미있는 것은 이와 유사한 구절이 본문의 마지막 결론에 해당하는 22:13절에 "나는 알파와 오메가요 처음과 마지막이요 시작과 마침이라"는 구절로 다시 등장한다. 여기서는 1:8절과는 다르게 이 말씀의 초점을 예수님께로 향한다. 즉 주체가 하나님에서 예수님에게로 전환된다. 실질적으로 요한계시록이라는 말씀 안에 시행된 모든 사건들이 역사의 주관자이신 예수 그리스도에 의해 주도적으로 이루어졌기 때문에 예수 그리스도에게 초점을 맞추면서 이 말씀을 접하는 너희들은 담대하게 믿음의 행보를 계속해 나갈 것으로 본문을 마감한다.

요한계시록 본문 전체가 크게는 이 두 구절(1:8과 22:13)로 둘러 싸여 있다고 해도 과언이 아니다. 이런 식의 기법을 '수미 상관법 (inclusio)' 이라고 부른다. 마치 보자기의 양 끝으로 물건을 감싸는 듯이 본문이 처음과 마지막을 이 두 구절로 감싸고 있는 형태를 말한다.

이 시점에서 다음과 같이 질문할 수 있을 것이다. 그러면 이 두 구절은 무엇을 감싸고 있다는 말인가? 그 안에는 무슨 또는 어떤 것들이 있는가? 세상 종말의 시간표가 그 안에 감추어져 있는가? 아마겟돈 전쟁에 대한 밑그림을 볼 수 있는가? 7년 대 환란과 휴거에 대한 준비를 할 수 있는 매뉴얼을 찾을 수 있는가? 3차 세계 대전에 대한 증상들을 읽을 수 있는가? 조금만 주의 깊게 보면 그 분의 오심에 대한 개략적 그림을 그릴 수 있는가? 이런 오래된 요한계시록에 대한 사고 때문에 분명히 하나님의 말씀인 요한계시록이 우울하고 침침하고 답답한, 그래서 별로 보거나 읽고 싶지 않은 마치 성경의 이단아 취급을 당한 것을 아무도 부인할 수 없다. 과연 그런가? 그것에 대한 답변은 전혀 그렇지 않다는 말이다.

이런 잘못된 본문 이해가 오히려 말씀을 정 반대의 의미를 가진 내용으로 밀어 버리는 일을 저질렀다. 그러면 그 보자기 안에 싸여진 내용들은 무엇인가? 그 보자기 안에 들어 있는 내용들은 위에 언급된 이상한 형태의 내용보다는 이 두 구절(1:8절과 22:13)을 통해서 소아시아의 일곱 교회와 성도들에게 세상이 하나님과 예수 그리스도의 통치와 통제 아래 있음을 강조하고 있다. 눈에 보이는 세상에 현혹되지 말고 성도로서 승리의 삶을 살 것을 당부하고 있다. 그 사실에 대한 확인 작업을 위해서 그 내용 안에 등장하는 사건들이 전부 다 하나님과 예수 그리스도와 성령의 섭리 아래 있음을 보여주면서 삼위 하나님의 주권적 통치에 대한 올바른 관점을 가질 것을 요청한다. 특히 1:1절에 등장하는 하나님 ⇨ 예수 그리스도 ⇨ 천사 ⇨ 요한이라는 계시적 도식을 통해서 예수께서 요한계시록에 등장하는 이 모든 사건들의 배후에서 신적인 구속과 심판의 행위를 집행하시는 분임을 보여준다.

또 1:13-18절에 자세하게 묘사된 예수 그리스도의 인상적 특성들은 앞에서 언급한 1:5-7절의 확대판으로 볼 수 있다. 요한은 이런 식의 스타일을 선호한다. 처음에는 짧게 언급했던 부분들을 뒤 부분에 가서 더 자세하고 세밀하게 묘사한다. 예수에 대한 자세한 설명의 이유는 당연히 예수께서 이후 본문에 대한 모든 것을 주도적으로 이끄실 분이기 때문이다. 그래서 모든 관심의 초점을 예수에게 향한다. 예수께서 행하시는 일들은 반드시 설명된 대로 이루어질 것을 말씀한다. 이것을 본문 내용은 "반드시 속히 일어날 일들을..."(1:1)이라고 소개한다. 본문에 대한 확실하고 명백한 성취를 제시해준다.

여기서 제발 이런 속설에 속지 말아야 한다. '보아라! 속히 이루어진다고 말씀하지 않느냐? 흰옷 준비하고 철야하면서 주님의 오심을 기다리자!'는 유혹에 빠지지 말자. 본문은 시간의 임박성을 말하는 것이 아니라 주님 오심의 명백하고 확실성을 강조하기 위한 것이다.

특히 본문 1:13-18에서 주의해야 할 점은 마치 예수 그리스도의 모습이 이와 같을 것이라고 추측하는 것이다. 현대인들의 특징은 마치 요한복음에 등장하는 도마처럼 자꾸 확인하려고 하고 눈에 보이는 현상들에 집착한다. 아마 예수님의 성화도 여기에 한 몫 했으리라고 본다. 왜 이런 현상들에 집착하고 열광하는 것인가? 예수님 얼굴과 모습 보면 없던 믿음이 팍팍 생기는가? 그것이 본문의 의도인가? 현 성도들은 요한이 그려내고자 하는 예수에 대한 강력한 구원과 심판 이미지보다는 오히려 가시적인 예수의 모습을 보고 싶어 한다. 현대 성도들의 간절한 기대와 소망이 마치 성경이 말하고 싶어 하는 메시지라는 생각을 버려야 한다. 특히 이런 식의 본문이 소개될 땐 더욱 그렇다.

이런 오해에 대한 대표적인 본문이 서언 부분(1:1-8)에 소개 되는 1:7절의 '예수님의 오심' 에 대한 묘사이다. 예수님이 '구름타고 오신다' 는 내용이다. 이 본문 역시 대표적으로 성화와 그림으로 각인된 이미지가 현대인들의 생각 속에 굳어져 있다. 교인들에게 '예수께서 어떻게 오시나요?' 라고 질문하면 100명 중의 99명은 '구름타고 오시지요' 라고 대답한다. 그게 어디 나오나요? 라고 물으면 성경에 나온다고 대부분 대답한다. 과연 그런가? 본문은 그 얘기를 하고 싶어 하는가? 혹시 그런 생각 속에는 단순히 우리의 소원이 들어 있지는 않는가? 사실 이 본문의 더 정확한 헬라어 번역은 '**구름과 함께**(μετὰ τῶν νεφελῶν)' 이다. 즉 예수님은 '구름과 함께' 오신다는 말이다. 여기서 여러 질문이 생길 수 있다. 어떻게 구름과 함께 오시지? 구름과 함께 오신다는 것은 어떤 형태의 오심을 말하지? 이상하게 느껴지는 것은 자꾸 스스로 물어야 한다. 그래야 성경을 올바르게 볼 수 있다.

구약을 보면 본 단락을 이해하는데 많은 도움을 받을 것이다. '구름을 타고 또는 구름과 함께' 라는 구절은 보통 구약에서 '하나님의 임재' 를 가리키는 상징적 이미지[64)]로 사용되었다(시 104:3; 사 19:1). 이사야 19:1절 보면 "애굽에 관한 경고라 보라 여호와께서 **빠른 구름을 타고** 애굽에 임하시리니..." 라고 기록하고 있다. 황당한 질문을 한 번 해보자. 구름에도 빠른 구름이 있고 느린 구름이 있는가? 구름에 가속 장치와 제동 장치가 있다는 말인가? 그런 구름이 어디 있겠는가? 그런 구름은 상식적으로는 가능하지 않다. 구약의 독자들도 아마 이와 같은 상상을 하지는 않았을 것이다. 본문은 구름에도 빠른 것이 있고 느린 것이 있다는 속도에 관한 정보를 독자들에게 전해주지 않는다. 사실 이 본문을 보면서 구약의 어떤 독자도 실제적으로 빠르게 이동하는 구름을 타셔서 애굽을 심판하시는 하나

---

64) 박윤성, 요한계시록 어떻게 가르칠까, 기독신문사, p. 62, 2002.

님의 모습을 상상하지 않는다. 오히려 모든 독자들은 이런 이미지를 보면서 애굽에 대한 하나님의 신속하고 즉각적인 심판의 메시지를 읽어 낼 것이다. 마치 이와 같은 언어를 요한계시록도 사용하고 있다. 왜 요한계시록은 이렇게 읽으면 안 되는가? 요한은 구약의 언어에 아주 정통한 사람이었다. 그래서 그는 예수의 오심을 마치 구약에 묘사되는 하나님의 신적인 모습으로 광엄하고 웅장하게 그려내고 있다. 이것을 위해 사용하는 언어가 바로 '구름과 함께' 라는 익숙한 이미지이다. 그 분의 오심이 구름을 타고 오시든 그렇지 않든 상관없이 본문과 요한에게 더 중요한 것은 예수의 오심이 신적인 오심이고 그리고 구원과 심판을 위해 반드시 오실 것이라는 메시지이다.

본론으로 다시 돌아가 보면 1:13-18에서 묘사된 예수의 모습도 위의 설명과 다르지 않다는 것이다. 이 구절은 예수님의 외적인 형태나 모습을 묘사하려는 의도보다는 오히려 앞으로 구원과 심판을 시행하실 분인 예수 그리스도가 어떤 기능적 역할을 하실 것인가에 더 초점이 모아짐을 알 수 있다. 여기에 다양한 이미지를 통해 설명된 예수의 모습은 제사장으로, 왕으로, 그리고 신적 전사의 이미지로 그려지고 있다. 그는 새로운 제사장으로, 하나님의 백성에게 새로운 구원을 제시하는 분으로, 또한 왕으로 온 세상을 통치하시고 통제하시는 분으로, 그리고 신적 전사로서 하나님과 그의 백성에 대항하여 이 땅에서 사탄의 통치를 정당화하려는 세력에 철저하게 신적인 심판을 시행하시는 분으로 소개된다. 이런 예수 그리스도를 서론에서 소개하는 이유는 성도들에게 역사의 배후에서 일하시는 신적 본질에 대한 바른 통찰력 있는 이해를 제시하려는 의도임을 보아야 한다.

1장에 이렇게 소개된 예수께서는 2-3장에 나오는 일곱 교회와 아주 밀접한 관련이 있다. 이 말은 1장과 2-3장이 떨어질 수 없는 유기적 관계가 있음을 암시한다. 1장에 소개된 예수께서는 2-3장에 등장하는 일곱 교회와 함께, 일곱 교회 중에 함께하시는 분으로 그려지고 있다. 그러므로 성도들은 이 땅에서 하나님의 백성으로서 온전한 삶을 살아갈 것을 권고 받는다. 이 얼마나 위로와 놀라운 소망의 말씀인가?

과연 여기에 어떤 신비스런 미래 종말의 그림을 찾을 수 있는가? 천만에다. 그런 메시지는 없다. 오히려 교회에게 믿음의 삶을 긴장감을 가지고 살아가라는 철저히 종말론적이고 윤리적인 예수 그리스도의 외침만을 들을 수 있다. 특히 마지막 구절인 1:20절은 "네가 본 것은 내 오른손의 일곱 별의 비밀과 또 일곱 금 촛대라 일곱 별은 일곱 교회의 사자라 일곱 촛대는 일곱 교회니라"고 기록하고 있다. 그리고 바로 2:1절에서는 1:20절에서 언급한 내용들을 다시 반복해서 소개하고 있다. 이 말은 이 두 부분들이 아주 밀접한 관련이 있다는 말이다. 위에 언급 했듯이 2부에서의 초점은 요한계시록 본문에 소개되는 장들(chapters)을 살피고 내용 이해와 함께 그들 사이의 유기적 연관성을 살피는 것이다. 이것을 통해서 전하고 싶은 것은 본문은 통일적이고 유기적인 형태와 내용과 메시지를 가진 아주 잘 짜인 하나님의 말씀이라는 것을 밝혀내는데 있다.

제 2강

일곱 교회와 하늘 보좌 장면

(2-3장과 4-5장과의 구조적 관계)

위에서 1장과 2-3장과의 유기적 연계성에 대해서 잠간 언급하였다. 극단적 근본주의자들이 생각하듯이 1장은 과거를 2-3장은 현재를 언급한다는 구조의 해체와 분리는 본문 자체의 지지를 받지 못한다고 지적했다. 오히려 본문의 소리를 통해 요한계시록의 말씀이 아주 잘 짜인 구조적 통일성을 가짐을 이번 장(chapter)을 통해서 논증할 것이다. 즉 1장에 소개된 예수께서는 2-3장에 소개된 일곱 교회와 무관하지 않고 그들의 삶의 현장 한 복판에서 믿음의 공동체와 함께하고 그들을 위로하고 격려하시는 분으로 그려진다는 사실을 강조했다. 소아시아의 일곱 교회에 주어진 예언적 메시지는 생각나는 대로 막 쓴 것이 아니라 아주 짜임새 있고 조직화된 서신의 틀을 가지고 쓴 말씀이다. 그래서 요한은 그의 예언적 메시지를 이 글을 받는 소아시아의 일곱 교회 교인들에게 일정하게 정해진 틀을 가지고 보내고 있다. 이런 내용들을 살펴봄으로써 본문의 통일적이고 유기적 상관성을 설명해 보고자 한다.

에베소 교회부터 라오디게아 교회에까지 이르는 일곱 교회는 물론 그 당시 역사적으로 존재했던 교회들이다. 요한은 그 교회들에게 각각의 메시지를 보내고 있다. 요한은 그가 많이 선호하고 자주 사용했던 숫자 일곱을 통해 이 말씀이 단지 1세기 일곱 교회의 그리스도인들만을 위해서가 아니라 세대에서 세대를 거쳐 이 말씀을 읽고 듣는 모든 그리스도인들을 염두에 두고 보냄을 알 수 있다. 따라서 이 말씀은 일차적으로는 그들의 말씀이면서 현대를 살아가는 우리의 말씀임을 알 수 있다. 본 단락을 통해 나타나는 몇 가지 특징들을 살펴보면서 앞과 뒤 사이의 구조적 상관성을 밝혀 보려한다.

1장 : 일곱 교회의 구조 이해

일곱 교회에 보내는 각각의 메시지에는 일정한 틀과 공식이 존재한다. 그 일정한 틀과 공식을 시작하는 내용은 예수 그리스도로 시작하고 있다. 본문은 예수 그리스도에 관한 묘사를 처음에 등장시키면서 그 분이 얼마나 각 교회의 삶과 상황을 알고 계시고 통제하고 계시는지를 보여주고 있다. 예수 그리스도에 대한 서론적 소개를 통해 요한은 교회들에게 두 가지 메시지를 보내고 있다. 그것은 신실한 교회들에게는 큰 힘과 위로를 주는 동시에, 하나님을 떠나고 세상에 타협하는 교회와 성도들에게는 심각한 경고의 메시지를 주고 있다. 왜냐하면 이런 내용은 바로 뒤에 나오는 '내가...아노니' 라는 일정한 형식과 또한 밀접한 관련이 있기 때문이다.

그 분은 모든 교회의 장점과 단점을 다 '알고 계신다' 고 본문은 증거하고 있다. 그래서 그 누구도, 아무도 그 분의 눈을 피할 수 없음을 깨닫게 한다. 이유는 그 분의 눈이 일곱 개이기 때문이다. 물론 문자적인 표현은 아니다. 요한은 일곱이라는 숫자를 통해서 전하고 싶은 메시지가 있다. 일곱이라는 숫자를 통해 그 분의 눈은 완전하고 완벽해서 아무리 은밀하고 비밀스럽게 저지른 일도 드러나지 않는 것은 없다고 설명한다. 그래서 요한은 교회에 대한 지속적인 칭찬, 책망, 경고의 말씀을 전하면서 예수 그리스도의 전지전능하심을 교회들에게 부각시키고 있다.

이것은 오늘날 교회에게도 아주 중요한 말씀을 암시해 준다. 하나님 앞에서의 삶을 요청함을 보게 한다. 그 누구도 그 분의 눈을 피할 수 있는 사람은 아무도 없다는 것이다. 그런데 요즘의 우리들의 모습은 그 분의 눈앞에서 너무 담대한 것은 아닐까? 우리가 하나님 앞에 서 있다는 의식은 있는 것인가? 우리의 모든 삶을 통치하고 통제하고 있다는 인식은 도대체 있는 것인가? 도대체 성경 말씀은 믿는 것인가라는 질문을 해보고 싶다. 귀 있는 자들은 반드시 이런 하나님의 말씀을 들어야 한다. 그래서 본문 역시 성령이 교회들에게 하시는 말씀을 들을 것을 요청한다. 이 말씀은 분명히, 반드시 여기 쓰인 대로 이루어질 것이기 때문에 성령이 교회들에게 하시는 말씀을 꼭 들어야 함을 강력하게 호소하고 있다.

일곱 교회의 구조는 이기는 자에게 약속의 말씀을 주는 것으로 각 단락의 모든 내용을 마치게 된다. 2-3장의 특징적 목적과 의도는 바로 이것이다. '이기라는 것' 이다. 교회 내부적인 문제와 외부적인 문제를 이기라는 것이다. 비록 외부적으로 세상은 끊임없이 하나님의 백성들을 유혹하지만 너희는 세상의 유혹을 이기라는 요청을 받는다. 또한 세상은 성도들을 죽이려고 핍박하고 환란 가운데 빠뜨리지만 그것들을 이기라는 요청이다. 반면에 교회 내부적인 문제 역시 극복할 것을 말씀한다. 교회의 내부적인 영적인 자만과 자기만족 그리고 첫 사랑을 회복할 것을 권면한다. 권면에 대한 본문의 의도는 단순히 교회의 멤버라는 이름만으로, 단순히 교회가 행하는 외적인 행위로 구원이 보장되지 않음을 말씀한다. 이런 문제는 단순히 교회가 풀어야 할 영적인 문제만이 아니라 교회의 운명이 달린 생명과 사망을 결정하는 일임을 말한다. 그래서 요한은 일곱 교회에게 주어진 삶의 분량을 하나님 보시기에 신실하게 인내하면서 '이겨야' 함을 권면한다. 만약 너희가 이기면 그리스도와 더불어 영원히 통치할 하나님의 자녀가 될 것을 약속한다.

흥미로운 사실은 각각의 일곱 교회에게 주어진 말씀과 내용이 다르다는 것이다. 이것은 본문의 내용과 그들의 삶의 상황이 독특하게 자신들의 주변 문화와 정치 그리고 종교에 의해 특징지어짐을 암시한다. 이 말은 요한이 이렇게 특징지어진 일곱 교회의 삶의 상황을 잘 알았고 그래서 그들에게 하나님의 메시지를 주길 원했다는 것이다. 그것을 주는 가장 좋은 방법은 그들에게 익숙한 문화와 정치, 지형 그리고 종교적 언어를 사용해 의사전달(communication)하는 것이다. 라오디게아 교회의 예를 하나 들어보자. 3:15절은 "내가 네 행위를 아노니 네가 차지도 아니하고 뜨겁지도 아니하도다 네가 차든지 뜨겁든지 하기를 원하노라"고 말씀한다. 이 말씀은 갑자기 하늘에서 뚝 떨어진 것이 아니다. 이 내용은 라오디게아 도시의 지형적 특성과 관련이 있다.

이 도시는 부유하고 많은 장점을 가진 도시였음에도 불구하고 한 가지 약점이 있었다. 이 도시에는 물 사정이 아주 좋지 않았다. 그래서 인근 도시에서 물을 끌어와야 했다. 좋은 물을 위해 약 9-10km 떨어진 주변 골로새 도시에서 시원한 생수를 끌어왔고 또 다른 도시인 히에라폴리스에서는 뜨거운 온천수를 끌어왔다. 문제는 약 9-10km의 거리를 수도관을 따라 내려오다 보면 뜨거운 온천수 물이 그리고 차가운 생수가 미지근하게 변해서 마시기에 역겨운 물이 된다. 바로 이와 같이 그들에게 익숙한 지형적 특성을 이용해서 요한은 그가 보내는 메시지를 극대화 시키는 것을 볼 수 있다. 따라서 독자들이 2-3장에 나타나는 일정한 틀과 형식 그리고 각각의 도시들과 본문에 등장하는 언어 사이의 밀접한 연계성을 인식한다면 내용 이해에 많은 도움을 받을 것이다.

2장 : 하늘 보좌 장면

21세기를 살아가는 우리에게 있어서 이 본문(4-5장)들에 대해 가져야 할 중요한 질문은 2-3장과 뒤에 연이어 나오는 4장 이후의 본문과는 어떤 연관성을 가지는가에 대한 것이다. 2-3장의 교회 장은 뒤에 등장하는 4장 이후의 본문과는 아무 관계없는 1세기에 속한 부분이고 4장 이후부터는 미래와 종말을 얘기하는 별개의 본문인가? 그래서 교회에서는 2-3장까지는 설교를 많이 들어봤지만 그 이후부터는 설교를 거의 들어 본 경험이 없다는 사람들이 대부분이다. 4장 이후부터는 종말 또는 미래를 건드리는 부분이기에 조심해야 한다는 말이다. 질문은, 과연 그런가이다.

필자가 남아공에서 요한계시록으로 박사 과정을 시작할 때 한국에서 목회하셨던 아버님과 전화 통화 중 아버님이 하셨던 말씀이 기억난다. '왜 하필이면 요한계시록을 연구하냐고, 주의하고 조심하라라고…' 이런 한국 교회의 현실은 더욱 요한계시록에 대한 매력을 갖게 했다. 그리고 이런 우리의 편견이 결코 옳지 않음을 발견할 수 있었다. 2-3장과 4장 이후의 사건과 내용들은 별개의 사건이나 내용을 다룬 이질적 본문이 아니라 아주 밀접한 관계가 있음을 알 수 있다. 이것들을 증명하기 위해 구체적으로 관련 구절을 살펴보자.

1. 나팔 소리 같은 음성(1:10; 4:1)과 하늘 보좌(3:21; 4:2)

1:10-11절에 나타나는 "주의 날에... 나팔소리 같은 큰 음성... 네가 보는 것을 두루마리에 써서 에베소, 서머나, 버가모, 두아디라, 사데, 빌라델피아, 라오디게아 등 일곱 교회에 보내라 하시기로"는 말씀이 단순히 2-3

장에 등장하는 일곱 교회에 한정시키는 것이 아니라 요한계시록 전체 본문을 암시함을 보아야 한다.[65] 이것의 의미는 요한은 본문을 파편화 또는 나누려는 것 보다는 오히려 하나로 묶으려는 의도를 가지고 지상의 일곱 교회에게 서신을 보냄을 알 수 있다. 그리고 눈에 보이는 지상의 실체와는 다른 하늘 실체의 관점을 제시함으로 그리스도인이란 이름 때문에 그리고 믿음을 지킨다는 명목 때문에 이 땅에서 고통당하는 하나님의 사람들에게 위로와 격려와 소망의 메시지를 제공하려는 의도를 가짐을 보아야 한다. 이런 관점에서 2-3장과 4장 이후를 본다면 4장 이후의 메시지는 앞의 2-3장의 내용과의 분리와 단절 보다는 오히려 "서신의 내용을 보완하고 구체화"[66]하기 위한 요한의 장치임을 알 수 있다.

요한이 2-3장과 4장 이후를 연결하는 장치 중 하나는 바로 1:10절과 그리고 4:1절에 등장하는 **'음성'** 에 대한 부분이다. 1:10절에서 요한은 본 것을 일곱 교회에 보내라는 **"나팔 소리 같은 큰 음성"**을 듣게 된다. 그리고 4:1절에서는 1:10절에서 들은 그 음성을 다시 듣게 된다. 4:1절을 보면 "... 내가 들은 바 **처음에 내게 말하던 나팔 소리 같은 그 음성**이 이르되..."라고 기록하고 있다. 이 말은 요한이 들었던 1:10절의 음성과 4:1절의 음성이 다르지 않다는 것을 독자들에게 보여주고 있다. 즉 1-3장과 4장은 독립되고 분리된 본문이 아니라 잘 연결된 내용임을 알 수 있다. 이런 구조를 독자들은 보아야 한다.

요한이 2-3장과 4장 이후를 연결하는 독특한 문학적 장치가 잘 드러나는 본문의 또 다른 예는 3장 후반부에 등장한다. 이 단어는 **"보좌"**란 단어

---

65) Simon J. Kistemaker, *Revelation*, NTC, Baker Books, p. 93, 2001. 참고. Grant. R. Osborne, *Revelation*, BECOT, Baker Academic, pp. 82-84, 2002.

66) 이형의, 요한계시록의 신학적 이해, 대한기독교서회, p. 152, 2004.

이다. 2-3장에서 일곱 교회에게 정형화 된 틀로 주어지는 메시지 중 하나는 "이기는 그에게는..." 이란 문구라고 설명했다. 마지막 교회인 라오디게아 교회에게 주어진 약속 말씀이 3:21에 주어진다. 이 구절에서 이기는 그에게는 **"보좌"** 에 앉게 해 주겠다고 약속한다. 이 구절은 라오디게아 교회에게 주어진 약속 말씀인 동시에 전체 일곱 교회에게 주어진 약속 말씀으로 등장한다. 위에 언급했듯이 사실 지금까지 우리는 4장 이후를 미래 또는 종말에 관한 것으로 눈을 돌렸고 이 말씀은 사사로이 풀 수 없다는 생각아래 성경이 말씀하려는 소리에 귀를 닫아 버렸다. 그래서 생긴 결과는 하나님의 음성을 듣는 것이 아니라 오히려 우리의 눈이 어두워지고 끝없는 상상과 억측에로 시선을 고정하게 되었다.

그러면 이 시점에서 본문은 무엇이라 하는지 그 소리를 들어보자. 3:21절에서 이기는 자들은 하나님과 어린 양의 보좌에 앉을 것이라고 약속한다. 다른 말로 하면 '성도들은 반드시 이겨서 보좌에 앉아야 돼' 라는 본문의 소리를 듣게 된다. 이 시점에서 한 가지 질문을 가질 수 있을 것이다. '그곳이 어떤데요?'라는 질문이다. 물론 하늘에 가서 보좌에 앉음은 좋을 것이라고 생각은 할 수 있지만 너무 추상적이고 이론적이다. 그래서 하나님은 성도들을 위해 추상적이고 이론적인 메시지가 아니라 이것의 실체를 보여주기 위해 요한을 하나님과 어린 양이 계신 하늘 보좌로 인도하신다. 이것이 4:2절에 하나님이 "보좌 위에 앉으신 이" 로 등장하는 이유이다. 요한은 3:21절의 '보좌' 라는 단어를 통해 2-3장과 그리고 4:2절의 '보좌' 라는 단어를 통해 4장 이후의 사건들을 서로 그리고 아주 긴밀하게 연관시키고 있다. 이와 같은 요한의 글쓰기 때문에 학자들은 그를 아주 훌륭한 신학자로, 사려 깊고 뜨거운 마음을 소유한 목회자로 그리고 아주 감각적인 예술가로 설명하고 있다. 잘못하면 추상적이고 이론적일 수 있는 하늘 실체를 요한을 통해 구체적으로 묘사함으로 교회와 성도들에게 요한이 전해주는 말씀이 결코 헛된 망상이나 상상력의 산물이 아니라 실제적으로 하늘에서 벌어지는 사건들임을 보게 한다.

여기서 한 가지 주의할 점이 있다. 이런 형태로 문자적이고 물리적인 보좌가 하늘에 있을 것이라고는 확인하지 말라는 것이다. 어떻게 영이신 그 분이 물질인 보좌 위에 앉는다는 것인가? 이 부분에서 우리의 상상력을 발휘하지 말아야 한다. 본문은 그 얘기를 말하고 있지 않다. 오히려 하늘 보좌는 "하나님의 주권적 권위"[67]를 상징한다. 하늘은 하나님의 집이시고 그 분이 그 곳에서 주인으로서의 주권을 행사하시면서 왕 노릇하고 계심을 보게 하신다. 그래서 독자들의 시야를 땅에서의 각박한 현실보다는 하늘 보좌에 앉아 계신 하나님을 보게 한다. 그리고는 관점을 바꾸도록 유도한다. 이런 관점의 변형을 위해 하나님은 환상을 통해 요한에게 천상의 실체를 보여주신다. 천상의 실체를 보여주기 위한 중요 이미지가 바로 4장에 등장하는 이십사 장로들과 네 생물에 관한 묘사이다. 오랫동안 이들의 정체가 무엇인가에 대한 다양한 토론들이 있어 왔다. 이것에 대한 토론은 본 책의 범위와 주제를 넘어가므로 다음으로 미루고 단지 본문과 관계가 있는 이들이 주는 상징성과 행동들에 초점을 맞추려 한다.

우선 독자들의 눈에 확 들어오는 것은 숫자 이십사와 넷이다(이미 숫적 상징성에 대해서는 제6강 2장에서 논의했으므로 참고하길 바란다). 숫자 이십사는 구약 언어의 반영으로 역대상 24:7-19에서 이십사 제사장들이 하나님을 예배하는 사역을 감당하는 모습을 그리고 있다. 바로 구약의 이십사 제사장들이 행하는 예배 행위를 요한계시록에서도 동일하게 이십사 장로들

67) Robert. W. Wall, *Revelation*, NIBC, Peabody: Hendrickson, p. 92, 1991.

이 감당하는 것으로 보여준다. 요한은 12+12의 숫자의 조합을 통해서 그들이 구약의 열두 지파와 신약의 열두 사도임을 보여준다. 그들은 다름 아닌 구약과 신약을 총괄한 '하나님의 온전한 백성의 공동체' 임을 상징적으로 보여준다. 이것을 이상한 이십사 명의 사람들과 동일시하는 것을 본문은 결코 용납지 않는다. 속지 말라!! 본문의 소리와 의도를 자세히 살펴보아야 한다. 그들이 승리한 하나님의 온전한 백성의 공동체라는 것은 그들이 각각의 흰 옷을 입고 보좌에 앉아 있다는 사실에 의해 확인될 수 있다. 요한계시록에서는 누가 보좌에 앉는다고 했는가? '이기는 자들' 이다. 여기서 보좌(4:4)는 앞 3:21에서 언급 된 이기는 자에게 '보좌' 에 앉게 해주겠다는 말씀과 일치한다. 지금 그 얘기를 하고 있는 것이다.

또 하나는 그들이 입고 있는 '흰 옷' (4:4)에 대한 것이다. 흰 옷은 누가 입는가? 흰 옷 이미지는 3:5절에 나오는 사데 교회의 말씀과 관련이 있다. 3:5절에서는 "이기는 자는 이와 같이 흰 옷을 입을 것이요..."라고 말씀한다. 흰 옷이라는 의상은 오직 이 땅에서 이기는 자들에게만 주어지는 맞춤형 의상임을 알 수 있다. 아무나 입지 못 한다는 것이다. 입을 수 있는 유일한 자격은 이기는 것 밖에 없다. 그래서 이김을 강조한다. 다시 말하면 보좌에 흰 옷을 입고 앉아 있는 이십사 장로들은 다름 아닌 이미 이 땅 위에서 하나님과 성도들을 적대하는 세력들과 싸워서 승리한 하나님의 백성 즉 교회임을 알 수 있다. 요한은 이런 이미지를 천상의 관점에서 보면서 이 땅 위에 있는 성도들에게 격려와 권면의 메시지를 전해주고 있다. 이것을 제시하는 유일한 목적은 성도들에게 너희들도 이 땅의 현실과 또는 세상과 싸워 이겨서 흰 옷을 입고 하늘 보좌에 앉는 축복된 삶을 살라는 간곡한 요청 때문이다.

다른 하나는 4:6절에 등장하는 네 생물이다. 숫자 넷이 눈에 들어온다.

숫자 넷은 전 세계 피조물 또는 온 세상을 나타내는 상징적 숫자이다. 그러면 이십사 장로들과 네 생물들의 실체는 하늘에서 무엇을 하고 있는가? 그들은 하나님을 예배하는 일을 하고 있다. 이미 땅에서 승리한 성도들과 전 세계 피조물들이 천상에서 하나님만을 예배하는 모습을 다양한 상징적 언어들로 묘사하고 있음을 보게 된다. 문제는 4-5장에서 보는 천상의 모습과 대조적으로 일곱 교회가 아니 성도가 살아가고 있는 이 땅 위에서의 현실이 조금은 다르다는 사실이다. 땅에서는 바벨론 즉 로마가 그리고 로마 황제 도미티안이 '주와 하나님 노릇' 을 하고 있다. 그가 마치 주인인 것처럼 행사하고 있다. 그래서 많은 사람들이 그들의 실체를 모르고 거기에 생명이 있는 것처럼 따르고 미혹 당하고 있는 것이다.

요한계시록은 이것의 실체를 성도들에게 폭로하고 고발하려 한다. 그리고 사람들의 시야와 관점을 교정하려 한다. 그것을 위해 가장 좋은 방법은 천상의 실체를 보여주는 것이다. 땅과 하늘의 두 실체를 보게 하고 비교하게 한다. 본문은 하늘에서 하나님과 어린 양이 왕으로서 주권을 행사하심을 보게 하면서 질문을 던진다. 누가 진정한 의미에서 절대적 권력과 통치력을 행사하고 있는가? 누가 진정한 의미에서 '주와 하나님' 이신가? 누가 더 센가? 하늘과 땅 중 어느 것이 더 참인 것으로 보이는가? 누가 진정으로 예배 받기에 합당하신 분인가? 본문은 보좌에 앉아 계신 하나님만이 참으로 예배 받기에 합당하신 분이므로 너희는 그 분께만 예배를 드리고 그 분의 말을 들으라고 요청한다. 그러면서 하늘에서 예배 받는 분이 참이시므로 땅에서 벌어지는 일 조차도 그 분의 통제 아래 있음을 보게 한다. 왜냐하면 하늘에서 벌어지는 일들이 땅에서 벌어지는 일들을 결정할 것이기 때문이다. 만약 이런 메시지를 주기 위한 것이 요한의 의도라면 어떻게 1-3장과 4장 이 후를 분리하고 별개의 본문으로 볼 수 있겠는가? 올바른 본문 읽기가 필요하다.

그러나 4장 이후의 본문들을 볼 때 주의할 점들이 있다. 이 본문을 통해 마치 하늘이 이렇게 생겼을 것이고 하늘에서 어떤 일이 벌어질 것이라는 하늘나라에 대한 정보를 얻으려고 해서는 안 된다. 이런 식으로 본문을 읽는다면 크나큰 실망감을 얻을 것이다. 이 본문은 무슨 일이 또는 언제 이런 일이 벌어질 것인가에 대한 하늘나라의 정보를 주는 것에 목적이 있지 않다. 오히려 하늘 보좌에 하나님과 어린 양이 계신다는 통치 이미지를 통해 하나님과 어린 양의 본질과 영향력에 대한 강력한 메시지를 제공한다.[68] 그래서 진정한 통치자는 하나님과 어린 양이시므로 너희 하나님의 백성의 공동체인 일곱 교회 뿐 아니라 모든 그리스도인들은 믿음의 삶을 살아가야 할 것을 강력하게 권면한다. 이런 삶을 살아가야 하는 것의 본질은 4-5장에서 만나는 하나님과 어린 양의 통치와 권세에 근거한다. 이 얼마나 놀랍고 강력한 메시지인가? 이것 이상의 또 다른 메시지가 필요한가? 혹시 독자들의 생각과는 너무 달라서 실망스러운가? 문자 그대로 본문에서 만났던 하늘나라의 모습과 하나님과 어린 양을 기대했는데 그렇지 않다니 당혹스러운가? 정작 중요한 것은 내 생각이나 우리의 생각이 아니라 본문의 소리를 듣는 것이다. 우리의 소리나 생각은 중요하지 않다.

이 본문에 대한 또 다른 취약점은 근본주의적 세대주의자들에 대한 해석이다. 이들은 4장 이후를 교회의 휴거로 본다. 왜냐하면 4장 이후부터는 교회라는 단어를 찾을 수 없다는 것이다. 이 얼마나 순진한(?) 발상인가? 왜 교회란 단어가 안 나온다는 말인가? 물론 단어적인 교회는 안 나올지 모르지만 요한계시록의 가장 큰 주제가 교회인데 왜 교회가 안 나온다고

---

68) W. Hendriksen, *More Than Conquerors: An Interpretation of the Book of Revelation*, Baker Books, p. 84, 2000.

하는가? 교회란 단어 대신 너무나 많은 단어와 개념들이 교회를 대신하는 대체어로 본문을 꽉 채우고 있는데 왜 안 나온다고 하나? 오히려 이것을 왜 못 보는가 질문하고 싶다. 그들의 신학적인 안목에 경의(?)를 표하고 싶다. 문자적 해석만을 신봉하는 사람들의 한계를 단적으로 볼 수 있다.

신약을 보면 신약 시대의 사람들은 하나님은 너무 크시고 거룩하셔서 그 분의 이름을 부를 수 없다고 생각해서 하나님이란 이름의 대체어를 사용해서 하나님을 부른다. 대체어를 사용한다고 해서 하나님의 이름을 사용 안 하는 것인가? 신약에 보면 하나님을 대체하는 어휘들이 100개가 넘을 정도로 성경은 다양한 각도에서 하나님을 변화 있게 말하는 것을 쉽게 찾아 볼 수 있다. 도대체 왜 이러는가? 좀 더 주의 깊은 본문에 대한 연구가 필요하다. 본문은 휴거에 대해서 관심도 없고 아예 언급조차도 말하고 있지 않다. 어떻게 이 본문이 휴거를 말하고 있는가? 결론을 먼저 내리면 '전혀 아니올시다!' 이다. 놀라지 말고 두려워 말고 걱정하지 말자. 설사 휴거가 일어난다고한들 삶에 무슨 영향을 끼치겠는가? 성경의 전부는 오늘 지금 여기에서 하나님 앞에서 신실하게 살아가야하는 성도의 삶에 유일한 관심이 있다. 그것이 다 아닌가?

본문을 조금만 자세히 살펴봐도 전혀 교회의 휴거와는 관계없음을 알 수 있다. 4:1절은 "...이리로 올라오라 이 후에 마땅히 일어날 일들을 내가 네게 보이리라 하시더라"고 기록하고 있다. 우선 하늘에 간 것은 교회도 성도들도 아니고 요한이다. 그것도 요한이 휴거된 것이 아니라 "하늘에 열린 문"을 통해 하늘의 이상을 보려고 환상 중에 일어난 일을 말하고 있다. 또한 제발 이 본문을 보고 '하늘에 마치 열린 문' 이 있는 것처럼 생각해서 그것을 찾지 말아야 한다. 하늘 어디에서 도대체 열린 문을 찾겠다는 것인가? 너무나 오랫동안 교회가 교인들을 순진하게 만들어 버렸다. 본문은 문자적인 '열린 문' 을 말하는 것이 아니다. 단지 여기서의 '열린 문' 은 하나님과의 직접적 계시를 가능케 하기 위한 문학적 장치로서 사용 된다.[69] 하나님은 요한이란 사람을 통해 천상 계시를 보게 하시는 놀랍고 엄청난 일들을 허락하셨다. 그러한 천상의 그림 이미지를 통해서 교회가, 하나님의 백성들이, 하늘과 땅의 실체를 확실히 보고 하나님만을 경배하고 그 분의 주권적 통치에 믿음으로 반응하도록 메시지를 주셨다는 것이다. 여기에서 어떻게 교회의 휴거의 그림을 찾을 수 있는가? 유진 보링(E. Boring)이라는 학자가 말했듯이, 요한은 이 본문에서 교회의 미래 휴거를 예견하고 있는 것이 아니라 오히려 보좌에 앉아계신 분에게 모든 초점을 맞추고 있다.[70]

이제는 하나님의 말씀을 말씀되게 하는 진지한 노력이 정말 필요한 시기이다. 당분간은 요한계시록에 대한 편견의 안경을 좀 유보시키고 본문이 제공하는 안경의 렌즈를 통해 다시 한번 본문을 보았으면 한다.

2. 성령에 감동되어(1:10; 4:2; 17:3; 21:10)

본문에 등장하는 독특한 또 다른 구성을 통해 상호간의 연관성을 살펴보자. 그것은 '성령에 감동되어' 라는 문구이다. 이 구절은 본문에서 단지 네 번 나오는 것으로 이 문구는 요한의 메시지가 신적 권위와 성령의 통제 하에 있다는 것을 강조하기 위해 의도적으로 쓰인 것이다(1:10, 4:2, 17:3, 21:10). 이 네 단락의 특징적 형태는 쓰인 구절이 각각의 위치나 상황

69) Grant. R. Osborne, *Revelation*, BECOT, Baker Academic, p. 223, 2002.
70) M. Eugene, Boring, *Revelation*, *Interpretation*, John Knox Press, pp. 100-101, 1989.

에서 독특한 역할과 기능을 감당한다는 것이다. 이 구조적 특징을 통해 요한은 명백하고 분명한 메시지를 일곱 교회 성도들에게 또한 21세기의 성도들에게 보내고 있다. 이 단락은 아래와 같은 특징을 구성한다.

A: 1:10절에 처음 등장하는 "성령에 감동되어(ἐν πνεύματι)"라는 문구는 1-3장 전체를 포함하는 것으로 고난 가운데 있는 하나님의 백성들에게 '이김'에 대한 약속 말씀을 제공한다. 너희가 이기면 놀라운 축복들을 경험하게 될 것을 말씀한다. 이 말씀은 진실하다. 그러니까 끝까지 믿음의 경주를 인내하면서 승리할 것을 약속한다.

B: 4:2절에 등장하는 "성령에 감동되었더니(ἐν πνεύματι)"라는 문구는 4-16장에 속한 대부분의 내용을 형성하는 것으로 바벨론으로 불리는 로마와 그의 동맹 국가들의 심판에 대한 약속 진술들이 명백하게 시행될 것을 이 단락을 통해 소개하고 있다. 이 문구 역시 독자들에게 말씀의 권위를 통한 심판의 확실성을 부여한다.

B': 17:3절에 다시 동일한 문구인 "성령으로(ἐν πνεύματι)"가 소개된다. 이것은 앞에 소개된 로마 바벨론 멸망에 대해 선포된 약속의 진술들이(4-16장에서) 17-20장에서 마침내 성취되는 것을 보여준다. 이 말씀이 확실하고 분명히 그렇게 성취된다는 것이 바로 "성령으로"라는 구절을 통해서 드러난다. 왜냐하면 그 분의 약속은 반드시 이루어질 것이기 때문이다. 이 얼마나 위로와 소망의 메시지인가? 하나님의 적대 세력이 마침내 망하다니!! 무너지거나 멸망할 것 같지 않았던 로마 제국이 그리고 세상 나라가 결국 하나님의 심판의 대

상이 되어서 흔적도 찾을 수 없게 된다는 메시지는 분명 이 땅에서 살아가는 성도들에게 놀라운 충격과 감격으로 다가왔다.

A': 21:10절 역시 동일한 문구인 "성령으로(ἐν πνεύματι)"가 소개된다. 이 구절은 21-22장에서 하나님의 백성들에 대한 성취의 말씀들을 소개하고 있다. 즉 2-3장에서 이기는 자에게 주는 약속의 말씀이 21-22장의 단락에서 명백하게 성취됨을 보여준다. 메시지는 분명하다. 하나님의 백성에 대한 약속들은(2-3장) 반드시 놀라운 축복으로 이루어지고(21-22장) 반면에 하나님의 적대자들에 대한 심판의 약속들(4-16장) 역시 반드시 멸망으로 이루어질 것(17-20장)을 말씀한다.

이 4개의 단락은 간단하게 이와 같은 구조를 가진다.

A: 이기는 자들에게 주는 승리의 약속 말씀(1-3장)
B: 악한 자들에게 주는 멸망과 심판의 약속 말씀(4-16장)
B': 악한 자들에게 주는 멸망과 심판의 성취 말씀(17-20장)
A': 이기는 자들에게 주는 승리의 성취 말씀(21-22장)

본문에서 단지 네 번 소개 되고 있는 "성령으로(또는 성령에 감동되어)" – 헬라어 원문(ἐν πνεύματι)은 모두 같다 – 라는 단락을 통해 주고 있는 의미는 명백하다. 이것은 이상한 천상의 비밀이나 장래의 사건이나 인물을 예언이라는 미명하에 보여주는 것이 아니라 오히려 하나님의 백성들에게 약속하신 것이 반드시 영광 가운데 성취될 것과 반대로 적대 세력들에 대한 약속들이 반드시 심판과 멸망 가운데 성취될 것을 '약속과 성취' 라는 구조적 형태를 통해 제공한다.

본문은 성도들이 받은 약속의 말씀들이 한 여름 밤의 꿈처럼 사라질 헛된 것이 아니라 성령의 권위나 확실성에 근거해 성취되고 이루어질 살아계신 하나님의 말씀임을 보게 한다. 이런 메시지를 받고 듣고 이해했던 1세기 성도들이 어찌 믿음 안에 거하지 않았겠는가? 만약 죄를 범했다면 어찌 그들이 회개하지 않았겠는가? 하나님의 이루신 역사를 보고 신실한 성도들이 어찌 위로와 소망을 갖지 않았겠는가? 이것은 이차 독자들로서 21세기를 살아가고 있는 우리와도 결코 무관하지 않음을 알 수 있다. 현대의 성도와 교회들이 이 말씀을 읽고 듣고 이해했다면 어찌 믿음 안에 거하지 않을 수 있겠는가? 만약 죄를 범했다면 어찌 현재의 성도들이 회개하지 않을 수 있겠는가? 따라서 이 말씀은 이상한 나라의 엘리스 같은 신비의 세계를 보여주는 성경속의 이상하고 기묘한 성향의 책이 아니라 오히려 성도들에게 믿음의 삶을 지속시키게 하고 결단케 하는 성경과 결코 다르지 않은 말씀임을 깨달아야 한다.

본 단락을 통해 볼 수 있는 또 다른 하나의 중요한 메시지는 이것들이 요한계시록의 시간이나 연대기적 구조를 배제하고 **'구원과 심판'** 이라는 큰 하나의 주제를 품고 '약속과 성취' 라는 구조적으로 잘 짜인 대칭을 통해 생생한 메시지를 전해주는 책이라는 사실이다. 이런 구조가 보인다면 요한계시록을 읽고 듣고 묵상하는 현대 성도들의 삶이 본문을 통해 더 쉽고 풍성한 말씀의 잔치를 맛 볼 수 있을 것을 의심치 않는다.

이 단락의 작은 결론을 보면, 결국 2-3장과 4-5장은 분리되고 독립적인 별개의 단락들이 아니라 아주 잘 연결되고 의도화된 구성을 가지고 강력하고 파격적인 메시지를 전해주기 위한 본문임을 알 수 있다. 지금 이 시점에서 우리의 또 다른 질문이 나올 수 있다. 그럼 4-5장과 뒤에 등장하는 6-16장까지의 관계는 어떠한지에 대한 것이다. 물론 이 본문 역시 서로

간에 아주 밀접한 관계가 있다. 만약 지금까지의 분석이 맞는다면 요한계시록은 1장부터 시작해서 최소 이제 볼 본문을 포함해서 16장까지 아주 잘 연결된 구성을 가진 말씀이라는데 의심할 여지가 없게 된다. 만약 그렇다면 요한계시록을 보기위한 관점에 새로운 변화를 경험할 것이다.

이제 다시 본문 6-16장이 주는 구체적인 음성을 듣기 위한 또 다른 시간 여행을 떠나보자. 만약에 이것을 이해하고 볼 수 있는 눈이 열린다면 4장 이후부터 강단에서 울려 퍼지는 하나님의 말씀을 손쉽게 들을 수 있을 것이다. 그것을 소망하면서 자! 이제 시간 여행을 떠나 보자.

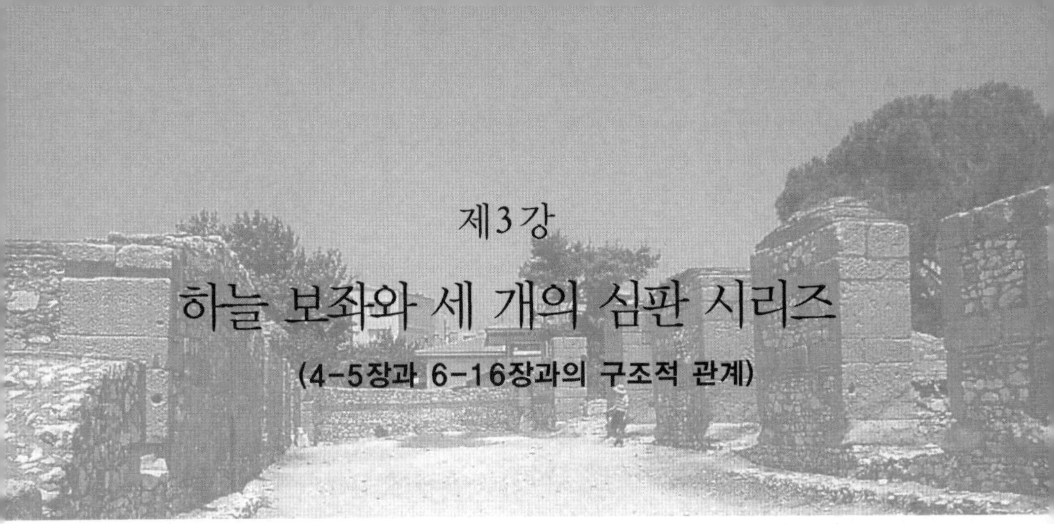

제3강

하늘 보좌와 세 개의 심판 시리즈

(4-5장과 6-16장과의 구조적 관계)

4-5장은 아주 흥미로운 본문의 구성을 가지고 있다. 앞의 본문인 2-3장과 뒤에 이어서 나올 6-16장을 연결시키는 이중적 역할을 수행하는 구조를 가지고 있다. 즉 이 본문은 2-3장에 등장하는 일곱 교회에 대한 말씀의 결론적 역할을 하고 있고 그리고 뒤에 소개될 6-16장의 서론적 역할을 하므로 중간에서 앞과 뒤를 이어주는 연결고리의 기능과 역할을 담당하는 본문임을 보여준다. 이 말의 의미는 4-5장이 뒤 이어서 소개되는 6장 이후와 상관없는 별개의 본문이 아니라 아주 잘 연결된 구조의 통일성을 가지고 있는 단락임을 보여준다. 본문에서 이런 구조적 연계성을 보지 못한다면 많은 본문의 내용을 놓치고 말 것이다.

이것에 대한 명확한 언어적 연관성은 4:6절에 소개되는 "네 생물"에 대한 언급이다. 4:6절에 소개된 "네 생물"은 뒤에 소개될 6장의 네 가지인 심판(1-4번째 심판; 6:1-8절)과 관련되어서 등장함을 볼 수 있다. 역시 숫자 '넷' 이라는 상징적 의미를 통해 전 세계 피조물에 대한 하나님의 심판 행위에 그들이 관련되었음을 보여주고 있다.

역시 문제는 인(印) 심판 속에서 보이는 심판 장면의 일들이 역사 속에서 동일한 형태와 순서로 일어날 것을 기대하면서 본문을 보는 것이다. 필자가 우연히 어느 한 세미나에 참석할 기회가 있었다. 그곳에서 강사가 하는 말이 이제 곧 어떤 혜성이 지구와 가장 근접한 거리에 이르면 지구는 영향을 받아 인(印) 심판에서 예언한대로 엄청난 대 격변을 겪을 것이고 거의 종말을 맞이할 것이라고 예언 아닌 예언을 선포했다. 참석한 사람들은 웅성거렸고 공포심을 갖게 되었다. 왜냐하면 그런 일이 일어날 날짜가 임박해 있었기 때문이다. 혹시나 하는 마음이 있었지만 역시나였다. 물론 그런 일은 일어나지 않았고 지구는 여전히 건재하다. 왜 그러는 걸까? 도대체 무엇이 우리를 이 지경으로 만든 것일까 의구심을 갖지 않을 수 없다.

성경이 말하게 하고 독자들은 그 음성을 들어야 한다. 오히려 요한은 본문에 등장하는 '네 생물' 이라는 상징적 이미지를 통해 전 세계 피조물 위에 내릴 하나님의 철저한 심판의 그림을 그려내고 있다. 물론 요한이 그려내고 있는 그림 이미지는 1세기 독자들에게(당연히 21세기를 살아가는 우리에게는 낯선 것이지만) 익숙한 당대의 역사적 사건들을 끌어와서 그가 전하고 싶어 하는 메시지를 전하고 있다. 이런 이미지가 주는 메시지는 하나님의 심판의 대상자들에게는 커다란 위협과 공포를 주었다. 반면에 하나님의 백성들에게는 하나님이 시행하시는 정의로우심에 찬양의 예배를 드리게 된다.

또 다른 하나는 5장에 소개되는 '인봉' 을 떼는 것에 관한 이야기이다. 5:6절은 '인봉' 을 떼는 자의 정체를 '죽임을 당한 어린 양' 으로 소개한다. 이것은 6장에 소개될 인 심판을 주도하시는 분이 바로 어린 양임을 보여준다. 그 누구도 아닌 어린 양이 인봉을 뗀다고 기록하고 있다. 여기서 익숙한 숫자 일곱이 등장한다. 두루마리가 일곱 개의 인으로 봉해졌다. 물론 두루마리가 문자적이고 실제적으로 일곱 개로 인봉되었음을 말하지 않는다. 오히려 일곱이라는 숫자를 통해 그것이 완전하고 완벽하게 인봉되었음을 말한다. 즉 완전하고 완벽하게 인봉된 것을 어린 양만이 열수 있다는 것이다. 요한은 이 사실 때문에 큰 위로와 소망을 얻게 된다. 왜냐하면 어린 양을 통해 일곱 개의 인봉이 열리므로 궁극적으로 하나님이 종말에 이루실 '구원과 심판의 구체적인 실체'를 볼 수 있다는 확신이 그를 사로잡았기 때문이다. 드디어 그 일을 어린 양이 6장 이후에서 실행하심을 알 수 있다. 이것은 5장에 소개된 어린 양이신 예수 그리스도가 전 인류, 전 세계에 대한 온전한 통치를 통해 구원과 심판의 일들을 행하시는 분임을 보여줄 뿐만 아니라 4-5장과 6-16장이 아주 밀접하게 연결된 본문임을 잘 보여 주고 있다. 이제 좀 더 구체적인 구조적 연관성을 살펴보자.

1장: 종말론적 신현 현상

6-16장은 요한계시록의 몸통을 이루는 본론 부분에 해당한다고 말할 수 있다. 몸통 부분에 해당하는 본론은 당연히 다른 몸체들과 나눌 수 없는 부분이다. 이 가운데 가장 특징적으로 언어적인 연계성을 보여주는 것은 '종말론적 신현 현상'의 반복적 등장이다. 이것은 본문 4-16장 사이에 네 번 등장을 한다.

4:5: "보좌로부터 번개와 음성과 우렛소리가 나고"
8:5: "우레와 음성과 번개와 지진이 나더라"
11:19: "번개와 음성들과 우레와 지진과 큰 우박이 있더라"
16:18, 21: "번개와 음성들과 우렛소리가 있고 또 큰 지진... 큰 우박"

이 네 번에 걸친 종말론적 신현 현상은 본론의 구조를 이해하는데 아주 중요한 핵심 내용을 제공한다. 이 구절들은 요한이 본문을 아무 생각과 의도 없이 막 쓴 내용이 아니라 아주 정교하고 세심한 배려와 구성을 통해 하나님의 메시지를 일곱 교회의 성도들과 지금 우리들에게 전해주고 있음을 보여준다. 이런 종말론적 현상은 구약의 배경(출 19:16; 시 77:18-19; 사 29:6)을 가지는데 이런 언어들은 하나님의 신적 심판을 소개하기 위한 현상으로 등장한다.[71] 요한이 이런 형태의 익숙한 구약의 배경을 가져와 이 땅 위에 임할 하나님의 심판을 네 번에 걸쳐 소개함으로 아주 흥미로운 사실을 독자들에게 제공하고 있다. 특히 이런 신적 현현은 중요한 특징을 나타내고 있다. 이런 현상들이 세 개의 각각 시리즈의 맨 마지막 위치에 등장한다. 이것이 의미하는 것은 요한이 본문들을 의도를 가지고 구조적으로 배치한 것임을 암시케 한다. 8:5절은 일곱 번째 인 장면에, 11:19절은 일곱 번째 나팔 장면에, 16:18, 21절은 일곱 번째 대접 장면에 등장하므로 이런 현상이 각각 시리즈의 결론적 부분에 해당됨을 보여준다.

우리는 항상 사건을 보면 현상에 집착하고 역사적인 대응을 찾기 위해 열광하는 성향이 있다. 언제 이런 현상이 일어나지? 그것이 이 땅에 미치는 영향력의 정도는? 만약 하늘의 별들이 떨어지면 이곳은 어떻게 될까? 어떤 사람들은 하늘의 별들의 움직임에 지대한 관심을 갖는다. 유심히 천체를 관찰한다. 그래서 혹성이 지구를 가깝게 지나면서 거의 지구를 초토화 시킬 때의 마지막 종말을 상상한다. 이것이 성경의 예언의 성취라고 우긴다. 그리고 이것이 우리의 역사에서 실현될 것임을 고대한다.

여러분!! 다시 기억해야 한다. 성경은 천체 물리학 책이나 지구 과학 서적이 아님을 상기하자. 현대의 성도들이 매일 하늘에서 벌어지고 있는 일들에만 관심을 갖고 천체의 움직임만 살핀다고 가정해보자. 그리고 그들

71) G.K. Beale, *The Book of Revelation*, NIGTC, Eerdmans, pp. 457-460, 1999.

의 특이한 움직임과 충격적인 이동 경로의 탈선 때문에 매일매일 공포와 두려움으로 인생을 살아간다고 가정해보자. 과연 그런 삶을 살아가도록 공포심을 주는 것이 요한의 의도겠는가? 그것이 성경의 의도, 아니 하나님의 의도겠는가?

이 글을 쓴 요한의 관심은 그가 살고 있었던 시대와 상관없는 2-3000년 후에 벌어질 구체적인 어떤 사건들에 그의 모든 정신을 다 쏟지 않는다. 그의 관심은 그와 같이 호흡하면서 살았던 1세기 소아시아의 기독교인들의 삶과 신앙이었고 그리고 세상 역사 속에서 일하시는 하나님의 주도적 행위에 초점을 두고 있다. 유진 보링(E. Boring)이라는 학자는 인(印), 나팔 같은 환상 장면은 먼 미래 사건을 예견하는 것이 아니라 오히려 하나님의 승리에 앞서는 심판의 그림을 보여준다고 했다.[72] 성경은 망원경을 가지고 하늘 별들의 움직임을 보고 종말 시간표를 계산하려는 시간이 있다면 오히려 성경을 한 장이라도 더 읽고 그 안에서 하나님이 우리에게 주는 메시지를 묵상할 것을 권면한다. 특히 위에 언급한 세 개의 심판 장면(인, 나팔, 대접)은 언어적 유사성에 의해 4:5절에 등장하는 단락과 구조적 유사성을 가짐을 보아야 한다. 만약 이런 구조적 유사성을 이해했다면 아래와 같이 질문할 수 있다.

(1) 이런 심판은 누구에 의해서, 어떤 대상에게, 그리고 어디에서 시작되어지나?
(2) 세 번에 걸쳐 일어나는 이런 심판의 의도는 무엇인가?
(3) 이 세 번의 심판 장면은 시간적으로 일어날 것을 말함인가? 아니면 반복적인가? 이에 대한 질문을 차근차근 설명해 보자.

---

72) M. Eugene, Boring, *Revelation, Interpretation*, John Knox Press, p. 135, 1989.

1. 그러면 우선적으로 심판이 누구에 의해서, 어떤 대상에게, 그리고 어디에서 시작되었는지를 살펴보자.

이 본문은 천상 보좌에 앉아계신 하나님을 소개하고 4:5절에 "보좌로부터 번개와 음성과 우렛소리가 나고"를 소개함으로 하나님의 신적 현현이 웅대하고 권능과 능력으로 가득함을 보여주고 있다. 그래서 그분의 그 장엄함과 능력과 권능에 압도된 보좌 주위에 있던 이십사 장로와 네 생물들이 보좌 위에 앉아계신 하나님께 "영광과 존귀와 감사"(4:9)를 돌린다. 그분은 예배와 찬양 받기에 합당하신 분이신 반면에 또한 두려우시고 공의로우신 분임을 고백케 한다. 이것에 근거해 본문에서 하나님은 예배 받기에 합당하신 분으로, 또한 심판자의 모습으로 등장하신다. 이런 관점에서 본다면 요한계시록은 '하나님을 예배 하는 것' 에 대한 책이다. 하나님과 어린 양을 찬양하고 예배하도록 일깨우는 내용이다. 왜냐하면 그 분들이 역사를 만들어 가시고 새로운 세계를 창조하시는 분이란 이해 때문에 그러하다. 예배에 대한 방향성을 올바르게 정립할 것을 요청한다. 그리고 바로 이 분이 이와 같은 심판을 주도해 나감을 보게 한다.

본문에 대한 우리의 질문은, 하나님의 백성들이 무엇 때문에, 왜 이 말씀을 두려워해야 하는가? 이다. 누가 요한계시록을 무시무시한 심판의 책이라 말했는가? 그래서 순진한 성도들에게 감추어지고 숨기어진 금서로 이 말씀을 만들어 버렸는가? 오해는 하지 말라!! 요한계시록에 심판이 없다고 말하는 것이 아니다. 심판은 분명히 있다. 문제는 대상이다. 누구에게 이런 무시무시한 심판이 내릴 것인가? 본문에 의하면 '하나님의 인 맞지 않은 자들' (9:4)에게 이런 심판이 임할 것을 말씀한다. 그럼 본문에서 '하나님의 인 맞지 않은 자들' 은 누구인가? 여기에서 중요한 것은 '인 맞음' 에 대한 해석이다.

이 논쟁이 오랜 세월동안 계속되어 졌다. 결론부터 내리면 지금 여기서의 '인' 은 '바코드' 를 말하지 않는다. 바코드가 새겨진 물건을 사는 사람은 마치 자기 영혼을 악마에게 파는 듯한 분위기가 한 동안 팽배했었다. 그래서 전부가 다 쉬쉬하면서 몸을 사렸던 분위기를 우리는 기억한다. 물론 교회 안에서도 이런 분위기가 조장되었던 것 역시 사실이었다. 이 시점에서 한 번 묻고 싶다. 지금까지 독자들은 한 번도 바코드가 새겨진 물건을 사지 않고 일상생활을 하였는가? 만약에 샀다면 여러분들은 여러분들의 영혼을 그 물건을 사는 동시에 팔았는가? 라고 다시 묻고 싶다. 분명히 독자들은 바코드가 찍힌 물건을 사면서 영혼을 팔지 않았다. 그것이 정답이다. 그런데 왜 소수의 극단적인 세대주의자들은 그것에 경고와 경각심과 공포감을 조장하는가? 왜 아닌 것을 자꾸 맞는다고 얘기하는가? 한국의 전형적 풍토처럼 목소리 크면 이기는가? 최근에는 이것이 '베리칩' 이라는 대상으로 바뀌었다. 보다 진보된 형태를 가지고 이제는 성도들을 협박하고 공포 분위기를 조성하고 있다. 세월이 지나면 또 다른 형태의 신종 '코드놀이(?)' 가 등장할 것이다. 과연 그런가에 대한 진지한 성경적 고민이 필요한 때이다. 다수결의 원리에 의해서 진리가 결정되는 것이 아니다. 성경의 말씀만이 진리 되게 하는 노력이 필요한 때이다.

요한은 지금 본문을 통해서 바코드 얘기를 해서 그것이 새겨진 물건을 사지 말라, 사면 큰일 난다, 지옥 간다! 라는 얘기를 하고 있지 않다. 또한 이마나 손목에 베리칩 맞지 말라는 얘기 역시 하고 있지 않다. 그는 '바코드도 베리칩' 도 본 적도 들은 적도 없다. 오직 그의 관심은 하나님의 백성들의 구원에 있다. 그래서 그런 메시지를 전달해 주기 위한 채널을 위해 그들에게 익숙한 일상의 언어와 풍습의 매체들을 가지고 와서 메시지의 효과를 극대화시킨다. 그것을 위해 사용된 이미지가 바로 '인침' 이란 매체이다.

'인' 은 요한 당시에 소유, 보호, 신분 표시 등을 위해 사용된 이미지이다.[73] 만약에 '하나님의 인 맞지 않은 자들' 이라면 사탄과 그가 통치하는 영역에 속한 신분을 소유한 자로 그의 소유물임을 확인시켜 주고 있는 것이다. 특히 구약에 익숙한 독자들에게 있어서 이마와 오른 손에 인 맞음은 특별한 의미로 다가왔음을 알 수 있다. 신명기 6:8절에는 "너는 또 그것을 네 손목에 매어 기호를 삼으며 네 미간에 붙여 표로 삼고" 라고 기록하고 있다. 이스라엘 백성들은 하나님의 말씀을 늘 가까이 두고 하나님에 대한 헌신을 다짐했다. 오른 손과 이마에 인 맞음을 넬슨 크레이빌(J.N. Kraybill)은 하나님을 향한 '헌신과 충성' 을 나타내는 이미지로 옳게 설명한다.[74] 만약에 인 맞음을 소유, 신분 또는 헌신과 충성이라는 이미지로 옳게 이해한다면 최소한 현대의 독자들은 바코드나 베리칩과 같은 이상한 코드 놀이와 요한계시록이라는 본문을 연결하지는 않을 것이다. 본문의 소리에 다시 한 번 귀를 기울이는 자세가 정말로 필요하다.

하나님의 심판의 대상은 바로 세상의 요구에 쉽게 자신을 내어주는 사탄의 인 맞은 자들이다. 그들은 사탄에 속한 자들로 사탄에게 속한 소유물들이고 그에게 헌신과 충성을 다할 것을 맹세한 자들이다. 요한계시록 식으로 표현하면 그들은 음녀이다. 만약에 그들의 입에 달콤한 사탕을 준다면 누구에게나 자신의 모든 것을 팔아 버린다. 심지어 영혼도 팔아버린다. 만약에 이 말씀이 두려움으로 다가오면 반드시 회개해야 한다. 이 말씀을 심각하게 받아들여야 한다. 그럼에도 불구하고 감사한 것은 다시 기회가

---

73) 권성수, 요한계시록, 횃불, p. 196, 1999.
74) J. 넬슨 크레이빌(박노식 역), 요한계시록의 비전, CLC, pp. 118-120, 2012.

주어진다는 사실이다. 아직은 회개할 시간을 허락하셨다. 그러나 이 시간도 그리 길진 않을 것이다.

그래서 본문 16:15절에는 "보라 내가 도둑 같이 오리니..."라고 말씀하신다. 그러면 믿는 자들은? 당연히 믿는 자들은 이런 심판에서 제외될 것이다. 그래서 요한계시록은 복음이다. 음울한 회색 빛깔을 띤 거절할 수 없는 기분 나쁜 말씀이 아니다. 기쁜 구원을 전달해주는 하나님의 말씀이다. 그런데 왜 무서워하는가? 걱정할 것은 없지만 그러나 성경은 믿는 자들에게도 끊임없는 믿음의 긴장을 요구한다. 왜냐하면 본문에서 소개된 세 번에 걸친 하나님의 심판은 반드시 일어날 것이기 때문이다. 그래서 믿음의 긴장과 경주와 인내가 필요하다. 누구도 이 심판에서 예외일 수 없음을 늘 인식해야 한다.

그러면 이런 심판이 시행되고 시작되는 발원지가 어디인가? 그곳이 어디인가? 그곳은 바로 4:5절에 소개되고 있는 보좌이다. 보좌에서부터 모든 하나님의 진노의 심판이 시작된다. 본문의 4-5장이 주어진 주요 목적은 2-3장에서 소개된 일곱 교회에게 그리고 지금 21세기를 살아가고 있는 교회들에게 보좌에서 벌어지고 있는 실상을 보여주기 위해서이다. 하나님의 백성으로서 온전한 관점과 삶을 가지고 살아가야할 것을 격려하고 권면하기 위해서 주어졌다. 심판은 보좌에 앉아계신 하나님에 의해서 시행된다. 그분에 의해서 앞으로 6장 이후부터 시행될 심판의 세 개의 시리즈(인, 나팔, 대접)는 반드시 정확하게 이루어질 것이다. 왜냐하면 그 분은 헛된 말이나 거짓을 말하지 않기 때문이다. 물론 이것들이 역사 속에서 1:1의 동일한 방식으로 이루어질 것을 말하지 않는다. 오히려 하나님의 심판과 구원의 메시지의 정확성과 불변함에 대한 확고부동함을 강조하려는 의도를 가지고 있다.

다시 이 시점에서 확인하고 넘어가보자. 본문을 자꾸 파편화 내지는 토막토막 분해시키지 말고 통일성있게 연결해서 보아야 한다. 그것이 올바른 본문 읽기의 방법임을 다시 한 번 기억하자.

2. 세 번에 걸친 심판의 의도는 무엇인가?

각 심판은 1/4, 1/3, 그리고 전체라는 심판의 부분적 진행을 보이는 것처럼 보임에도 불구하고 각각의 심판 시리즈는 종말을 지향하고 있다.[75] 세 번에 걸친 심판 시리즈를 통해서, 요한은 그의 메시지를 청중과 독자들에게 극대화 시키고 있다. 즉 무시무시한 심판이 세 번에 걸쳐서 일어날 것을 통해 전해주고 싶은 예언적 말씀이 있다는 것이다.

'너희들 긴장해라. 하늘의 천체에 엄청난 지각변동이 있을 것이다. 바다가 피가 되고 화재가 발생하고 지진이 발생하고 쓰나미가 일어날 것이다. 이런 일들이 T.V.에 나오면, 너희는 요한계시록이 예언했던 종말의 징조의 발자국이 가까움을 인식하고 준비해야 한다!' 라는 무섭고 공포스러운 메시지를 전해주지 않는다. 여기에 속으면 안 된다. 안타까운 것은 본문을 통해 요한이 전해주려 하는 중요한 구조나 메시지는 무시되고, 오히려 반대로 자의적 해석이 본문을 지배하는 경향이 있다. 좀 더 정확한 설명이 필요할 것이다.

보좌로부터 시행되는 세 번에 걸친 심판은 하나님의 백성들에게 심판의 공포를 조장하려는 의도보다는 오히려 믿는 자들에게 구원의 확실성과 안정성 그리고 하나님의 사랑이야기를 보여주기 위한 의도를 보여준다.

---

75) 이필찬, 요한계시록 어떻게 읽을 것인가, 성서 유니온 선교회, pp. 136-142, 2000.

그래서 요한계시록을 공포, 무서움 또는 어떤 세상 종말의 시나리오를 예상케 하는 말씀보다는 하나님의 사랑이 구구절절 배어 나오는 'love story' 라고 본다(물론 사랑의 이면에는 공의가 있음을 부인하는 것이 아니다). 역설적으로 본문을 통해 하나님의 'love story' 를 지지하는 것이 세 번에 걸쳐 일어난 심판 시리즈의 의도이다. 우선적으로 하나님이 불의한 세상에 대해서 세 번에 걸쳐 심판을 시행한다는 것이 도저히 이해가 되지 않는다. 그러면, 처음 두 개의 심판시리즈에서는 약간의 오류가 있었다는 이야기인가? 그래서 자꾸 수정하고 보충하면서 심판을 번복하시는가? 그 분도 한 번에 끝내버리는 것이 부담스럽고 힘들었는가? 물론 우리의 정답은 '그렇지 않다' 일 것이다.

그러면 왜 자꾸 이런 일이 일어나고 있는가라는 질문을 할 수 있다. 마치 그리스도의 구원과 속죄가 '한 번에 영원히' 일어났듯이 만약 원하신다면 그분은 불의한 세상에 대해서 단 한 번의 강도 높은(?) 심판으로 세상에 대해서 종말을 가져오실 수 있다. 그것이 더 그 분 답지 않는가? 그러나 그 분은 그렇게 하지 않는다. 그 분은 세 번까지 당신의 심판을 연장하신다. 왜 그러셨을까? 이것의 근거는 그 분의 기다리심과 참으심과 사랑에 근거한다는 것 외에는 다른 신학적 대안이 없다. 마치 한 번 두 번 세 번이란 숫자가 자꾸 심판을 연장하는 듯한 인상을 요한계시록을 읽는 독자들에게 남긴다. 거기에다가 세 번에 걸친 심판 시리즈 속에 두 번의 막간 또는 삽입(7:1-17; 10:1-11:13 - 뒤에 설명할 것이다)을 등장시켜 자꾸 시간을 지체시키려는 의도를 독자들로 하여금 보게 한다. 물론 이것은 하나님의 백성들을 위한 지연이고 연장임과 동시에 믿지 않는 자들에게도 역시 복음 전도적 효과를 가져 온다.

결국 세 번의 심판 시리즈는 두 가지 효과를 전달하기 위한 전략적 위치를 가진다. 우선적으로 그것은 심판이다. 이것은 믿지 않는 사람들에게는 심판의 모습으로 등장할 것이다. 믿지 않는 이방인들 특히 요한이 이 글을 쓸 당시에 지중해를 다스리고 통치하면서 팍스 로마나(로마의 평화)를 가지고 왔다고 자부하면서 음행의 더러운 잔을 마시는 로마 제국을 하나님은 분명히, 반드시 심판하시고 멸망시키실 것이라는 메시지를 전한다. 누구도 그 심판을 피할 수 없다. 세 번에 걸친 심판이다. 한 번, 두 번까지야 어떻게 해보겠지만 세 번까지야 피할 수 있을까? 절대 못 피한다. 결국 그들의 최후는 심판과 멸망으로 끝날 것이다. 또한 교회 공동체 안에 있지만 회개에 합당한 열매를 맺지 못하는 사람들에게도 이 말씀은 무서운 경고의 메시지가 된다.

이런 메시지는 일곱 교회 안에 잘 드러난다. 그들은 교회 안에 있음에도 불구하고 첫사랑을 버렸고, 우상의 제물을 먹음으로 하나님 앞에 영적 간음을 행하였고, 영적 나태와 영적 자기만족과 같은 죄악을 저질렀다. 마치 사데 교회처럼 죽은 자, 죽은 교회에 있어서 평화스런 교회의 모습을 하고 있다. 우리는 잘하고 있고 그리고 문제없다는 것이다. 성도들이 늘어가는 것을 좋아한다. 그러나 실상 그들은 하나님과 멀다는 것을 본문을 통해서 보게 하고 회개를 촉구하고 있다. 이런 삶의 자세와 태도는 온전한 하나님의 백성으로서 멀리해야 하고 회개해야 할 문제라는 것이다.

너희가 비록 교회 안에 있음에도 불구하고 만약 그 당시 세계를 통치했던 로마 제국과 같은 이데올로기를 지향하고 그들과 같은 세상적 가치관에 너희들의 삶을 던진다면 너희들 역시 예외 없이 하나님의 보좌에서 시행되는 세 번에 걸친 심판의 무시무시함을 피할 수 없을 것이라는 메시지를 전해주고 있다. 그러므로 요한계시록 2-3장에 있어 회개는 이미 구원받은 백성으로서 삶에 안주할 것을 얘기하지 않는다. 오히려 회개는 하나님의 백성들인 교회가 세상적이고 세속적 삶의 가치관으로부터 돌아서서 그들이 받은 구원의 감격과 말씀 안에 거하고 처음 행위로 돌아감을 의미한다. 이런 삶을 통해 온전함을 이 땅에서 이루면 하나님의 백성들의 공동체인 교회가 심판의 진노를 피할 수 있다는 메시지를 전달하고 있다.

그럼에도 불구하고 하나님은 여전히 사랑이신 것은 이런 심판의 메시지가 지금 최종적으로 끝나는 것은 아니라는 사실이다. 아직 최종 심판은 우리가 기다려야 하고 와야 되는 마지막 하나님의 진노로 존재한다. 지금은 예비적 심판 즉 아직 회개하도록 그리고 하나님에게로 돌아서도록 기회를 주시는 기회와 은혜의 때라는 사실을 보여준다. 요한은 이런 방식으로 역사의 실체와 하나님의 인류를 향한 계획을 열어 보인다. 심판을 반드시 분명히 실행하실 것이지만 아직 시간이 있다.

지금 저 거대 괴물 로마 제국의 실체를 깨닫고 보아라. 아니 세상의 실체를 똑똑히 보아라. 거짓 세상의 모습에 마음을 빼기지 마라. 그들은 곧 무너질 모래 위에 세운 세상적 권력이다. 그들의 세상은 영원하지 않을 것이다. 그들이 제공하는 로마의 평화는 사실 백성들의 피 위에 세운 권력이다. 그래서 가짜이고 거짓이다. 그들은 곧 의로우신 하나님에 의해 멸망받을 것이다. 그러므로 이런 실체를 보고 제발 너희 하나님의 백성들아 그들의 죄에 참여하지 마라. 땅이 제공하고 바라보고 있는 세상적 관점이 아니라 하나님이 제공하는 초월과 하늘의 관점에서 역사의 흐름을 본다면 너희들은 놀라운 하나님의 역사에 대한 섭리를 볼 것이라는 희망의 메시지를 전해 주고 있다. 그래서 독자들은 심판 속에 나타난 하나님의 사랑의 이야기를 본문을 통해서 찾을 수 있다. 이 얼마나 놀라운 희망과 사랑의 메시지인가?

또 다른 관점은 구원과 사랑의 소식이다. 특히 본문에 등장하는 유일하게 칭찬만 들은 두 교회인 서머나 교회나 빌라델피아 교회 같은 경우에는 더욱 그러하다. 그들은 믿음을 지키는 것 때문에 고단한 삶의 여정 속에 있다. 그들의 수고와 고통과 아픔을 보좌에 앉아 계신 하나님과 어린 양은 외면하지 않으신다. 그들의 탄식에 가까운 기도와 절규가 금향로에 담겨져서 하나님의 보좌 앞으로 올라간다(8:3-5). 성도들의 기도를 하나님은 결코 외면하지 않으신다. 그 기도의 응답으로 하나님은 세상에 대해서 엄중한 신적 심판을 시행하신다. 그러나 그 심판의 한 가운데에 있음에도 불구하고 하나님의 백성의 공동체인 교회는 안전할 것이다. 너희 믿음의 공동체는 염려하지 말라. 왜냐하면 하나님께서 천사들을 보내서 땅 네 모퉁이에 세우시고 땅의 사방의 바람이 불지 못하도록 막으시기 때문이다(7:1). 왜 이런 일을 하나님은 하시는가? 누구를 위해서 이런 일을 하시는가? 바로 믿음의 공동체인 교회를 보호하고 구원하시려는 하나님의 사랑의 의도임을 본문은 보여 주고 있다.

물론 이것은 문자적으로 천사가 땅의 네 모퉁이에 서서 교회를 보호하는 실제적 그림을 보여주는 것은 아니다. 그는 문자적으로 천사가 땅의 네 모퉁이에서 사방의 바람을 붙잡는 것을 상상하고 있지 않다. 여기서 요한은 익숙한 숫자 넷에 집착함을 알 수 있다. 숫자 넷을 통해 전 '세계 피조계' 위에 내리는 신적 심판을 보류하고 지연케 하시는 하나님의 사랑과 구원에 더 관심이 있음을 보게 한다. 특히 이것은 구약 이사야 11:12과 다니엘 7:2(슥 6:5)의 인용으로 전 세상에 임하는 하나님의 신적 심판을 보여주는 이미지로 사용된다.[76] 그러나 신적 심판 가운데서도 당신의 백성들을 사랑하셔서 보호하시는 구원에 초점을 맞추고 있다. 그래서 하나님은 네

76) Simon J. Kistemaker, *Revelation*, NTC, Baker Books, p. 246, 2001.

천사들을 보내서 땅 네 모퉁이에 세우시고 땅의 사방의 바람이 불지 못하도록 막으신다. 하나님의 'love story' 가 잘 드러나는 본문임을 확인할 수 있다.

3. 네 가지 신현 현상을 통해서 던질 수 있는 가장 중요한 질문 중의 하나는 이 세 가지 심판 시리즈를 시간적 연속의 관점에서 볼 것인가? 아니면 반복적 관점에서 볼 것인가? 에 대한 질문이다.

이런 구조에 대한 올바른 이해는 요한계시록 전체를 보는 중요한 핵심적 해석을 제공한다는 면에서 주의 깊은 관찰이 필요하다. 위에 언급 했듯이 요한은 그의 말씀을 전개하는데 있어서 역사적 시간이나 사건에 그의 생각을 묶어두지 않는다. 물론 이것에 동의하지 않는 사람들은 본문 속에서 자주 등장하는 '이 일 후에' 또는 '내가 보니'라는 표현을 통해 요한계시록의 시간적 또는 연대기적 특성을 이해해 왔다. 이런 언어적 특성을 고려하면서 요한계시록이 시간의 경과 속에서 일어날 사건을 다루고 있는 말씀으로 해석한다. 이런 이해는 본문의 짜임새 있는 구조적 형태가 전해주는 신학적 의미를 놓쳐 버리는 잘못을 범한데서 온 것임을 알 수 있다. 본문은 사건들이 시간적인 순서로 또는 문자 그대로 일어날 것을 예언하는 형태로 기록되지 않았다. 만약 이런 관점에서 본문을 보게 되면 이해할 수 없는 수많은 모순들을 발견할 수 있다.

예를 들면 본문 자체 내에서 계속적으로 반복되는 구조와 문구들, 각 심판 시리즈마다 일어나는 마지막 종말의 현상들과 같은 것들은 본문이 기본적으로 반복의 구조 속에서 그러나 동일하지 않은 나선형 구조를 가지고 있음을 보여 준다(이것에 대한 예들은 다시 언급할 것이다). 이런 관점에서 그레엄 골즈워디(G. Goldsworthy)[77]는 중요한 통찰력을 우리에게 제시한다. 그는 선지자들은 연대나 사건의 순서에 구애 받지 않고 자유롭게 그들의 말씀을 써 내려 갔다. 그렇다고 이 말이 그들이 시간과 역사에 대해서 눈을 감았다는 말은 아니다. 단지 그들이 가진 시간과 역사에 대한 개념이 지금 21세기의 사람들이 과학과 논리적 관점에서 시간과 역사적 사건을 바라보는 우리와는 좀 달랐음을 통찰력 있게 설명한다.

선지자들은 그들의 예언적 말씀을 기록할 때에 논리와 과학적 합리성을 가지고 본문을 접근하지 않았다. 그들이 가지고 있었던 관심은 역사 속에서 어떻게 하나님이 그의 언약 백성들을 구원하시고 이와 달리 그분의 적대자들을 심판할 것인가에 그들의 관심이 모아져 있다. 그리고 그들의 기본적인 신학적 틀과 메시지를 단 한 번에 거쳐서 설명하는 것이 아니라 좀 더 풍성하게 표현하기 위해 관점을 달리하면서 신학적 해석을 시도한다. 그들은 하나의 사건을 볼 때 관점을 달리하면서 이렇게 때로는 저렇게 반복하면서, 때론 좀 더 확장되고 진보된 형태로 그들의 생각을 진술했다. 요한계시록 역시 이 범주에 속해 있음을 알 수 있다.

헨드릭슨(W. Hendriksen)은 이것을 가리켜 '점진적 평행주의'[78]라 부른다. 이것은 본문이 단순히 직선적 또는 연대기적으로 쓰였다고 보기 보다는 반복의 원리에 의해서 쓰인 것으로 보는 견해이다. 대부분 이 견해를 주장하는 학자들은 본문의 반복을 단순한 반복으로 보는 것이 아니라 좀 더 심판의 강도가 심화되고 확장되는 구조를 가진 나선형의 구조를 가진 본문으로 간주한다. 이것은 다분히 요한이 신학적 의도를 가지고 자기의

---

77) 그레엄 골즈워디(김영철 옮김), 복음과 요한계시록, 성서유니온, pp. 69-79, 1991.
78) W. Hendriksen, *More Than Conquerors: An Interpretation of the Book of Revelation*, Baker Books, pp. 34-36, 2000.

메시지를 독자들에게 효과적으로 전달하기 위해 사용된 수사학적 장치임을 알 수 있다. 여기서 독자들이 오해하지 말 것은 요한이 이런 수사학적 장치를 사용함이 본문의 계시성이나 혹은 영감에 치명상을 주지 않는다는 것이다. 여전히 요한은 하나님의 말씀을 전하고 있음은 의심의 여지가 없다. 그는 환상을 보았다. 그가 본 환상에 의거해 요한계시록을 쓰고 메시지를 전달하고 있다. 그러나 이런 것을 전달하기 위해 천상의 또는 하늘의 언어를 사용하지 않는다. 또한 현대 21세기의 사람들에게 익숙한 언어 역시 쓰고 있지 않다. 오히려 1세기의 사람들에게 익숙한 언어와 구조를 사용해 그의 메시지를 효과적으로 전달하고 있다. 그런 메시지를 효과 있게 전달하는 방법 중의 하나가 바로 반복을 통한 강조적 전달에 있다.

빌(G.K. Beale)[79]이라는 학자 역시 요한계시록을 연대적 또는 시간적 배열로 보기 보다는 오히려 주제적 배열 - 구원과 심판 - 의 관점에서 보아야 한다고 주장함은 우리에게 좋은 통찰력을 제시한다. 또한 넬슨 크레이빌(N. Kraybill)은 "이 삼중 구조의 역병 재앙을 마치 봉인, 나팔, 대접재앙이 서로 연대기적으로 따라온다는 식의 순차적 순서로 생각해서는 안 될 것 같다. 오히려 세 개의 비유는 같은 사건들을 다른 관점으로 묘사하는 것이며, 각각은 마지막 때의 고통을 점점 더 시각적이고 포괄적인 모습으로 보여주는 것"[80]이라고 옳게 지적한다.

이것은 마치 드라마를 찍는 것과 같다. 드라마를 찍을 때 카메라 감독은 동일한 시간대에 벌어진 사건을 하나의 카메라에 다 담을 수 없기 때문에 시차를 두고 동일한 사건을 시청자들에게 보여 준다. 안방에서는 식

79) G.K. Beale, *The Book of Revelation*, NIGTC, Eerdmans, pp. 129, 145, 1999.
80) J. 넬슨 크레이빌(박노식 역), 요한계시록의 비전, CLC, p. 211, 2012.

사를 하고 부엌에서는 후식 준비를 하고 있고 작은 방에서는 아들이 공부를 하고 있다고 가정을 해 보자. 물론 이것은 집에서 동일한 시간대에 일어나고 있는 일들이다. 하지만 방송을 통해서 전파를 탈 때는 이런 행위들이 마치 시간의 간격을 가지고 있는 것처럼 보인다. 시청자들은 이 장면을 통해서 이런 일들이 시차적으로 벌어졌는지에 대해 관심을 갖는 것이 아니라 오히려 카메라 감독이 보여주는 장면을 통해서 드라마 작가의 의도를 엿보려함을 알 수 있다. 이런 장면을 통해서 가정의 화목을 또는 개인주의적 성향을 가진 현대 가정 구조의 문제점 등과 같은 작가의 메시지를 끄집어낸다.

요한계시록 본문이 이와 크게 다르지 않다. 하나님을 드라마 작가로 요한을 카메라 감독으로 가정해 보자. 요한은 역사에 대한 종말의 시나리오 작가이신 하나님의 마음을 담아서 영상미가 흠뻑 담긴 메시지를 보낸다. 그는 역사적으로 일어날 재앙들을 시차적으로 보여주려 하거나 또는 종말의 시간표를 제시하는 것이 아니라 작가이신 하나님의 계획과 의도를 반복적이고 지속적으로 보여준다. 바로 이렇게 하시는 시나리오 작가이신 하나님의 중요한 의도가 사람들의 '구원과 회개' 임을 보여주기 위해서이다. 그래서 '돌아서라' 는 구원과 회개의 메시지를 세 번에 걸쳐서 지속적으로 반복함을 알 수 있다.

사실 구원과 회개는 요한계시록만의 의도가 아니라 성경 전체의 의도이다. 모세가 그러했고 선지자들이 그러했다. 그들 역시 백성들에게 때로는 재앙으로 때로는 쓴 소리로 경고했다. 왜? 그것은 하나님 앞에서 백성들의 구원과 회개를 이끌어 내기 위한 것임을 잘 알고 있다. 이런 관점에서 본다면 요한은 세 번의 심판시리즈를 시간적-연대적 역사와 사건을 있는 그대로 묘사해서 독자들로 하여금 시대의 징조와 사건을 통한 주님의 재림과 심판의 때를 찾게 하려는 의도보다는 오히려 구원과 심판이라는 큰 그림을 가지고 문학적이고 수사학적으로 이 주제를 하나씩 풀어나가는 방법을 사용하고 있다. 그래서 청중과 독자들로 하여금 하나님이 어떻게 그의 백성들을 구원하시고 반대로 그의 적대자들을 심판하시는지를 짜임새 있고 효과적으로 전개시켜 나감을 볼 수 있다. 들을 귀 있는 자는 성령이 교회들에게 하시는 말씀에 귀를 기울여서 회개의 자리에서 돌이켜 하나님이 베풀어 주시는 구원과 영광의 자리로 전환할 것을 요청한다.

2장 : 막간이란? (7:1-17; 10:1-11:13)

요한계시록에서 독자들을 당혹스럽게 만드는 것 중의 하나가 바로 '막간' 이라는 단어와 그리고 그것의 의미와 기능에 관한 것이다. 아마 우리는 '막간(幕間)이라는 게 도대체 무엇일까?'라고 질문할 수 있다. 쉽게 설명하면 '하나의 장면과 또 다른 장면 중간에 끼어있는 부분' 이라는 의미로 붙여진 뜻이다. 낯선 단어이지만 만약 본문 속에 끼어 있는 이 부분에 대한 이해가 없다면 현대의 독자들은 전혀 본문들의 연계성을 파악하지 못할 것이다. 이것에 대한 이해를 위해 두 번에 걸쳐 소개되는 막간에 대해서 하나하나 살펴보자.

본문에 소개되는 첫 번째 막간은 바로 7장에 나타난다. 이 시점에서 다시 한 번 질문해 보자. 하나님은 심판자로 우리에게 오시는가? 또는 구원자로 오시는가? 아직도 두려우신가? 무서우신가? 만약에 독자들이 요한계시록이 여전히 두렵고 무서운 책으로 여겨진다면 본문을 아직도 잘못 이해하고 있거나 아니면 우리 안에 그 분과 해결해야 될 문제가 있기 때문일 것이다. 요한계시록만이 아니라 성경 전체의 그림은 "하나님이 세상을 이처럼 사랑하사 독생자를 주셨으니..."의 메시지를 선포하고 있음을 기억해야 한다. 그 분의 지속적인 관심은 하나님의 백성의 공동체인 교회의 구원과 회복 그리고 사랑하심에 있다. 심지어 회개하지 않는 사람들의 영혼에 끊임없는 믿음에로의 초청에 있음을 볼 수 있다. 요한계시록의 본문은 이와 다른가? 하나님의 사랑이 안 보이는가? 아니다. 분명히 다르지 않다. 본 책의 전제는 요한계시록도 여기에 예외이지 않다는 것이다. 이것을 보아야 본문이 보인다. 그리고 인류를 향한 하나님의 전체 구속의 역사가 온전히 그려질 수 있다. 바로 요한은 이러한 일들을 행하시는 하나님을 보여주기 위해 '막간'이라는 단락을 본문에 소개하고 있다.

이것에 대한 첫 번째 막간의 본문이 여섯 번째 인(6:12-17)과 일곱 번째 인(8:1) 사이인 7장에 소개된다. 이 단락은 6:12-17(여섯째 인) ⇨ 7:1-17(막간) ⇨ 8:1-5(일곱째 인)와 같은 구도를 가진다. 여기서 한 가지 의문점이 생긴다. 왜 7장이라는 막간이 6장 끝과 8장 초반의 중간에 끼어져서 마치 이 둘 사이의 흐름을 끊어 놓는 듯한 느낌을 갖게 하는가? 오히려 우리가 보는 구조는 7장의 막간이 빠지면 여섯째 인과 일곱째 인의 흐름이 더 자연스럽게 연결될 수 있음을 보게 된다. 즉 6장에서 바로 8장으로 가면 본문의 구조가 더 자연스럽다는 것이다. '그런데 왜 7장의 본문이 이 가운데 삽입되었지'라는 의문이 들게 된다. 이 단락을 통해 우리는 요한의 조잡하고 거친 본문 구성을 보는 것이 아니라 오히려 천재적이고 예술적인 그의 치밀한 구성을 보게 된다. 우선 이 단락을 볼 때 주의할 점은 첫 번째 막간인 7장은 독립적으로 존재하는 본문이 아니라 앞 본문인 6장에 소개된 첫 번째 인~여섯 번째 인 심판과 아주 밀접한 관련이 있다. 첫 번째 인~여섯 번째 인 장면의 내용은 당연히 불의한 세상에 내리는 심판에 관한 것이다. 특히 여섯 번째 인 심판은 너무나 무시무시하다. "산들과 바위에게 말하되 우리 위에 떨어져 보좌에 앉으신 이의 얼굴에서와 그 어린 양의 진노에서 우리를 가리라 그들의 진노의 큰 날이 이르렀으니 누가 능히 서리요 하더라"(6:16-17)고 말씀한다. 불의하고 범죄한 세상에 내리는 하나님의 심판이 너무 강력하고 충격적이어서 그 누구도 살아남을 수 없음을 말하고 있다. '맞아! 아무도 못 살아 남을 거야! 거기에서 누가 살아남을 수 있겠어!' 라는 소리를 들을 수 있다.

본문은 거기에서 끝나지 않고 그 이상을 말하고 있다. 이런 무시무시한 심판에도 불구하고 살아남을 수 있는 사람들이 있다고 말한다. 그들이 누구인지를 소개하기 위해서 요한은 중간에 7장이라는 막간을 등장시키고 있다. 이래서 요한계시록은 '복음' 을 제시해 주는 말씀이다. 고통과 억압 중에 있는 사람들에게 소망과 위로의 메시지를 제시해주고 있다. 바로 이때 등장하는 장면이 7장 대부분의 내용을 채우고 있는 십사만 사천이다. 7:4절은 이들을 "인침을 받은 자의 수... 십사만 사천이니"로 소개하고 있다.

막간이라는 말 자체가 연극의 용어이니 만큼 이번에는 연극의 한 장면을 상상해 보자. 앞의 6:12-17의 여섯 번째 인(印) 장면에서 사람들은 그들 위에 내리는 상상할 수 없는 심판의 공포와 두려움에 사로잡히면서 울부짖는다. '이 진노의 큰 날에 누가 능히 살아남을 수 있겠는가?' 라는 커다란 탄식을 토해내는 것으로 서서히 연극의 불이 꺼지면서 막이 내린다. 그리고는 잠시 후 불이 켜지고 막이 오르면서 하나님의 인 맞은 자들인 십사만 사천 명이 보좌에 앉으신 하나님과 어린 양에게 예배와 찬양을 드리는 모습을 보게 된다. 이것은 하나님의 인 맞은 자들인 십사만 사천은 그 무시무시한 심판에서도 안전할 것을 보여준다.

지금 이 무대 위에서 벌어지고 있는 장면을 보고 있던 1세기 교회의 관객들은 아마 눈물을 흘리면서 하나님의 구원의 역사와 위대하심을 찬양

했을 것이다. 왜냐하면 진노의 큰 날에 내릴 그 무시무시한 심판조차도 더 이상 그들과 아무 상관없음을 확증했기 때문이다. 아! 이 얼마나 복음으로 가득 차 있는 메시지인가? 누가 요한계시록을 심판과 공포로 가득 차 있다고 말했는가? 물론 적대자들에게는 심판으로 임할 것이다. 그러나 보다 더 중요한 초점은 성도들이다. 하나님의 관심은 당연히 성도들의 운명이다.

이 단락에서 강조하고 있는 것은 아무리 혼돈과 공포의 재난에도 불구하고 하나님은 성도들에게는 구원과 승리로 삶을 보상해 줄 것이라는 메시지이다. 막간 단락에서 문제가 되는 것이 있다. 여기에 등장하는 숫자 십사만 사천 명의 정체와 이 숫자를 어떻게 해석해야 하는가? 라는 것이다. 이것은 문자적인 십사만 사천을 말하는가? 아니면 다른 누군가를 말하는가? 이런 질문은 오랜 세월 동안 커다란 논쟁거리였다. 특히 대부분의 이단들은 이 숫자를 문자적으로 해석했다. 자기들 집단에 들어와야지만 십사만 사천이라는 숫자에 들어올 수 있고 구원 받는다는 감언이설로 많은 순진한 성도들을 미혹했고 지금도 여전히 미혹하고 있음을 볼 수 있다. 참 안타깝다. 미혹하는 집단은 그렇다 하더라도 미혹 당하는 사람들은 왜 그런가 의구심을 갖지 않을 수 없다. 교회의 책임이 막중함을 느끼지 않을 수 없다. 교회 내에서 말씀의 올바른 선포가 절실히 필요하다. 별로 성경적이지 않은 예수 잘 믿으면 축복 받는다는 번영과 축복의 신학보다는 오히려 성경의 소리가 교회 가득 아니 성도들의 삶 가득 채워지기를 정말로 소원해 본다.

지금 쯤 되면 독자들은 십사만 사천이라는 숫자 역시 요한계시록 내에서 자주 쓰이는 숫자임을 인식할 수 있다. 144는 12x12로 쓰이고 1000이라는 숫자는 '아주 많음' 을 나타내는 숫자이다. 이것을 종합해 보면 십사만 사천이라는 숫자는 구약의 열두 지파와 신약의 열두 제자를 합친 내용을 말한다. 즉 '무수히 많은 하나님의 백성의 공동체인 교회' 라는 정체성을 그들에게 익숙한 숫자를 통해서 전해 줌을 알 수 있다. 본문은 십사만 사천이라는 상징적 숫자 이미지를 통해서 '의사소통' 하고 있다. 온전한 의미에서의 교회는 이런 심판에도 불구하고 안전하고 보호 받을 것을 본문은 말하고 있다. 이것을 같은 장(chapter)인 7:9절에서는 "각 나라와 족속과 백성과 방언에서 아무도 능히 셀 수 없는 큰 무리가..."라고 표현하고 있다. 이것은 십사만 사천이 문자적인 숫자가 아니라 무수히 셀 수 없는 교회 성도들의 무리임을 알 수 있다. 하나님은 그 분의 구원을 축소 또는 제한시키려고 하시는 것이 아니다. 오히려 더 많은 사람들을 구원하시기 위해 기다리시고 심판을 지연시키시는 사랑의 하나님이신 것을 보게 된다. 따라서 교회를 향한 사랑과 은혜의 하나님을 부각시키기 위해 요한은 막간이라는 본문을 이 단락 안에 위치 시킨다. 막간을 통한 요한의 독특한 구조의 설정이 지루하고 따분할 수 있는 본문을 더욱 역동적으로 만들어 준다. 만약 독자들이 이런 본문의 구조를 이해하면서 요한계시록을 본다면 훨씬 재미있고 유익한 본문 읽기를 할 수 있을 것이다.

두 번째 막간이라 불리는 본문은 10:1-11:13에 소개된다. 이 두 번째 막간 역시 첫 번째 막간과 동일하게 여섯 번째 나팔(9:13-21)과 일곱 번째 나팔(11:15-19) 사이에 존재한다. 그리고 이 두 본문 사이인 10:1-11:13에 두 번째 막간이 소개 된다. 이 단락 역시 9:13-21(여섯 번째 나팔) ⇨ 10:1-11:13(두 번째 막간) ⇨ 11:15-19(일곱 번째 나팔)와 같은 구도를 가진다. 이런 갑작스런 막간의 등장은 앞뒤 본문의 흐름을 단절시키는 듯한 인상을 받는다. 역시 더 자연스런 본문상의 흐름은 여섯 번째 나팔의 마지막 구절인 9:21절 다음에 자연스럽게 일곱 번째 나팔인 11:15절이 등장하는 것이다. 두 본문 사이에 놓인 막간 10:1-11:13이 소개됨으로 두 단락의 흐름을 방해하는 것처럼 보이지만 오히려 저자 요한은 이런 본문 구성을 통해 아주 중요한 그의 신학적 메시지를 전하고 있다. 자! 그것을 위해 본문으로 돌아가 보자. 우선 이것은 막간 주변을 구성하고 있는 본문을 살펴봄으로 더욱 명확하게 드러날 것이다.

둘째 막간 앞에 소개된 여섯 개의 나팔 심판은 주로 자연계와 하나님의 인 맞지 않은 사람들에게 내리는 심판이다. 온 산천초목의 1/3이 심판의 진노 아래 황폐해지고 사람들은 공포심에 떨게 된다. 이쯤 되면 아무리 패역한 사람들이라도 자기들의 잘못을 회개해야 한다. 왜냐하면 그 진노의 심판이 너무너무 무섭고 두렵기 때문이다. 그래서 본문 9:6절은 "그 날에는 사람들이 죽기를 구하여도 죽지 못하고 죽고 싶으나 죽음이 그들을 피하리로다"라고 기록하고 있다. 황충은 전갈이 쏘는 것 같은 고통으로 다섯 달 동안 사람을 괴롭게 하는데 그 진노의 심판이 너무 고통스러워 차라리 죽는 것이 더 낫다고 말한다. 문제는 그들의 소원에도 불구하고 죽을 수 없다는 것이다. 그들이 경험한 공포와 두려움의 절정을 느낄 수 있다.

이 본문을 읽을 때 역시 한 가지 주의 할 점은 이런 일들이 역사 속에서 문자적으로 일어날 것을 상상하지 말라는 것이다. 어떻게 이런 일들이 문자적으로 일어날 수 있겠는가? 만약 황충이 쏘는 것이 전갈이 쏘는 것 같은 고통이라면 한 번만 쏘여도 죽고 싶을 텐데 다섯 달 동안이라니? 5일 안에 쇼크사로 죽지 않겠는가? 왕 벌한테 몇 방만 잘못 쏘여도 바로 쇼크사로 죽는데 다섯 달이라니 라고 생각해 볼 수 있다. 요한은 문자적인 사건이 역사적으로 일어날 것을 기대하면서 본문을 쓴 것이 아니라 이런 이미지를 통해 "하나님의 인침을 받지 아니한 사람들"(9:4)의 처참하고 고통스런 최후를 묘사한다. 이것이 바로 하나님을 적대하고 성도들을 박해하고 세상과 타협하는 사람들의 최후의 운명이란 것이다. 더 흥미로운 것은 이런 고통과 무서움과 심판을 경험했음에도 불구하고 이 재앙에 죽지 않고 살아남은 사람들은 그들의 죄를 "회개하지 아니하더라(9:21)" 고 말씀한다. 이것이 가능한 말인가? 금방 고통이 너무 심해서 죽고 싶다고 탄식했던 자들이 그것들을 경험했음에도 불구하고 회개하지 않다니 얼마나 더 고통스럽고 무서운 경험을 해야만 사람들은 회개할 것인가?

이 본문을 통해서 2가지를 볼 수 있다. 첫 번째로는 아담적 인간 실존의 모습을 볼 수 있다. 끊임없이 하나님께 대적하고 그리고 회개의 기회를 주었음에도 불구하고 자기들의 죄를 변명하고 회피하는 인간의 전형적 모습을 볼 수 있다. 그들은 인 심판과 나팔 심판의 무시무시한 심판 장면을 목격하였음에도 불구하고 회개하지 않는 그래서 죽음보다 더한 고통의 심판을 맞이하는 패역한 인간의 모습을 보여준다. 여기서 독자들은 한 가지 흥미로운 사실을 발견할 수 있다. 이런 무서운 고통과 아픔을 **주는 대상과 받는 대상이 누구**인가에 대한 것이다. 당연히 고통과 두려움을 **받는 대상**은 "하나님의 인침을 받지 아니한 사람들"(9:4)이다. 이 말은 사탄에게 속한 자들이 이와 같은 고통을 받는 자들임을 보여 준다.

그러면 이런 일을 하는 즉 **행하는 대상**은 누구인가? 그것은 역설적이게도 '사탄' 임을 알 수 있다. 사탄은 자기에게 속한 사람들을 스스로 정죄하고 고통을 가하고 두려움을 주는 자임을 알 수 있다. 어떻게 이런 일이 가능한가? 주인이 자기를 따르는 추종자들에게 엄청난 고통과 궁극적으로는 심판을 받게 하다니 라고 물을 수 있다. 본문은 당연히 가능하다! 라고 답하고 있다. 그리고 하나님의 백성들에게 그것이 바로 '악의 본질적 실체' 임을 보게 한다. 본문은 악이란 놈의 숨겨지고 포장된 적나라한 모습을 보게 한다. 악이 화려하고 매혹적인 모습으로 자신을 잘 포장해서 하나님의 백성들을 미혹하고 있지만 그것이 결국은 거짓이고 헛됨을 보게 한다. 비록 그의 매력에 빠져서 그를 쫓아가지만 마침내 그가 가면을 벗어서 그를 주인으로 섬기고 따랐던 추종자들을 가차 없이 멸망과 심판으로 이끌고 갈 것임을 보여준다.

여기에 대해서 본문은 사탄을 쫓는 추종자들에게(1세기 뿐 아니라 지금 21세기) 경종을 울리고 있다. 악의 거짓 실체를 따르거나 쫓지마라! 희망과 삶의 근본적 가치를 가지고 쫓아간 악에 의해서 너희가 심판과 멸망을 받게 될 것이다. 돈이 삶의 희망과 인생의 근본적 가치였느냐? 결국 너희는 돈이란 것에 의해서 하나님 앞에서 심판과 정죄를 받을 것이다. 너희가 권력과 명예를 추구했느냐? 결국 그것 때문에 불행한 최후를 맞게 될 것이다! 그것이 바로 악의 실체라고 외치는 절규를 들어야 한다. 요한의 안타까움을 보아야 한다. 제발 "내 백성아, 거기서 나와 그의 죄에 참여하지 말고 그가 받을 재앙들을 받지 말라"는 본문의 소리를 들어야 한다. 이제 본문을 통해 요한은 아담적 인간 실존의 자세를 벗어버리고 오직 '하나님의 인 맞음' 을 권면하고 있다. 바로 믿음의 눈으로 이런 메시지를 보도록 본문은 1세기 성도뿐만 아니라 21세기의 성도들에게 강력하고 충격적인 시각적 이미지를 통해서 말하고 있다.

또 다른 하나는 하나님의 끊임없는 사랑의 손길을 느낄 수 있다. 그들의 패역함에도 불구하고 끊임없이 기다려주시고 참아주시고 그들로 하여금 다시 한 번 하나님의 품으로 돌아오도록 초청하시는 그분의 'love story'를 볼 수 있다. 이런 하나님의 사랑을 입증하기 위해 막간(10:1-11:13)을 등장시켜 독자들로 하여금 하나님의 본질을 보게 한다. 내용 이해를 위해 본문을 잠간 살펴보자. 9:20-21절은 "이 재앙에 죽지 않고 남은 사람들은 손으로 행한 일을 회개하지 아니하고 오히려 여러 귀신과 또는 보거나 듣거나 다니거나 하지 못하는 금, 은, 동과 목석의 우상에게 절하고 또 그

살인과 복술과 음행과 도둑질을 회개하지 아니하더라"고 말씀한다. 위에 언급 했듯이 하나님 없는 인간들의 패역함의 극치를 접한다. 그런데 이상한 일이 일어난다. 그런 무시무시했던 심판에도 꼼짝 않던 그들에게 갑작스런 변화가 일어난다. 막간이라 불리는 11:13절에 보면 "...그 남은 자들이 두려워하여 영광을 하늘의 하나님께 돌리더라"고 말씀하고 있다. 도대체 어떻게 된 일인가? 그렇게 회개하지 않고 패역하던 그들이 어떻게 하늘의 하나님께 영광을 돌릴 수 있는가? 즉 회개할 수 있는가? 누가 이일을 행하였는가? 왜 이렇게 그들에게 끊임없이 회개를 이끌어 내려고 하는가? 이런 질문에 대한 답변을 이끌어 내는 것이 두 번째 막간의 핵심적 포인트다. 당연히 이 일의 주체는 하나님이시다. 타락한 사람들이 하나님에게 돌아오도록 그리고 하나님의 사람들이 끝까지 그 분에 대해서 믿음의 삶을 살도록 촉구하는 것이 두 번째 막간의 중요 내용임을 보게 한다. 그 분은 더 이상 참지 않을 수 있다. 그러나 그렇게 하지 않으신다. 더 참고 좀 더 패역한 사람들에게 조차 기회를 주시기로 작정하시고 결심하셨다. 그래서 막간이라는 구조를 통해서 독자들로 하여금 심판을 즉각적으로 시행하지 않고 연장하시고 지연시키시는 하나님의 사랑의 의도를 보게 한다. 결국 그 사랑이 결실을 맺게 하신다. 그들이 회개하는 역사가 일어난다.

이 일을 위해 하나님은 본문에 등장하는 두 증인을 사용하신다. 두 번째 막간의 주인공들인 두 증인을 통해 세상이 살아계신 하나님께 영광을 돌리게 하신다. 그러므로 제2의 막간으로 불리는 이 단락의 중심 메시지는 이런 일을 하도록 부르심 받은 두 증인의 역할과 사역 그리고 다시 한 번 세상에 사람들의 회개를 통해 구원의 기회를 제공하시는 사랑의 하나님에 있음을 알 수 있다. 그럼 이런 일을 수행하는 두 증인의 정체가 무엇인지 살펴보자.

3장 : 두 증인은 누구? (10:1-11:13)

두 증인은 두 번째 막간의 대부분의 핵심 내용(11:3-13)을 채우고 있는 주인공이다. 이들은 막간의 주인공 역할을 하면서 회개하지 않던 사람들에게 회개를 하도록 이끌던 자들이다. 그럼 과연 이들은 누구인가? 이들이 누구이기에 이런 사역을 감당하고 세상에 대해서 회개케 하는 사역을 행하는가? 이 본문 역시 지금까지 많은 세대를 거쳐서 이단들의 놀이터가 되어왔다. 본문의 두 증인을 자기들이 신봉하는 교주와 동일시해서 요한계시록에 등장하는 두 증인은 바로 '누구누구 선생이시다!' 란 결론을 내리고 이들을 신격화시켜서 많은 순진한 사람들을 그릇된 길로 인도하는 혹세무민의 장이 되어왔다. 더욱 우리를 힘들게 하는 것은 순진한 교인들이 그런 거짓된 가르침을 아무 문제의식 없이(물론 아주 극소수에 불과하지만) 받아들이고 그들의 가르침을 좇는다는 사실이다.

필자가 아주 신령한 분(?)을 만날 기회가 있었다. 성경을 수십, 아니 수백 독을 했다고 했다. 하나님과 거의 직통으로 대화하는 분이었다. 대화 중에 그 분이 자기는 두 증인이 어디서 오는지를 안다고 했다. 어디냐고 물었다. 그 분이 하는 말이 두 증인은 '중동' 에서 온다고 대답했다. 근거는 무엇이고 과연 그런가? 되묻고 싶다.

본문은 과연 두 증인이 중동에서 오고 그리고 허접한 교리나 가르쳐서 사람들을 미혹시키는 거짓 선생들을 두 증인이라고 했겠는가? 과연 성경이 그런 얘기를 하고 싶어서 요한계시록이라는 말씀을 쓰고 보내고 있는가? 요한 역시 지금 그 얘기를 하고 싶어 하는가? 요한의 관심이 거짓된 선생들의 허황된 망상을 입증하는 것에 불과 하겠는가? 물론 당연히 아니다. 요한은 그 얘기를 하고 싶어 하지 않는다. 그의 의도는 전혀 다른 곳에 있음을 바른 성경적 시각을 가지고 보아야할 때이다.

이제 요한이 말하고 싶어 하는 메시지에 귀를 기울여 보자. 우선 이들은 하나님은 살아계셔서 하나님의 백성에게는 구원과 승리를 베푸시는 반면에 하나님의 적대하는 세력들에게는 반드시 그들의 죄를 물으시고 심판하시는 분이심을 보여주도록 부르심 받은 존재이다. 그런 이들의 예언적 사역은 많은 결실을 맺게 되어서 불신자들이 회개케 하는 결과를 가져온다. 두 증인은 예언적 사역을 통해 불신 세상에 회개라는 결과를 가져 왔지만 반면에 그 결과를 얻기 위해 혹독한 대가를 세상에 지불했음을 본문을 통해서 알 수 있다. 이런 내용들을 하나씩 살펴보자.

이 시점에서 다시 질문을 던져보자. 이들은 누구인가? 학자들은 두 증인의 정체성을 밝히기 위해 많은 토론을 해 왔다. 두 증인이 하늘로 올라간 것에(11:12) 착안하여 구약에서 죽음을 보지 않고 승천한 엘리야와 에녹으로 보기도 하고 또는 신약의 두 명의 순교자인 베드로와 바울 등등의 인물들을 두 증인과 동일시하였다. 그 외에도 많은 후보자들을 사람들은 생각해 냈다. 그러나 본문에 이들이 행하는 사역들만을 살펴보면 쉽사리 결론을 내릴 수 있다. 이들은 입에서 불을 내게 하고(11:5) 하늘을 닫아 비가 오지 않게 하고 또한 물을 피로 변하게 하는 능력(11:6)을 가진 자들로 소개되고 있다. 누가 이런 일들을 행했는가? 여기에 적합한 인물들은 누구인가? 구약에 정통한 요한은 구약에서 아주 익숙한 두 명의 후보자들을 생각해 내고 있다. 그들은 '엘리야와 모세' 이다.

비록 요한은 구약의 예언적 전통에 서있던 엘리야와 모세라는 걸출한 인물의 특징을 두 증인의 사역을 설명하기 위해 사용함에도 불구하고 본문에서 두 증인은 엘리야와 모세라는 인물 자체보다는 그들이 하나님에 대적하는 불신 세상 속에서 행했던 예언적 사역에 초점을 맞추고 있음을 보게 한다. 즉 본문은 하나님으로부터 어떤 계시적 영을 받은 특정한 인물을 가리키는 것이 아니라 불신 세상에 대해서 마치 구약의 두 선지자인 엘리야와 모세가 했던 것과 같은 예언적 사역을 감당할 '누군가'를 염두에 두고 있다는 것이다. 그럼 그들은 누구인가?

본문 11:4절에 보면 그들을 "두 감람나무와 두 촛대"로 설명한다. 요한은 그가 중요한 메시지를 보낼 때면 항상 숫자를 많이 사용한다. 이 본문 역시 예외가 아니다. 일차적으로 이 두 대상 사이에 일치점이 등장한다. '2'라는 숫자이다. 구약의 법정에서 증거의 진실성을 입증하기 위해 두 명의 증인이 필요했던 것처럼 본문 역시 숫자 '2'는 증인의 숫자로 사용한다. 요한은 이 단락에서 증인의 숫자인 '2'에 집착한다. 특히 두 촛대를 언급 할 때 촛대는 **교회**를 말함을 알 수 있다. 이것은 1:20절에 일곱 촛대를 일곱 교회로 밝히는 것을 통해 쉽게 알 수 있다. 그러나 이 단락에서는 숫자 일곱을 둘로 전환시켜서 그의 메시지를 효과적으로 전하는 수단으로 사용한다.

이런 관점에서 보면 두 촛대는 교회를 말하는데 이 교회는 숫자 '2'가 지시하듯이 '증거' 또는 신실하게 '증인의 역할'을 감당해야 하는 교회를 말하고 있다.[81] 또 다른 하나는 두 감람나무에 대한 언급이다. 이것은 구약 스가랴 4:1-14절의 인용으로 두 감람나무는 총독 스룹바벨과 제사장 여호수아를 말하고 있다. 물론 이것이 주는 메시지는 스룹바벨과 여호수아라는 인물 자체에 목적이 있지 않다. 오히려 그들이 행하는 역할 쪽에 더 메시지의 중심이 있다. 왕적인 인물로 스룹바벨과 제사장적 인물인 여

81) Grant. R. Osborne, *Revelation,* BECOT, Baker Academic, p. 421, 2002.

호수아의 역할이 이제는 교회의 역할로 전이된다. 교회는 세상에 대해서 왕적이고 제사장적 역할을 감당해야 한다. 그것이 부름 받은 교회의 진정한 역할이고 기능적 사역임을 제시하고 있다. 회개하지 않던 사람들이 (9:20-21) 교회의 왕적이고 제사장적인 증인의 역할 때문에 드디어 회개하는 일(11:13)이 세상 속에서 일어난다.

여기서 한 가지 중요한 질문이 생길 수 있다. 그럼 어떻게 왕적이고 제사장적인 증인의 역할을 교회가 세상 속에서 해야 하는가? 본문은 명확하게 그것을 밝혀 주고 있다. 11:7절은 "그들이 그 증언을 마칠 때에 …짐승이… 그들을 이기고 그들을 죽일 터이니"라고 말씀한다. 이 구절은 회개하지 않는 세상에 대한 예언적 선포가 바로 증인의 역할임을 보여 준다. 그러나 그것의 결과는 의외의 반응을 가져온다. 즉 두 증인인 교회의 예언적 말씀 선포는 우리가 기대했던 번영과 축복이라는 이름으로 오는 것이 아니라 오히려 세상의 분노와 조롱을 가져왔고 그것 때문에 사탄과 세상에 의해 죽음이라는 내용을 가져오게 된다. 죽음을 통한 예언적 말씀 선포가 두 증인의 사역이다. 그러나 두 증인인 교회는 죽음으로 끝나지 않고 부활과 승리(11:12)를 가져왔고 이것을 통해 세상 사람들에게 하나님의 살아계심이 입증됨으로 그들로 회개하게 만들고 하늘의 하나님께 영광을 돌리는 놀라운 일들이 벌어짐을 본문은 증거하고 있다. 두 증인의 예언적 말씀 사역 때문에 세상은 자기들의 죄를 보게 되었고 하나님의 실체를 보게 되는 놀라운 역사를 가져 왔다. 교회를 통한 하나님의 위대한 구원 사역이 놀라운 반면에 또한 얼마나 두려운지를 느끼게 한다.

두 증인 단락은 지금 이 시대에 아주 중요한 복음의 핵심적 내용과 방향을 제시해 주고 있다. 교회의 역할과 사명에 대한 분명하고도 확고한 이정표를 볼 수 있게 한다. 회개하지 않는 세상에 대해서 교회가 온전한 말씀 선포로 죄를 깨닫게 하고 하나님을 볼 수 있도록 행해야 하는 것이 부르심 받은 두 증인 즉 교회의 운명적 사역이다. 분명히 고난과 아픔이 때로는 죽음과도 같은 공포의 강을 건널 때도 있을 것임을 본문은 증거한다. 그러나 감사하라. 그것이 끝이 아니라 반드시 부활과 승리가 신실한 성도들을 기다리고 있음을 기억해야 한다. 혹 어느 성도들은 당황스러울지 모르겠다. 현 성도들은 이런 메시지에 익숙하지 않다. 우리는 오히려 전도하면 집안이 잘되고 번성하고 복 받는다는 메시지에 더 익숙할 수 있다. 죄송하지만 전도하면 집안이 잘되고 번성하고 복 받는다는 말이 본문에는 나오지 않는다(물론 부수적으로 따라오는 축복임을 부인하는 것은 아니다). 오히려 본문은 세상에 대해서 부르심 받은 교회가 주님 오실 때까지 이 사역을 신실하게 감당하도록 부르심 받은 영광스러운 존재임을 보게 한다. 여러분! 부르심 받은 교회의 예언적 말씀 선포의 사명이 얼마나 고귀하고 소중한지가 보이는가? 이것을 볼 것을 본문은 권면하고 있다. 때로는 그것의 내용이 고통과 궁핍으로 나타난다 하더라도 궁극적으로 성도들은 승리하고 복된 자리에 설 것을 약속하고 있다.

이제 두 감람나무와 두 촛대로 표현된 두 증인이 누구인지를 정리하면서 권면하고 싶다. 그들이 역사 속에서 어떤 특정한 개인이나 집단으로 구체화 될 수 있는 실체가 절대 아니다. 제발 속지 말라. 자기들이 주님으로부터 직통 계시를 받은 두 증인이라고 떠드는 무리들의 감언이설에 속으면 안 된다. 두 증인은 이런 직통 계시 운운해서 사람들을 미혹하는 거짓 선생이나 교주들을 말하지 않는다. 절대로 교회에서 이런 것들을 가르치면 안 되고 그리고 배워서도 안 된다. 본 단락에서 두 증인은 세상 속에서 하나님과의 단절로 죽어가는 사람들에게 왕적이고 제사장적 역할을 감당하도록 부르심 받은 신실한 증인으로서 교회의 사명을 다시 강조하고 있다. 이 시점에서 다시 우리의 궁금증이 유발된다. 그럼 하나님은 왜 이런 일들을 행하시는가? 왜 두 증인들을 타락한 세상을 위해 보내시고 세우시는가? 어떻게 보면 이런 질문이 두 증인 단락에 대한 핵심적 질문에 속할 것이다.

위에서 언급한 내용들을 정리해보면 이에 대한 힌트를 발견할 수 있다. 그것은 타락하고 회개하지 않는 세상에 대해 다시 한 번의 기회를 허락하시는 하나님의 '사랑 때문에' 이렇게 하심을 알 수 있다. 그래서 얻은 결과는 사람들의 회개였다. 결국 이런 그들의 회개는 궁극적으로 11:15절에 소개되는 "세상 나라가 우리 주와 그의 그리스도의 나라가 되어 그가 세세토록 왕 노릇 하시리로다"의 결과를 가져오게 된다. 그럼 언제 이런 일이 가능한가? 라고 질문할 수 있다. 그것의 대답은 종말에, 즉 주님이 영광 중에 다시 오실 그때에 이런 일은 가능할 것이다. 그때가 바로 이때라는 식으로 정확한 날자를 계산하지는 말아야한다. 하나님은 달력 날자를 쳐다보시면서 그 날을 손꼽으시는 분이 아님을 인식해야 한다. 오늘을 마치 그 날처럼 살아야한다. 그러면 종말은 당연히 우리의 것이 될 것이다. 그래서 그 분이 베풀어 주시는 하늘 잔치에 들어가는 특권을 소유할 것이다. 바로 그때까지 교회가 이 일을 감당해야 한다. 이런 하나님 나라의 도래는 11:18절에 소개되는 '심판과 보상' 에 대한 당연한 결론을 유도해 낸다. 이 구절은 "이방들이 분노하매... 주의 이름을 경외하는 자들에게 상주시며 또 땅을 망하게 하는 자들을 멸망시키실 때로소이다"로 종말에 즉 주님의 재림 후에 당연히 벌어질 보상과 상급을 연결시키고 있다. 자! 또 다른 본문을 위한 시간 여행을 떠나보자.

4장: 악의 삼위일체(12장-14장)

어떤 학자들은 11장과 12장을 본문의 내용이 확 바뀌는 전환장으로 이해하기도 한다. 왜냐하면 일곱 번째 나팔(11:15-19)에서 갑자기 장면이 바뀌어 12장에서 여인과 용이 등장하고 13장에서 두 짐승 즉 바다짐승과 땅짐승이 소개되고 14장에서 7장에 등장했던 십사만 사천이 다시 등장하고 14:14-20에서 인자 같은 이의 심판 장면이 소개되기 때문이다. 앞의 단락과 뒤의 12-14장의 단락 사이에 연계성을 전혀 찾아 볼 수 없다는 것이다. 이 단락에서의 문제는 11장과 12-14장을 독립된 단락[82])으로 볼 것인지 아니면 11장의 연속[83])으로 볼 것인가에 있다. 이것에 대한 올바른 본문 이해를 살펴보자.

요한이 사용하는 중요한 글 쓰는 습관 중의 하나는 어떤 사건을 기록할 때 그는 처음부터 자세히 그 사건을 기록하지 않는다. 처음에는 단지 언급 또는 진술만 하고 정확하게 기록하지 않는다. 처음은 전체를 지나가듯이 말하고 난 뒤 그 이후에 그 사건을 자세하게 묘사한다. 이것을 '크로즈업' (close-up)한다고 한다. 처음에는 일반적이고 폭 넓게 보던 것을 좀 더 정밀하고 세세하게 어떤 사건을 묘사하는 것을 말한다. 이 본문이 이것에 해당된다. 11:15절을 통해 세상나라가 하나님과 주님의 나라가 되었다. 그 이후의 자연스러운 결말은 하나님의 백성들에게는 보상을 주시는 것이고 적대자들에게는 심판을 내리는 것만 남는다. 그러므로 12-14장의 본문은

---

82) 이것을 위해 Simon J. Kistemaker, *Revelation*, NTC, Baker Books, pp. 351-353, 2001을 보라.

83) 이것을 위해 G.K. Beale, *The Book of Revelation*, NIGTC, Eerdmans, pp. 621-624, 1999을 보라.

앞에 소개된 일곱 나팔의 11:18에서 언급된 '심판과 상급'에 대한 좀 더 확대되고 구체적인 진술을 다루고 있다. 이 말은 독자들이 요한의 글 쓰는 방식에 조금만 익숙하다면 본문 12-14장의 구성이 갑작스럽게 등장한 것이 아니라 11장 후반의 연속으로 쓰였음을 볼 수 있다.

그런 본문의 전개를 위해 등장시키는 것이 악의 삼위일체이다. 그것은 12장에서 붉은 용 즉 사단의 이야기로 시작하고 13장에서는 두 짐승들을 소개함으로 이야기를 전개시킨다. 이들 세 개의 실체들을 소위 악의 삼위일체라 부른다. 왜 이런 호칭들이 주어졌느냐 하면 그들은 요한계시록 서두에 등장하는 선의 삼위일체이신 하나님, 예수 그리스도 그리고 성령님을 철저하게 모방하기 때문이다. 그들의 이런 모방의 의도는 마치 그들이 참된 삼위일체인 것처럼 보이게 하는데 목적이 있다. 그래서 각종 기적과 기이한 일들을 행하고 사람들을 미혹케해서 그들을 섬기게 하려는 악한 의도를 가지고 있다.

12-14장의 본문을 통한 요한의 의도는 그들의 기만적 정체와 행위를 폭로함과 동시에 하나님의 백성들은 결코 그들의 기만적이고 거짓 실체에 속지 말라는 예언적 말씀을 전해준다. 이런 실체의 폭로를 위해 요한은 하나씩 하나씩 악의 삼위일체의 최종 운명적 결과인 심판을 제시한다. 또한 동시에 하나님의 백성의 공동체인 십사만 사천의 최종적인 삶의 마지막이 구원과 승리임을 제시함으로 그들에게 끝까지 믿음 안에 거할 것을 요구한다.

이런 메시지의 시작으로 요한은 먼저 천상에서의 사건을 독자들에게 소개한다. 그리고 붉은 용인 사탄이 천사 미카엘과의 전투에서 패하는 장면을 언급하고 그가 땅으로 쫓기는 것을 기술한다(12:7-9). 요한은 이 단락에서 중요한 신학적 의미를 전해준다. 붉은 용인 사탄의 패배의 이유와 원인이 무엇인가에 대한 질문을 제시해 준다. 그리고 공간적 의미에서 그는 어디에서 패배했는가에 대한 것을 독자로 하여금 보게 해 준다. 우선적으로 그의 패배의 원인과 근거는 어디에 있는가? 그것은 본문에서 아이로 잉태되어서 하나님 앞과 그 보좌 앞으로 승천한 예수 그리스도의 부활과 승리에 기인한다. 결국 그리스도의 십자가 사건은 붉은 용, 즉 사탄에 대한 승리와 또한 그의 뒤를 따르는 하나님의 백성에게 승리와 구원을 가져다줌을 보여준다. 이것은 이미 그리스도의 십자가 사건을 통해서 일어난 사건이다. 1세기 독자들에게 있어서 이 사건은 최근 몇 십 년 전에 이미 벌어진 사건이었고 현대 독자들에게는 2000년 전에 이미 승리한 사건이다. 이미 십자가와 승천을 통해 일어난 주님의 승리와 하나님의 백성들에게 일어난 승리의 실체를 요한은 꿰뚫어 보게 한다.

이 메시지가 주는 강력한 충격과 효과를 느껴 보라. 얼마나 위로와 소망의 메시지인가? 더 이상의 무슨 설명이 필요한가? 사탄의 패배 앞에, 성도들의 부활과 승리 앞에 반응은 과연 무엇이겠는가? 하나님을 찬양하고 예배하는 것 외에 다른 무엇이 필요하겠는가? 그래서 요한계시록에는 유독 예배 이미지가 자주 소개되고 있다. 그 이유는 바로 여기에 있다. 즉 사탄의 패배와 성도들의 승리라는 메시지에 있다. 이미 사탄은 패했고 이미 성도들은 승리했다. 바로 성도들의 현 주소가 이와 같다. 그러니까 소망과 믿음의 길에서 떠나지 말고 예배의 삶을 살 것을 권면하고 있다.

이후에 사탄은 천상에서의 패배 때문에 더 이상 하늘이라는 공간에서 자기의 장소를 얻지 못해 땅으로 쫓겨난다(12:9). 이런 그림 이미지는 또한 중요한 메시지를 성도들에게 제시해준다. 천상의 공간 또는 하늘이라는 공간은 땅의 공간 즉 아래에서 벌어지는 공간의 일을 결정함을 알아야 한다. 사탄이 이미 하늘에서 패했다는 것은 비록 그가 땅으로 내려와 성도들에게 보복하려고 함에도 불구하고 그의 계획이 결코 승리할 수 없음을 보여준다. 왜냐하면 하늘의 일은 땅의 일을 결정지을 것이기 때문이다. 요한은 하늘에서 이미 일어난 하늘 사건을 보고 사탄의 실체를 보라고 간곡하게 호소한다. 사탄은 이미 진 싸움을 하고 있다. 비록 그는 땅으로 쫓겨나 하나님의 백성들을 괴롭히기 위해 그의 대행자들인 두 짐승들을 이용할 것이다. 그러나 너희는 그들의 운명적 결과를 인식해라. 용은 이미 하늘에서 패했다. 결국 그의 졸개들인 두 짐승 역시 패배하고 심판당할 것이다. 그러므로 두려워 말고 놀라지 말라. 이런 그들의 운명적 삶이 바로 악의 삼위일체가 겪을 최종의 결말이다. 대신 한 가지는 기억해야 한다. 아직은 끝은 아니다. 그러므로 마지막까지 성도들은 인내해야 한다고 본문은 말씀하고 있다.

이쯤 되면 우리는 요한계시록의 전체 그림을 놓쳐 버린다. 그래서 이 책의 초반부에 언급했던 것처럼 다시 환상의 나래를 편다. 그리고 다시 혼란스러워 한다. 아니다. 이런 해석 방법은 원래 요한이 본문을 쓴 의도에서 벗어나는 것이다. 그는 일곱 교회의 성도들에게 이 글을 쓰고 있다. 물론 여기에 등장하는 본문도 크게는 일곱 교회에게 주는 말씀의 연장선상에 있다. 그들이 이 부분을 읽고 듣는다면 아무 어려움 없이 말씀을 이해할 수 있다. 분명히 그들에게 주는 명백한 하나님의 음성과 메시지를 발견할 수 있었다. 어려운 것은 2000년 후에 이 말씀을 듣고 읽는 현대인들이지 이 말씀을 받았던 그들은 아닐 것이다. 이것은 그들이 이해할 수 있는 언어와 문화적 공감대를 형성하면서 기록되어진 말씀임을 놓쳐선 안 된다. 예를 들면 그들은 붉은 용이 이용했던 그의 두 명의 졸개인 두 짐승들을 이해할 때 어렵지 않게 그 실체를 보았다. 만약에 그들이 이해할 수 없던 글을 여러분이 보았다면 독자들은 세상에서 가장 기묘한 책을 지금 접하고 있음을 알아야 한다.

그럼 요한이 요한계시록을 쓸 때 붉은 용인 사탄이 사용할 수 있는 가장 적합한 두 짐승의 후보자는 누구인가? 구약과 묵시문학 그리고 1세기에 짐승은 주로 나라 또는 왕을 나타낼 때 사용되는 이미지였다. 요한은 이런 이미지를 사용해서 사탄이 사용하는 짐승의 정체를 폭로하고 있다. 그것은 다름 아닌 그 당시 전 세계를 통치하고 전 세계에 팍스 로마나(로마의 평화)를 실현했다고 거짓 선전하고 그 당시 사람들을 황제 숭배와 제국 제의를 통해서 유혹했던 로마 제국과 그를 추종했던 거짓 선지자들을 가리키고 있다.[84] 밧모섬의 외롭고 고독한 유배지에서 요한은 지중해 바다를 쳐다보면서 바다에서 올라오는 짐승을 머릿속에서 떠올렸을 것이다. 바로 로마 제국이다. 그는 바다짐승과 땅 짐승으로 로마 제국을 의인화시켜서 성도들에게 하나님의 예언적 메시지를 전하고 있다. 요한은 거짓된 실체를 폭로하면서 그들의 기만성을 고발하고 있다. 그리고 그 거짓 실체들과의 관계 속에서 어떻게 성도로서 이 땅에서 살아가야 할 것을 분명히 인식시키면서 믿음의 경주를 할 것을 요구한다. 인내하고 이기라는 것이다. 결국 악의 삼위는 하나님의 심판에 놓이게 될 것을 말씀한다.

이 단락에서도 두 짐승의 정체를 먼 미래에 나타날 적그리스도니 또는 이상한 두 명의 역사적 인물들과 동일시하지 말아야 한다. 그런 호기심은 현대인들의 호기심이지 결코 요한의 의도가 아니기 때문이다. 혹시 이 시점에서 독자들의 의구심이 생길 수 있다. 그럼 21세기의 성도들과 1세기의 요한계시록이라는 말씀이 과연 무슨 상관이 있는가? 당연히 상관이 있다. 지금은 1세기에 요한이 본문을 쓸 때처럼 음녀 바벨론으로 의인화 된

---

84) 참고. 이필찬, 요한계시록 어떻게 읽을 것인가, 성서 유니온 선교회, pp. 191-202, 2000.

로마 제국은 더 이상 존재하지 않는다. 그러나 사탄은 여전히 활동하고 있다. 하늘에서 패하고 난 후에 사탄은 "자기의 때가 얼마 남지 않은 줄을 알므로"(12:12) 최후의 발악을 아직도 하고 있다. 그는 1세기 요한이 본문을 쓸 때처럼 음녀 바벨론 즉 로마 제국이 아닌 다른 졸개들을 지금 사용하고 있다. 21세기에 사탄이 사용하는 졸개는 다양할 것이다. 그것이 물질이 되었든 또는 명예가 되었든 권력이 되었던 최종 목적은 성도들을 하나님으로부터 멀어지게 만드는 것이다. 성도들은 그것들로부터 자신과 믿음을 지킬 것을 본문이 요청함을 보아야 한다. 세상의 소리나 요청에 그리고 거짓된 유혹에 자신들을 내주어서는 안 된다. 사탄은 이미 자기의 운명이 얼마 남지 않은 줄을 알므로 최후의 발악을 하면서 믿는 성도들을 미혹한다. 사탄의 이런 최후의 발악에 비해 현대 성도들의 대응은 너무 안일한 것은 아닐까! 요한계시록이 이 시대에 꼭 필요한 말씀인 것은 종말의 날자나 시간표 또는 666(13:18)이 누구인지를 어렴풋이 밝혀주기 때문이 아니라 이 말씀이 현대 성도들로 하여금 사탄이 지금 하고 있는 일의 실체와 목표를 아주 시각적인 이미지와 상상력을 통해서 명백하게 보여준다는 사실에 있다. 이런 명확한 메시지를 위해 저자 요한은 악의 삼위일체의 허상과 실체를(12:1-13:18), 그리고 신실한 하나님의 성도들인 십사만 사천의 실체를(14:1-5) 대조하면서 성도들이 어느 편에 서야 할 것인가를 잘 보여주고 있다.

이 두 개의 실체를 대조시키기 위해 요한이 사용하는 이미지를 살펴보자. 용은 12:17절에 성도들과 싸우려고 "바다 모래" 위에 서 있고 그리고 13:1절에서 "바다에서 한 짐승"이 나오는 장면이 소개된다. 역시 요한의 기막힌 구조의 연계성을 볼 수 있다. '바다' 라는 단어를 통해서 용과 바다짐승의 거짓된 유기적 일체감을 부각시키고 그리고 '모래' 라는 시각적 이미지를 통해 이 둘(사실 셋이지만)이 곧 무너져 버릴 허상의 실체들임을 암시한다. 그래서 본문 21:1절은 새 하늘과 새 땅에 없는 것 중의 하나를 '바다'로 소개하고 있다. 이 둘 사이에 유기적 연계성을 찾아 볼 수 있다. 그들이 바다 모래 위에 서 있고 바다에서 나온다는 이미지를 통해 전해주고 싶은 뜻이 있다. 그 당시 사람들이 바다를 혼란과 악의 세력으로 규정한 이해에 근거해 결국은 악의 삼위일체가 서 있는 바다가 무너지고 사라져버릴 것임을 미리 독자들에게 암시해 주고 있다. 이것이 그들의 최후일 것이다! 라는 외침을 미리 맛보기로 보여주고 있다.

이와는 대조적으로 악의 삼위일체 바로 뒤에 등장하는 어린 양과 십사만 사천이 서 있는 장소가 흥미롭다. 그들은 "시온 산"(14:1)에 서있다. 여기서 시온 산은 하나님이 최후에 통치하실 장소에 대한 이미지로 사용된다. 그곳을 하나님이 통치하시고 다스리신다. 그곳에 부활하시고 승리하신 어린 양과 십사만 사천이 서 있다. 이것은 앞에 소개된 악의 삼위일체와 그들을 따른 사람들의 운명과 하나님의 백성의 공동체인 교회의 운명이 얼마나 극명하게 나뉠 것인지를 보여주고 있다. 그러니까 이것을 보고 성도들에게 이 땅에서 끝까지 인내하면서 믿음의 삶을 살 것을 권면하고 있다. 그 누가 이 메시지를 받고 하나님을 버리고 악의 삼위일체를 따라 가겠는가? 1세기 소아시아 일곱 교회 교인들의 답변은 아무도 그들을 좇지 않을 것이라는 반응일 것이다. 이 역시 21세기 우리 교인들의 반응이어야 함을 성경은 권고한다. 들을 귀 있는 자는 성령이 교회들에게 하시는 말씀을 들어야 한다.

5장 : 악한 자들의 심판과 성도들의 구원(14:14-20)

이 단락 마지막 부분에서 악한 자들의 최후와 성도들의 최종 구원을 목격하게 된다. 그것이 본문 14:14-20절에 기록되어 있다. 거기에서 인자 같으신 이 즉 예수 그리스도께서 행하신 두 개의 행위를 목도할 수 있다. 한 장면은 낫을 들고 곡물을 추수하는 장면(14:14-16)이고, 또 다른 장면은 포도송이를 수확하고 그것을 진노의 큰 포도주 틀에 던지는 장면(14:17-20)이다. 여기서 인자는 하나님의 최종 행위(구원과 심판)를 실행하는 분으로 소개된다. 이 단락은 성도에게는 구원의 긍정적인 면을, 하나님께 적대하는 세력에게는 심판의 부정적인 측면을 묘사하는 최종적인 종말을 말하고 있다. 14:14-16절에 묘사된 곡물 수확의 그림 이미지는 익숙한 이미지이다. 신약에 보면 곡물 수확은 종말에 하나님의 백성을 모으는 구원의 이미지를 제공해 준다. 그들이 마지막 수확 때까지 견디고 인내하면서 흘렸던 땀과 수고와 고통을 드디어 보상해 주시는 신실하신 하나님의 모습을 보게 된다.

따라서 14:14-16절에 묘사된 곡물 수확의 그림 이미지는 심판보다는 오히려 성도들을 하나님 나라 왕국으로 모으는 구원의 모습을 보여준다. 반면에 14:17-20절에 묘사된 포도송이를 수확하고 그것을 진노의 큰 포도주 틀에 던지는 두 단계의 장면은 심판 이미지를 묘사한다. 적대자들에 대한 하나님의 철저한 진멸을 통해서 그들의 최종적 운명의 비참함과 철저함을 보여준다. 요한은 두 단락을 통해서 하나님의 백성들에 대한 구원과 적대자들에 대한 철저한 심판의 메시지를 그들에게 익숙한 구약과 그림 이미지를 통해서 전해주고 있음을 보게 된다. 그리고 모든 종말의 사건들은 끝을 보게 된다.

문제는 본문이 여기서 끝나는 것이 아니라 다시 마지막 심판인 대접 재앙이 15-16장에서 독자들을 기다리고 있다는 사실이다. 왜 그러는가? 사실 이런 구조 때문에 요한계시록이 어려움을 알 수 있다. 다시 한 번 기억해 보자. 요한의 관심은 시간적으로 사건이 전개되는 것을 보여주려 하는 것 보다는 오히려 이런 저런 관점에서 사건들을 그려가면서 그가 원하는 목표와 방향으로 메시지를 제시한다. 그래서 결국은 독자들로 하여금 하나님 안에서 승리와 믿음의 길을 묵묵히 인내하면서 걸어 갈 것을 권면하고 있다. 이것을 생각한다면 여기서 독자들은 다시 한 번의 반복의 구조를 보게 된다. 왜냐하면 예수 재림 시에 일어날 14:14-20에서 보인 명백한 구원과 심판의 메시지가 뒤에 나타날 본문 속에서 다시 반복 되어야 할 이유와 근거를 전혀 찾을 수 없기 때문이다. 이 말은 요한은 관점의 변화를 준 반복을 통해서 다양한 그림 이미지로 원하는 메시지를 독자들에게 전하고 있다. 결국 12-14장까지의 스토리는 암시적인 또 다른 막간을 형성하면서 성도들의 최종적인 구원과 적대자들의 최종적인 운명적 최후를 종말의 관점으로 그려내고 있다.

이 일 후에 본문 15-16장은 또 다른 관점에서 심판의 최종적 절정을 향해서 움직인다. 이때 더 이상의 심판의 지연은 존재하지 않는다. 하나님은 더 이상 기다리시거나 더 이상 참아주지 않으신다. 이 후에는 심판의 즉각성만 있을 것이다. 더 이상 그분의 심판은 예비적 심판이 아니다. 마지막 대접 심판 때 행해지는 심판은 최종 심판이다. 여기까지 참으셨고 인내하시고 사랑의 모습을 보이신 그 분의 신실하심에 성도들과 세상은 믿음의 반응을 보일 것을 요청한다. 한 가지 독자들에게 당부하고 싶은 것은 이것들이 역사와 시간 속에서 문자적으로 나타날 것으로 기대하지 말라는 것이다. 이런 식의 시도가 초대 교회를 거쳐 계속적으로 있어 왔음에도 불구하고 그런 시도들은 결코 성공적으로 끝난 적은 없었다. 왜냐하면 이런 것은 본문의 의도와 관계가 없기 때문이다. 저자 요한은 심판 시리즈를 통해 하나님이 끝까지 참으시고 다시 한 번 기회를 허락하시고 사랑의 절정을 보여 주시는 반면에 또한 그 분의 심판이 철저할 것임과 그 누구도 피할 수 없음을 보여준다. 따라서 본문에서 보아야 하는 것은 역사적, 시간적 1:1 대응을 찾기 보다는 오히려 요한이 본문을 쓰면서 그가 성도들과 세상에 대해서 전하고 싶어 하는 신학적 의도와 메시지를 파악하는 것이 무엇보다도 필요하다.

소 단락의 결론으로서 위에서 제시한 구조를 통해서 본다면 본문 4-5장과 6-16장까지는 독립된 별개의 계시 환상들로 엮어진 본문이 아니라 오히려 이 두 개의 큰 단락들은 보좌에서부터 시작되는 하나님의 구원과 심판의 메시지가 다양한 렌즈를 통해서 다양한 사람들과 사건에 초점을 맞추는 식으로 구성된 궁극적으로 하나의 메시지임을 살펴보았다. 특히 15:1절에 마지막 재앙으로 소개된 대접 심판은 더 이상의 지체 없이 16:21까지 시행됨으로 모든 세 개의 심판 시리즈는 끝을 맺는다. 여기서 하나의 의문이 또 다시 야기될 수 있다. 만약 15-16장에서 모든 심판이 끝났다면 17장 이후에 등장하는 본문의 내용은 무엇이지? 라는 질문이다. 아! 복잡하고 어렵다! 라는 절망의 탄식이 나올 수 있다. 이에 대한 필자의 답변은 그렇지 않다! 라는 것이다. 독자들이 구조에 대한 이해를 갖는다면 본문을 어렵지 않게 이해할 수 있음을 경험할 것이다. 이것을 위해 또 다른 시간 여행을 떠나보자!!

제4강
음녀 바벨론과 새 예루살렘
(15-16장과 17:1-22:5장과의 구조적 관계)

15-16장을 구성하는 일곱 대접 심판은 일곱 인과 일곱 나팔 심판과 병행관계를 형성하고 마지막 심판임을 알린다. 그러나 앞의 두 심판과의 차이점이 존재한다. 그것은 다른 두 개의 심판 시리즈와는 달리 대접심판에는 막간이 존재하지 않는다는 사실이다. 막간이 존재하지 않는다는 것은 심판의 즉각적 이행이라는 의미를 암시케 한다. 물론 여기서의 심판의 의미는 새로운 어떤 것을 말하기 보다는 인 심판, 나팔 심판과 반복적이며 보다 강화되고 확대된 성격의 의미를 드러낸다. 이런 구조에 대한 이해가 아니면 독자들은 도저히 요한계시록을 이해할 수 없게 될 것이다. 본문 구조를 머릿속에 두고서 4강의 시간 여행을 떠나보자!

1장 : 악의 최종적 심판

앞의 단락이었던 14:14-20절에서 독자들은 인자이신 예수께서 시행했던 최종 종말의 구원과 심판 장면을 보았다. 그리고 계속해서 등장하는 15-16장의 장면은 역사 속에서 또 다시 나타나는 새로운 사건이 아니라 앞에 소개된 인, 나팔 심판의 변화를 준 반복임을 살펴보았다. 15장은 16장의 대접심판의 서론적 진술을 형성하고 바로 이 심판이 하나님의 성전에서 시작됨(15:5-6)을 보여줌으로 하나님의 심판이 확실함과 철저함을 보여준다. 이 심판의 특성은 앞에 소개된 심판들처럼 더 이상 1/4이나 1/3이라는 제한성이나 한계성을 갖지 않고 전 우주계와 피조물에 임한다는 것이다. 물론 이런 한계나 제한은 시간적인 사건에 따른 결과가 아니라 하나님의 의도적 행위 또는 사랑에 기인한 문학적인 장치로 이해했다. 그 분이 지연하시고 인내하시는 이 때에 사람들은 회개해야 한다. 아직까지는 기회가 있을 것이다. 그리고 나서 하나님은 예상대로 최종적인 대접 심판을 행하신다. 이제 더 이상의 지연이나 기다림은 없을 것이다. 빠르게 하나님이 구원과 심판을 시행하실 것이다. 이제 그 심판에는 누구도 예외는 없게 된다. 짐승의 표를 받은 사람들, 짐승의 보좌, 모든 적대 세력들에게 최후의 일격을 가하게 된다. 이제 그 모든 심판이 16장에서 마쳐지는 것을 보게 된다. 그래서 16:17절은 모든 심판이 끝났음을 암시하는 언어인 "되었다(γέγονεν)"란 외침이 선포된다.

본문의 선언과는 달리 요한계시록의 모든 사건들이 끝나는 것이 아니라 새로운 단락인 17장이 시작되고 음녀 바벨론의 심판과 20장에서 천 년 왕국의 도래 그리고 21-22:5에서 새 하늘과 새 땅, 새 예루살렘에 대한 묘사로 위의 단락이 끝을 맺는다. 우리가 요한계시록을 보는 어려움 중의 하나는 이와 같은 본문의 등장이다. 끝났다고 선언해 놓고 또 다른 심판이나 다른 장면이 등장하는 이유는 무엇인가? 역시 요한계시록은 우리 같은 평범한 사람들은 이해할 수 없는 계시의 말씀인 것이 확실해! 하나님의 직통계시를 받은 사람들을 찾아가자! 라는 식의 발상이 작동한다. 이것은 전혀 성경적이지 않을 뿐더러 전혀 요한의 의도가 아니다. 본문은 그런 식의 얘기를 하지 않는다. 이해는 가지만 절망은 하지 마시라! 요한의 글 쓰는 방식을 조금만 이해하면 독자들은 본문이 눈에 들어올 것이다. 요한계시록의 저자인 요한은(물론 궁극적인 저자는 하나님) 일차적으로 소아시아에 살고 있었던 일곱 교회에 관심을 가지고 이 글을 쓰고 있었다. 그의 일차적 관심은 교회와 성도이지 환상과 미지의 나라를 사모하고 추측하게 하는 것이 의도가 아님을 이미 보았다. 이것을 위해 그는 하나님의 백성들에게는 구원의 메시지를 때로는 하나님께 적대하는 사람들에게 심판의 메시지를 전하기 위한 신학적 의도를 가지고 그 당시의 사람들에게 익숙한 형태의 언어, 문화, 환경들을 이용한다. 또한 그의 목적을 위해 그는 다양한 수사학적 기법 즉 예를 들면 반복, 인클루시오,[85] 교차 대구법등과 같은 기법 등을 사용해서 메시지를 효과적으로 전달한다. 지금 우리가 보려고 하는 이 단락 역시 이런 범주에 속하는 본문에 해당된다.

1. 악의 삼위일체에 대한 심판과 구조 이해

16장까지 심판이 다 끝나고 새로운 심판이 또 시작된다는 것은 있을 수 없는 일이다. 만약 이 부분에 대한 올바른 이해를 원한다면 이 단락에서 글을 쓰는 방식과 구조적 특징들에 주의를 기울이면 훨씬 수월하게 본문이 보일 것이다. 17:1-22:5절 단락의 큰 그림을 보면 두 가지 큰 주제를

---

85) 주로 복음서등에서 많이 사용되는 문학적 기법 중의 하나로 글의 처음과 끝을 동일하거나 유사한 개념으로 묶어서 저자의 의도를 강조하는 것을 말한다. 예를 들면 마태복음 1:23에 보면 아기 예수의 이름을 '임마누엘' 이라고 칭한다. 그리고 마태복음의 마지막 부분에 해당되는 소위 대 위임 명령이라고 부르는 28:16-20의 마지막 구절에 보면 "볼지어다 내가 세상 끝날까지 너희와 항상 함께 있으리라" 고 기록하고 있다. 역시 임마누엘의 예수를 강조하고 있다. 저자 마태는 임마누엘이라는 개념으로 복음서의 처음과 마지막을 연결함으로 성도와 함께하시는 예수의 정체성과 사역을 교회 공동체에게 전하려는 의도를 보여준다. 이것을 통해 우리는 저자 마태가 본 예수 상은 '우리와 함께하시는 임마누엘의 그리스도 상' 을 강조하려는 신학적 의도를 발견할 수 있다.

제시함으로 독자들의 흥미와 시선을 모으는 것을 볼 수 있다. 요한은 17:1-20:15에서 하나님께 적대하는 모든 세력들의 심판 장면 특히 음녀로 표현되는 로마 제국과 그의 추종자들의 철저한 심판 그리고 21:1-22:5에서 하나님의 백성들의 구원과 승리, 특히 새 예루살렘으로 표현되는 교회 또는 성도들의 운명적 삶을 언급하고 있다. 그리고 독자들에게 그들의 마지막 운명적 결론을 제시함으로 과연 너희들은 누구의 운명적 결과를 따를 것인가에 대한 결단을 촉구하게 한다. 비록 그 당시에 거대 제국을 이루고 전 세상에 평화를 이룬 로마 제국을 따름이 사람들의 삶을 보장해 주는 것처럼 보이지만 그것은 거짓된 평화이고 모래 위에 세운 거짓된 안정과 번영이라는 허상과 기만적 정체를 폭로하고 있다. 그것들의 잘못된 죄와 거짓 선전에 속지 말고 세상 속에서 믿음의 삶을 살아갈 것을 권고한다. 너희가 만약 그들의 잘못된 죄와 거짓 선전에 빠져 그들의 죄에 동참한다면 너희들의 운명 역시 그들의 운명적 최후와 다를 것이 없음을 간곡히 선포한다. 비록 이 땅에서 참된 교회로 또는 성도로서 살아가는 것이 때로는 가난을, 때로는 환란을, 때로는 억압을, 궁극적으로는 죽음이라는 극단적 결과를 가져올지 모르지만 결국 너희들의 운명은 새 하늘과 새 땅에서 놀라운 영광의 삶으로 보상받을 것임을 보여준다.

요한이 두 개의 큰 그림을 제시하는 의도는 사실 단순하다. 요한의 의도는 두 개의 반대되는 그림을 통해서 하나님의 적대 세력과 하나님의 교회 또는 성도들의 '최종적 삶의 놀라운 반전' 을 제시함을 목적으로 한다. 이런 목적을 가지고 요한은 17:1-22:5에서 두 개의 큰 그림인 음녀 바벨론(그 당시의 로마 제국)과 하나님의 신부인 새 예루살렘(교회)을 전면에 등장시키고 있다. 전체에 대한 이런 이해는 본 단락에 대한 올바른 해석을 위한 전제로서 이루어져야 한다.

좀 더 세부적인 본문 이해를 살펴보면 사실 15-16장과 17:1-22:5절은 별개의 독립적 단락을 구성하지 않는다. 이 두 개의 큰 단락은 앞의 경우처럼 서로 밀접하게 연결되어 있다. 이 연결에 대한 특징적 표현은 마지막 심판을 시행하는 대접을 가진 천사에 대한 언급들이다. 이들의 역할은 16장에서 끝나지 않는다. 이들은 17:1-22:5에서 두 개의 실체인 음녀 바벨론과 새 예루살렘이 등장하는 중요한 시점에서 다시 등장한다. 17:1에서 "또 **일곱 대접**을 가진 일곱 천사 중 하나가 와서 내게 말하되..." 그리고 21:9에서 "**일곱 대접**을 가지고 마지막 일곱 재앙을 담은 일곱 천사 중 하나가 나아와서 내게 말하여 이르되..." 라고 진술하고 있다.

이 두 개의 단락에서 독자들은 무슨 공통되는 것을 발견했는가? 맞다! 이 두 개의 단락에서 '일곱 대접을 가진 일곱 천사가 반복되어 등장' 함을 발견할 수 있다. 이 말의 의미는 15-16장에 등장하는 일곱 대접을 가진 천사의 역할과 기능과 사역들이 17:1-20:15절과 그리고 21:1-22:5까지 지속적으로 계속된다는 사실이다. 다시 말하면 이 말은 최소한 15-16장과 17:1-22:5절들은 서로가 별개의 본문들이 아니고 아주 잘 연결된 본문들임을 보여준다. 이런 연결을 통해서 요한은 의도성을 가지고 그의 메시지를 교회와 세상 앞에 전하고 싶어 함을 엿볼 수 있다. 음녀 바벨론으로 표현된 세상의 도성(요한의 시대에는 로마 제국)은 결국 멸망할 것이고, 새 예루살렘으로 표현된 하나님의 도성(교회)은 궁극적으로 구원과 승리에 참여할 것임을 요한계시록을 통해 명백히 밝히고 있다.

만약에 우리가 본문들 사이의 연계성과 구조를 놓쳐버리고 이해하지 못한다면 전혀 이 글은 저자인 요한의 의도와 수신자인 소아시아 일곱 교회의 독자들과 상관없는 이상한 책으로 변해버릴 것이다. 그래서 본문 구조에 대한 온전한 이해와 연구는 21세기의 독자들에게 최소한 요한계시록을 환상의 책이나 알지 못하는 미지의 세계로 밀어버리지는 않을 것이다. 문제는 항간에 떠돌아다니는 본문에 대한 잘못된 해석이나 소문들이 한국 교회와 성도들의 삶을 피폐하게 만들고 잘못된 종말론적 삶을 지향하게 만들고 있다는 사실이다. 소문이나 누가 말했다고 하더라! 하는 근거 없고 책임질 수 없는 입소문에 귀를 기울이는 것이 아니라 오히려 본문, 아니 저자인 요한은 뭐라고 했는가에 우리의 귀를 기울여야 한다.

본문 자체의 증언을 보면 16장에서 모든 심판이 끝나는 것은 사실이지만 요한은 그것을 자세하게 진술하지는 않는다. 단지 심판에 대한 선언적 진술로 끝나는 것을 볼 수 있다. 요한은 바벨론 멸망을 선언하는 진술로 16장을 마무리 한다. 그리고는 그것의 구체적인 멸망에 대한 묘사를 17장에서부터 다시 시도한다. 독자들은 앞에서도 이와 유사한 구조의 본문을 볼 수 있었다. 이 단락도 그와 같다. 처음에는 '툭' 던져 놓고 이후에 자세하게 설명하는 형태이다. 그래서 17장 1절의 처음이 "또 일곱 대접을 가진 일곱 천사 중 하나가 와서 내게 말하여 이르기를..."이라는 말로 시작하고 있다. 즉 16장에서 '툭' 하고 던진 부분을 17장에서 자세하게 설명하고 있다는 것이다.

여기서 우리가 유념해서 보아야 하는 것은 이 일이 '언제' '어디에서' '어떻게' 일어날 것인가에 초점을 맞추어서는 안 된다. 이것은 요한의 관심이 아니다. 요한은 그가 본 계시를 기록함에 있어서 그의 방식과 스타일과 문체를 가지고 하나님의 계시를 그와 한 하늘 아래서 고통 받으면서 살아가고 있는 소아시아의 기독교인들에게 아주 예술적인 감각을 가지고 전달하고 있다. 이런 목적을 위해서 그는 본문에 자주 등장하는 그의 글 쓰는 방식인 '교차대구법(ABB'A')' 의 형식을 사용한다. 이 구조는 앞에 언급된 본문이 뒤에 다시 사용되는 형태의 글 쓰는 방식을 말한다. 이 말은 16장과 17장 이후의 단락이 상관없는 별개의 본문으로 구성된 것이 아니라 오히려 이 두 본문이(사실 전체 본문이) 떼려야 뗄 수 없이 잘 연결된 구조를 가졌음을 보여준다.

예를 들면 우리에게 미래 최후의 전투 장면을 상상하게 하는 아마겟돈 전투 역시 그러하다. 요한은 앞부분에서도 그러했듯이 16장을 통해 하나님의 적대 세력들의 마지막 최후 심판을 선언한다. 그러나 실제적으로 16장에서는 아마겟돈 전쟁이 일어나지 않는다. 단지 이 본문에서는 아마겟돈 전투에 대한 선언적 진술만이 선포된다. 그것의 최종 전투 장면은 19장 이후에서나 찾아볼 수 있다. 그 아마겟돈 전투 장면도 우리가 기대하고 생각했던 것과는 전혀 다른 형식과 내용으로 제시하고 있다. 우리 현대인들은 풍부한 상상력과 환상적인 만화같은 그림에 매우 익숙해 있다.

특히 이런 우리의 생각을 자극하고 부추기는 것들 중의 하나가 영화나 각종 그림 매체 같은 것들이다. 그래서 아마겟돈 전투하면 벌써 우주나 지구 어느 특정 공간에서 벌일 최후의 스펙터클한 우주전쟁의 그림 이미지가 떠오르게 된다. 우리 성도들이 속지 말아야 한다! 성경은 공상과학소설이 아니다. 최후의 우주 전쟁을 다루고 있는 SF 영화 같은 책은 더욱더 아니다. 그런데 왜 자꾸 이런데 마음을 쏟고 미혹 당하는지 철저한 주의를 요구한다. 시중에 떠돌아다니는 공상과학 소설 같은 이야기에 광분하면 안 된다. 본문에 집중해야 한다.

그럼 이 시점에서 한 가지 질문을 해 보자. 최종 심판 때 그 분이 벌이는 아마겟돈 전쟁은 과연 어떤 형태의 전쟁일까? 과연 영화나 그림에서 보는 것처럼 핵무기를 쏘아대고 지구의 삼분지 이 이상의 사람들이 황폐와 전쟁의 처참함과 참혹함을 겪게 될 어떤 그림들을 상상할 수 있는지를 묻고 싶다. 본문이 아닌 요한이 우리에게 말하는 소리를 들어보자. 본문은 단호하게 말한다. No! 그것은 요한의 의도가 아니라 오히려 정 반대쪽에서 있음을 말하고 있다. 이것은 명백히 본문의 의도를 왜곡하고 있음을 알아야 한다.

아마겟돈 전투는 본문에서 물리적 전투를 말하는 것이 아니라 오히려 하나님과 사탄의 최후의 영적 전투를 말하고 있으며 결국은 하나님과 그의 백성들이 승리할 것임을 말하고 있다. 이것을 위해 그들에게 익숙한 이미지를 사용하고 있다. 요한은 익숙한 구약의 언어와 이미지를 빌려와 이런 최후의 전쟁을 묘사하기 위해 사용하고 있다. 이것을 위해 요한은 히브리어의 두 결합 즉 산을 나타내는 '하르' 와 '므깃도' 라는 지명을 사용한다. 즉 '므깃도의 산' 을 나타내는 이미지를 사용한다. 이것을 사용하는 이유는 "아마겟돈" 이라는 지명이 구약에서 전쟁/심판과 관련하여 사용된 매우 익숙한 지명이기 때문이다(삿 5:19-21; 슥 12:11-14). 이 지명은 이스라엘 백성들에게는 적들과 싸워 승리했던 승리의 장소로 익히 알고 있던 곳이었다. 그렇다면 본문에 대한 이해를 어렵지 않게 가질 수 있었을 것이다.

하나님의 백성들을 적대하는 세력들은 심판을 받고 결국 그들이 마지막 멸망을 당할 것이라는 최고의 장소로 므깃도가 사용되었다. 이 글을 듣고 읽었던 1세기 독자들의 머릿속에는 아마겟돈이라는 단어를 들었을 때 익숙한 구약의 므깃도라는 지명을 떠 올렸다. 므깃도라는 장소에서 어떻게 하나님의 백성인 이스라엘이 승리했고 적대자들이 패배하고 멸망했는지를 기억했다.

그리고 그들의 삶이 이와 같을 것임을 다시 한 번 기억하면서 위로와 소망의 삶을 살았을 것이다. 아마겟돈 전쟁은 이 땅의 어떤 지형에서 벌어질 물리적 전쟁을 가리키는 것이 아니라 종말에 있을 하나님과 악의 최종 전투지를 상징적으로 보여주는 이미지이다. 이 전쟁은 구체적으로 19:17-

21과 20:7-10에서 벌어짐을 알 수 있다. 따라서 16장에 언급한 아마겟돈 전쟁에 대한 선언적 언급은 19:17-21과 20:7-10에서 구체적으로 묘사된 전투 장면과 동일한 전쟁으로 볼 수 있다.

성경이 예수 그리스도를 통해 드러난 하나님의 구속의 역사를 보여줌을 잘 알고 있고 누구도 여기에 반론을 제시하지 않는다. 요한계시록도 그와 크게 다르지 않다. 요한계시록 역시 요한을 통해 소아시아 일곱 교회에 주어진 하나님의 구속 역사가 너무나도 잘 드러난 은혜의 말씀이다. 문제는 앞에서 잠간 언급했듯이 다른 말씀들과 좀 다른 형식과 내용으로 쓰여서 어렵다고 느낀다는 사실이다. 그것만 주의 깊게 보시면 본문의 내용이 크게 어렵지 않고 반드시 이해할 수 있는 내용임을 감히 말씀드릴 수 있다.

요한계시록 어디에 보아도 예수 그리스도는 총, 칼 들고 적대자들과 싸우는 장면을 발견할 수 없다. 복음서에서 대표적인 사탄과의 전투장면은 예수 시험 사건이다. 거기에서 예수는 총, 칼로 사탄을 물리치지 않으셨다. 그분은 말씀의 권위로 승리하심을 볼 수 있다. 특히 사탄과의 싸움일 때는 더욱 더 그러하다. 사탄 역시 영물이다. 그래서 그와의 진검 승부를 벌일 때는 총, 칼이라는 물리적인 도구를 쓰지 않으신다. 요한계시록 본문을 통해 보여준 예수의 무기는 그의 입에서 나오는 '검뿐' 임을 성경에 익숙한 독자들은 잘 알고 있을 것이다.

물론 여기서 '검' 은 그 분의 입에서 나오는 '말씀' 이다. 그것 외에 다른 어떤 무엇이 필요치 않다. 하나님이 태초에 그 분의 입에서 나오는 말씀으로 세상을 창조하셨듯이 이제 마지막 역시 그 분의 입에서 나오는 말씀으로 세상을 구원과 심판이라는 결과로 이끄실 것이다. 특히 16장이 끝나면 모든 적대자들이 하나님의 심판을 받게 될 것이다. 심지어는 최후의 상대인 사탄조차도 이제 심판의 대상이 되어서 그의 '잠시 잠간' 의 생애를 끝마치게 될 것이다. 따라서 본문은 독자들에게 예수의 말씀을 통한 구원과 승리의 실체를 보게 하므로 성도들을 위로와 소망에로 이끄시는 말씀임을 보게 한다.

16장과 17-20장까지의 본문 구조를 다시 살펴보면 용에 대한 심판 선언 ⇨ 짐승과 거짓 선지자에 대한 심판 선언 ⇨ 바벨론에 대한 심판 선언의 순서로 선언적 진술을 선포한다. 그리고 이후에 그것들의 심판에 대한 자세한 묘사가 17:1-20:15에서 일어난다. 즉 후자는 전자에 대한 좀 더 확대되고 자세한 설명을 제시함을 목적으로 한다.[86] 요한은 교차 대구법의 기법을 사용해서 16:12-21에 소개 된 심판과는 역의 순서로 그들의 심판을 하나씩 하나씩 소개하고 그들의 궁극적 최후를 소개하고 있다. 바벨론으로 의인화된 로마의 멸망을 17:1-18:24절에서 그리고 있으며, 짐승과 거짓 선지자의 멸망을 19:17-21절까지, 그리고 용의 멸망이 20:7-10절에서 일어난다. 결국 이들의 심판은 동일한 심판으로서 앞의 선언적 진술 본문의 좀 더 확대되고 세부화된 설명으로 보아야 한다. 요한은 본문을 통해 악의 세력들에 대한 심판이라는 주제를 논리적이고 효과적으로 독자들에게 제시한다. 만약 여기서 시간적 순서를 찾는다면 우리는 해결할 수 없는 난제에 부딪칠 것이다. 특히 본 단락을 통해 요한계시록의 시간적 순서를 찾으려는 시도는 본문의 많은 소리에 귀를 닫고 눈을 감아야 하는 부담감을 떨쳐 버릴 수 없다.

---

86) 참고. Robert. W. Wall, *Revelation*, NIBC, Peabody: Hendrickson, pp. 203-204, 1991.

2. 천년왕국 구조 이해: 땅에서? 하늘에서?

위에 언급된 본문들을 시간적으로 보는 사람들은 음녀 바벨론의 멸망(17:1-18:24) 이후에 짐승과 거짓 선지자가 멸망하고(19:17-21) 이후에 지상에서 그리스도의 천 년 통치가 있고(20:4-6) 마지막으로 용 즉 사탄의 멸망(20:7-10)이 이어지는 것으로 해석한다. 이런 시간적 해석의 문제는 본질적으로 전체적인 본문의 구조와 신학적 의도에 대한 충분하지 못한 이해에 기인한다고 볼 수 있다. 19:11절 이하를 의심의 여지없는 그리스도의 재림으로 본다면 그 분의 심판이 순차적으로 이루어질 이유가 어디에 있는가? 한 방에 보내실 수는 없는가? 즉 음녀 바벨론을 먼저 멸망시키고(17:1-18:24) 그 다음에는 짐승과 거짓 선지자들을 멸망시키고 심판 (19:17-21)하신 후에 지상에서 천 년 통치를 성도들과 하시고(물론 이 때에도 아주 제한적이지만 악의 흔적들이 존재하고) 최종적으로 사탄을 멸망시킨다는 설명은 크게 설득력을 가지지 못한다.

시간적으로 본문을 보는 해석은 몇 가지 해석상의 취약점을 가지고 있다. 우선적으로는 본문의 구조에 대한 충분하지 못한 이해이다. 요한이 1장부터 지속적으로 보여주고 강조하려고 하는 구조가 있다. 그것은 본문의 '통일성' 이다. 그는 본문을 파편화 내지는 조각조각으로 나누지 않는다. 지금까지 본서를 통해 이 작업을 해왔다. 그는 본문을 유기적으로 잘 엮어진 하나의 계시된 말씀으로 본다. 특히 이런 작업을 위해 그는 다양한 구조적 기법과 문체를 사용함을 보아왔다. 요한이 이런 기법과 문체를 사용했다고 하는 것이 전혀 성경의 계시성을 훼손하거나 파손시키지 않음을 보아야 한다. 그래서 요한계시록 구조를 이해하는 것이 본문 해석을 훨씬 용이하게 함을 계속 말해왔다. 이 본문 역시 크게 다르지 않다. 우리 독자들은 무조건적으로 듣고 받아들일 것이 아니라 스스로 질문해 보아야 한다. 왜 그럴까? 하나님은 음녀 바벨론의 멸망과 짐승과 거짓 선지자들의 심판 사건(17:1-19:21) 후에 예수께서 땅에 오셔서 성도들과 함께 왕 노릇할 천 년의 세월을(20:4-6) 굳이 허락하셨는가? 이 기간이 왜 있어야 하고 필요한 이유가 무엇인가? 심지어 예수께서 초림도 아니고 재림하셨음에도 불구하고 아직도 땅에는 미미하지만 악의 흔적들이 존재하고 예수 그리스도의 천 년 통치에도 여전히 사탄이 존재한다는 것은 무엇인가? 사탄이 여전히 이 땅에서 버젓이 활동하고 있다면 왜, 무엇 때문에 예수께서는 재림하셨는가 하는 의문들을 스스로 해 보아야 한다. 만약에 이런 질문들에 대한 답변을 하는데 주저한다면 다시 한 번 본문을 주의 깊게 살펴봐야 할 것이다.

요한은 밧모섬에서 계시를 보았다. 그리고 하나님이 그에게 보여준 본문 전체 메시지의 내용을 이미 잘 기억하고 숙지하고 있었다. 그것을 짜임새 있고 탄탄한 구조와 문학 기법을 통해 메시지의 최대한의 효과와 극대화를 시도한다. 물론 그의 머릿속에는 하나님의 전체 메시지에 대한 그림들이 충분히 녹아 있지만 그것을 글로 표현하는 것은 또 다른 문제이다. 그래서 그는 이 본문에서 교차대구법이란 기법을 통해 16장의 멸망에 대한 선언적 진술과 그리고 17:1-20:15을 짝을 이루어 선언적 진술에 대한 성취를 보여주고 있다. 그 분의 재림 시에 벌어질 일들은 단지 하나님의 백성들에게는 구원과 승리를 가져올 것이고 적대하는 세력들에게는 심판과 멸망이라는 사실 외에는 다른 것은 없다. 이런 일들은 재림이라는 시점에 벌어질 사건을 말하고 있다.

특히 19:17-21절에 짐승과 거짓 선지사의 심판과 멸망 그리고 용 즉 사탄의 멸망이 순차적으로 벌어질 것이라는 것은 전혀 성경적 근거를 발견할 수 없다. 오히려 이 단락은 마지막 최후 심판 장면을 다른 각도에서 설명한 동일한 사건임을 보여준다.[87]

요한은 하나님과 성도들에게 적대하는 세력들에 대한 궁극적 최후 종말을 그의 환상 속에서 보았다. 그는 그 큰 그림을 하나하나씩 써 나가기 시작한다. 마지막 심판 장면 역시 이에 해당한다. 그가 본 환상을 통한 최후 종말의 신학적 메시지를 기록한다. 그것을 기록하는 요한의 입장에서의 문제는 본 환상을 한 번에 복사하듯이 다 기록할 수 없다는 사실이다. 그래서 그가 본 하나의 최후 종말의 신학적 메시지를 하나씩 하나씩 머릿속에서 기억해내고 진술하기 시작한다. 이것들을 위해 먼저 음녀 바벨론의 심판과 멸망을, 다음에는 짐승과 거짓 선지자들의 심판과 멸망을, 마지막으로 용 즉 사탄의 심판과 멸망을 보여준다. 이것은 선의 삼위일체인 하나님, 예수님, 그리고 성령님께서는 유기적 실체로서 마치 한 분의 승리는 모두의 승리이듯이 악의 삼위일체로 불리는 용/사탄, 짐승과 거짓 선지자 그리고 바벨론 역시 유기적 실체들로서 한 명의 패배와 심판은 그들 모두의 패배와 심판임을 논리적 구조와 주제를 품고 설명함을 알 수 있다.[88] 그러므로 이것이 시간적 순서나 또는 연대기적으로 일어날 사건을 기록한 것이라는 주장은 요한의 기록 의도와는 거리가 먼 것임을 볼 수 있다.

요한은 본문의 내용을 시간적 순서를 기대하면서 일어날 사건에 대한 역사 종말의 시간표를 제시하는 것에 목적을 두지 않는다. 그 대신 논리적으로 구원과 심판이라는 큰 주제를 가지고 그것을 풀어나가는 형식을 사용하고 있다. 따라서 본문을 통해서 직선적인 연대기를 찾으려는 노력보

---

87) 참고. 이필찬, 요한계시록 어떻게 읽을 것인가, 성서 유니온 선교회, pp. 231-244, 2000.

88) 이필찬, 요한계시록 어떻게 읽을 것인가, 성서 유니온 선교회, pp. 241-242, 2000.

다는 본문 자체가 제공하는 스토리와 의미에 더 강조점을 둔다면 요한계시록은 그리 멀리 있는 책으로 느껴지지 않을 것이다.

키스트메이커(S.J. Kistemaker)는 만약 19장과 20장을 직선적 관점에서 본다면 많은 어려움을 독자와 청중이 만나게 될 것임을 경고한다. 그는 이 본문의 메시지는 종말 심판에 대한 최후의 역사 시간표가 아니라 오히려 그리스도는 왕들 중의 왕이시고, 주들 중의 주님으로서 최종적으로 승리할 것이라는 좋은 통찰력을 제공한다.[89)]

20:7-10에서 사탄의 심판은 겔 38-39장의 인용으로 마곡 땅에 있는 곡 왕의 이미지를 빌려왔다. 그들이 이스라엘과 전쟁 그리고 패배 그리고 이스라엘이 하나님의 주권을 온 천하에 선언했던 것처럼, 이 본문 역시 사탄에 대한 하나님의 종말론적 전쟁을 통해 악의 패배와 소멸을 그려내고 있다. 그것을 통해 하나님의 주권을 온 천하에 선포할 것임을 보여준다. 위에 소개되었듯이 20:7-10절의 전쟁은 19:17-21절의 전쟁과 동일한 것으로 다른 각도에서 두 악마적 세력을 소개한 문학적이고 수사학적 이미지이다. 본문의 단락을 통해서 저자 요한은 악의 실체는 궁극적으로 멸망당할 것이므로 너희 성도들은 그들이, 즉 로마 제국주의가 이 땅에서 벌이는 악의 잔치에 참여치 말라고 경고하고 믿음의 싸움을 할 것을 권면하고 있다. 결국 선이신 하나님이 승리할 것임을 요한은 계시를 통해서 보았고 알고 있다. 그래서 강력하게 믿음과 인내의 메시지를 고통당하고 환란 가운데 있는 하나님의 백성들에게 전하고 있다.

이 단락을 시간적으로 보는 또 다른 약점은 천년왕국에 대한 설명이다. 이 단락을 시간적으로 보는 사람들은 천년왕국의 장소를 '땅'으로 보면서

---

89) Simon J. Kistemaker, *Revelation*, NTC, Baker Books, pp. 532-533, 2001.

부활한 성도들이 땅에서 그리스도와 더불어 천 년 동안 왕 노릇할 것을 가르치며 성도들에게 힘과 용기(?)를 주고 있다. 과연 그런가? 요한의 의도는 과연 그런 것이었는가? 이에 대한 진지한 질문이 필요하다. 가장 중요한 것은 우리의 생각이 아니라 본문의 소리를 듣는 것이다. 자! 요한의 소리를 들어보자. 20:4-6절의 시작은 '보좌들'로 시작한다. 요한계시록에서 '보좌'라는 단어는 모두 47회 등장한다. 이들 중에서 2:13절 13:2절과 16:10절의 세 번을 제외한 나머지 부분에서 모두 하늘의 보좌에서 벌어지고 있는 장면을 묘사하고 있다.

과연 본문은 천 년 왕국이 일어나는 장소를 땅으로 규정하는가? 또는 하늘로 규정하는가?[90] 본문은 보좌들에 앉은 자들을 "예수를 증언함과 하나님의 말씀 때문에 목 베임을 당한 자들의 영혼들과 또 짐승과 그의 우상에게 경배하지 아니하고 그들의 이마와 손에 그의 표를 받지 아니한 자들이 살아서..."(20:4)라고 기록하고 있다. 그들은 이미 죽은 성도들로 하늘에 있는 것으로 설명하고 있다. 즉 그들은 땅에 있지 않다는 말이다. 특히 이 구절은 앞에 언급된 본문과 유사함을 볼 수 있다. 6:9절에 보면 "다섯째 인을 떼실 때에 내가 보니 하나님의 말씀과 그들이 가진 증거로 말미암아 죽임을 당한 영혼들이..."라고 이미 순교적 삶을 이 땅에서 살다가 죽임을 당해 하나님의 보좌 앞에서 그들의 소원을 간청하는 하나님의 백성들의 모습을 천상의 관점에서 소개하고 있다. 이와 동일한 관점에서 20:4-6절은 등장하는 사람들과 그들이 머문 장소를 땅으로 설정하는 것이 아니라 오히려 천상 보좌 장면을 통해 이 땅에서 신실하게 순교적 삶을

90) 이것에 대한 자세한 논쟁을 위해 참고. 최갑종. 이광복, 천년 왕국 사실인가 상징인가, 신망애 출판사, 1996,그리고 천 년 왕국의 장소를 하늘로 보는 책인 제임스 M. 이훠드(이달 역), 현대를 위한 계시록, 한국장로교 출판사, p. 105, 1996을 참고하라.

살았던 그리스도인들의 상태를 천상 관점에서 설명한 것이라 보는 것이 더 성경적 해석이라 할 수 있다.

결국 본문은 크게 두 가지를 강조하려는 신학적 목적을 가짐을 알 수 있다. 첫째는 땅에서 고통과 억압 받는 하나님의 백성들의 현실적 삶과는 대조적으로 오히려 하늘의 관점에서는 그들이 그리스도와 더불어 왕 노릇 하면서 승리의 삶을 살 것을 보여주고 있다. 그들에게 천 년 동안 그리스도와 더불어 왕 노릇 한다는 메시지는 바벨론과 짐승과 거짓 선지자의 심판 후에 올 지상에서의 문자적 나라를 고대한 것이 아니다. 오히려 이 땅에서 하나님의 말씀과 예수의 증거 때문에 고난과 환란 가운데 있는 하나님의 백성들이 천상의 관점에서 보상 받을 것을 천 년 왕국이라는 이미지를 통해 전해주고 있다. 이런 메시지는 그리스도인들에게 놀라운 사고의 전환을 가져올 만큼 충격적이었음에 분명하다. 그들은 고난과 박해 속에서 승리의 그 날을 사모했다. 그리고는 인내했다. 심지어 죽음조차도 성도들의 인내의 신앙을 끊을 수 없었다.

그런 관점에서 천 년 왕국의 신학적 강조점을 "오직 순교자들의 승리를 증명"하는 것이라고 본 보쿰(R. Bauckham)[91]의 안목은 우리에게 좋은 통찰력을 제시해준다. 하나님의 백성들의 승리는 이미 보장된 것이다. 이 땅에서 겪는 잠간 동안만 신실하게 인내한다면 그들은 그리스도와 함께 보장된 승리의 삶을 천상에서만 아니라 땅에서도 경험할 것이라는 메시지를 전하고 있다.

또 다른 하나는 악의 삼위일체로 묘사된 사탄과 두 짐승의 철저한 멸망과 그리고 이와는 대조적으로 성도들의 영원한 통치와 생명의 메시지를

91) 리차드 보쿰(이필찬 역), 요한계시록 신학, 한들출판사, p. 160, 2000.

전하고 있다. 의외로 요한이 전하고자 하는 메시지는 단순하고 명료하다. 성도들에게 강력한 이미지를 통해 그가 하나님께 받은 메시지를 전하고 있다. 요한의 독자들은 합리성과 논리성에 익숙한 21세기의 사람들이 아니라 1세기 소아시아에서 독특한 삶의 정황이라는 현실에 깊이 뿌리박힌 삶을 살았던 사람들임을 잊지 말아야 한다. 그래서 요한은 강력한 이미지와 그리고 그것을 위해 다양한 그림 언어를 사용한다. 특히 강력한 대조적 이미지를 사용해서 메시지를 전한다. 이런 관점에서 20:1-10절의 구조를 보면 천 년 왕국에 대한 내용이 더 명확해짐을 알 수 있다. 20:1-10절은 3개의 작은 단락으로 구성되어 있음을 볼 수 있다.

A. 20:1-3: 사탄의 결박

B. 20:4-6: 천년왕국

A.' 20:7-10: 사탄의 심판

위의 구조는 아주 잘 짜여진 구성으로 메시지의 극대화를 독자들에게 제시한다. 물론 이 전체 단락은 문자적인 아닌 상징적 이미지를 제공하고 있다. 이곳에서 쓰이고 있는 언어 자체가 상징으로 가득 차 있음을 볼 수 있다. 사탄을 쇠사슬로 결박하고(20:2) 무저갱에 던져 열쇠로 잠그고 그리고 천 년 동안의 감금(20:3)같은 사건과 언어는 도저히 문자적인 사건으로는 이해할 수 없는 장면이다. 또한 20:7-10절에서도 상징적 이미지를 통해 사탄의 심판 장면을 보여주고 있다. 이 두 단락의 한 가운데 놓여있는 것이 바로 천 년 왕국에 대한 본문이다. 요한은 A와 A'의 이미지를 통해 사탄은 현재 결박당했고 결국 그의 최후는 심판과 멸망이라는 사실을 통해 그의 무기력성과 최후 운명을 보여준다. 반면에 중간 B에 나타난 천 년 왕국의 그림 이미지를 통해 사탄과는 다른 신실한 성도들의 최종적 운명은 그리스도와 더불어 왕 노릇할 것과 최종적 승리라는 사실을 극명한 대조적 이미지를 통해 그려내고 있다.

역사적으로 너무 많은 시간과 정력을 천 년 왕국의 실체를 밝히기 위해 애를 써 왔다. 그러나 많은 노력에 비하면 결과는 너무나 미미함을 알 수 있다. 이유는 너무도 많은 부분과 시간을 천 년 왕국의 실체와 그 때를 밝히기 위한 시도에만 초점을 두었기 때문이다. 만약 천년 왕국의 때와 그 실체가 요한계시록의 중요한 주제였다면 성경은 이 중요한 내용을 자주 반복하면서 언급했을 것이다. 반복을 통한 강조가 중요한 성경의 특성임을 독자들은 잘 알고 있다.

그러나 본문은 그렇게 말하지 않는다. 오히려 천년의 시간은 초림과 재림까지의 시기를 가리키는 것으로 순교자들을 포함한 하나님의 백성들이 이 땅에서 바벨론 즉 로마의 핍박과 억압과 박해에도 불구하고 그들이 받게 될 승리와 축복과 보상에 그 의미를 둔다. 이런 궁극적인 축복은 고난 가운데 있는 하나님의 백성들에게 천상의 관점을 제시함으로 그들에게 위로와 소망과 격려의 메시지를 주었다. 바로 이런 상황들이 성경이 유일하게 20:4-6에서만 천 년 왕국에 대한 구절을 언급하고 그리고 앞과 뒤를 사탄의 결박(20:1-3)과 심판(20:7-10)이라는 사건으로 감싸게 하고 이들을 대조시키면서 천 년 왕국이 주는 신학적인 메시지를 전하려 하는 요한의 특별한 의도임을 알 수 있다. 그 신학적 의도는 바로 "순교자들의 승리와 그들이 받을 특별한 보상"[92]에 있음을 요한은 이 단락을 통해서 전하고 있다.

---

92) 이광진, 요한계시록, 크리스천 헤럴드, p. 346, 2004.

2장: 성도/교회의 최종 구원

17:1-20:15절의 단락이 하나님과 성도들의 적대자들에 대한 심판과 멸망이라는 관점에서 본문의 내용을 채웠다면 21:1-22:5절까지는 앞의 내용과는 달리 어떻게 하나님의 백성의 공동체인 교회가 새 하늘과 새 땅에서 그리스도의 신부로서 영광의 위치를 차지할 것인가에 초점을 두고 있다. 이 단락은 앞에서 본 단락과 유사한 구조적 특성을 가진다. 마치 16:17절의 "되었다(γέγονεν)"란 선언적 선포가 17:1-20:15절의 최종 심판 장면을 유도했던 것처럼 21:6절에 "이루었도다(γέγοναν)"란 문구 역시 본 단락에서 동일한 역할을 수행한다. 21:1-22:5절의 본문은 21:6절의 "이루었도다(γέγοναν)"란 선언적 진술에서 보는 것처럼 성도들에게 구원의 성취가 이루어짐을 보여준다. 이런 구조적 이해는 마치 요한계시록이 하나님이 보여주시고 불러주신 것을 요한이 그냥 노트에 받아 적었을 것이라는 우리의 생각에 약간의 수정을 요구함을 볼 수 있다. 요한의 머릿속에는 이미 음녀 바벨론의 멸망과 새 예루살렘의 승리를 예견하고 있음을 알 수 있다. 그것을 다양한 이미지로 요한은 그려내고 있다. 이 단락에서 과제는 여기서 그려내고 있는 다양한 이미지와 전체적인 구조를 올바로 이해하는 것이다. 이것이 본 단락의 메시지를 올바로 이해하는 방법임을 알아야 한다.

이 작업을 위해 요한은 의도적으로 큰 두 개의 단락(17:1-20:15와 21:1-22:5)을 대조시키고 있다. 이 두 단락 사이에는 아주 밀접한 연계성이 있음을 보여준다. 이런 관점에서 본다면 16:17절의 "되었다(γέγονεν)"란 선언적 진술은 하나님의 적대자들에게 내리는 심판 성취의 주제를 전개한 단락인 반면에 21:6절에 등장하는 "이루었도다(γέγοναν)"란 선언적 진술은 승리하는 성도들에게 주어진 약속의 성취적 말씀임을 보여준다. 이 두 구절은 아래와 같이 이해할 수 있다.

- 16:17절 "되었다" ⇨ 17:1-20:15절에서 악의 세력들에 대한 심판의 완성
- 21:6절 "이루었도다" ⇨ 21:9-22:5절의 하나님의 성도들에 대한 구원의 완성을 보여준다. 요한은 동일한 헬라어 단어인 "되었다" "이루었도다"의 구조적 대칭을 통해서 상반되는 실체들의 궁극적인 운명을 명백하게 독자들에게 전하고 있음을 알 수 있다.

요한은 이 글을 쓸 당시에 최고의 부와 번영을 행사하면서 성도들을 미혹하는 로마 제국의 멸망과는 대조된 그림을 통해서 하나님의 백성의 공동체인 교회의 승리라는 메시지를 가지고 성도들이 이 땅에서 인내하면서 소망 가운데 머물러 있을 것을 기대케 한다. 특히 21:9-22:5에서 주로 묘사되는 새 예루살렘에 대한 설명들이 아주 흥미롭다. 주로 사용되는 이미지를 주목해보자. 21:12절에서 크고 높은 성곽이 소개되고 있다. 거기에는 각각 동서남북에 세 개의 문들이 있고 그래서 총 열 두개의 문이 등장한다. 문에 열두 천사가 있고 문들 위에 열두 지파의 이름이 쓰여 있는 것이 소개된다. 성의 성곽에는 열두 기초석(21:14)이 있고 그 위에는 열두 사도들의 이름들이 있고 성곽의 기초석은 열두 보석으로 꾸며진 것(21:19-20)이 소개된다. 이쯤 되면 독자들의 눈에 금방 들어오는 것이 있다. 그것은 '열둘' 이라는 숫자이다.

앞 서론 부분에서 얘기했듯이 숫자는 그들에게 있어서 메시지를 전달하는 방법 중의 하나이다. 단순히 이 숫자나 단락의 내용들을 문자적으로 보아야 할 이유는 없다. 우리는 너무나 문자 또는 숫자라는 형식과 틀에만 의미를 두어서 사실 본문이 진짜로 전하고 싶어 하는 내용과 메시지를 놓

쳐버리는 잘못을 범한다. 조금만 진지하게 본문을 살펴보면 큰 문제는 없을 것이다.

왜 꼭 요한은 '열둘' 이라는 숫자만 사용하는가? 진짜로 문이 열두 개 밖에 없는가? 그것도 동서남북 각 방향에 세 개 밖에 문이 없는가? 보석도 열두 개 밖에 없는가? 분명히 그렇지는 않을 것이다. 그렇다면 상식적인 우리의 대답은 분명히 이유가 있을 것이라고 말할 수 있다. 그럼 왜 요한은 열둘이라는 숫자에 집착하고 있는가 하는 것이 본 단락에서 우리의 질문이 되어야 할 것이다. 그것은 열둘이라는 숫자가 주는 의미에 있다. 열둘의 의미는 '하나님의 백성의 숫자' 라는 상징적 의미가 있음을 살펴봤다. 그는 열둘이라는 숫자의 반복적인 사용을 통해 하나님의 백성의 현재의 모습과 그리고 최종적인 모습을 그려내고 있다. 즉 그들이 이미 얻은 승리와 그리고 장차 얻게 될 승리를 말하고 있다.

요한은 본 단락을 통해 새 하늘과 새 땅과 그리고 새 예루살렘의 모습을 문자적으로 보여주고 싶은 것이 아니다. 여기서 마치 '내가 본 천국(?)' 의 모습을 그리려는 시도는 저자가 본문을 통해 주려고 하는 메시지와는 오히려 정 반대되는 해석임을 기억해야 한다. 천국은 분명히 존재하고 사실 그것을 소망하기 때문에 성도들은 환란과 고난 가운데서 믿음의 길을 걸어가고 있음을 부인할 수 없다. 필자 역시 마찬가지이다. 그러나 천국을 향해 믿음의 길을 인내하면서 가는 것과 본문의 의미를 오해해서 자꾸 문자적으로 천국을 그려내는 것은 또 다른 문제이다. 오히려 요한은 본문을 통해 하나님의 백성들 즉 교회의 영광스러운 모습을 다양한 이미지와 그림 언어들을 통해 그려내고 있다.

이것은 앞에 소개된 단락인 17:1-20:15절에서 악인들의 심판과 멸망의 메시지와도 일치하는 해석임을 알 수 있다. 그들의 운명과는 대조되는 교회의 영광과 승리의 메시지를 부각시키려는 요한의 의도를 읽어냄은 올바른 본문 해석의 출발점이다. 지금 요한의 관심은 21세기를 살아가는 우리에게 렌즈의 초점을 모으고 있지 않다. 그의 관심은 1세기의 소아시아란 지역에서 매일매일 그리스도인이라는 이름 때문에 고통과 탄식을 겪고 있는 성도들에게 이 글을 보내고 있음을 기억해야 한다. 본문을 자꾸 파편화 내지는 해체시키지 말아야 한다. 본문을 전체라는 큰 구조 속에 속한 단락으로 읽어내야 한다. 이 본문의 단락 역시 예외이지 않다는 것을 기억하고 본문의 의미를 느껴보자. 분명히 요한 아니 하나님의 음성을 들을 수 있다.

정리해보면, 대부분의 사람들이 본문 2-3장까지는 이 글이 교회들에게 준 말씀이라는 사실을 부인하지 않는다. 그런데 4장 이후부터는 갑자기 말씀의 색조와 톤이 급격하게 바뀌는 것을 보며 본문이 그 당시의 교회에게 준 말씀이라는 사실을 망각하고 시선을 미래의 어느 시점에 벌어질 재림의 시간표 내지는 사건을 예견하는 정도로 단정한다. 4장 이후부터 역시 2-3장의 연장임을 이 시점에서 다시 한 번 기억해야 한다. 그래서 21:1-22:5절 역시 2-3장의 연속으로 본다면 여기서 주어진 하나님의 백성의 공동체인 교회의 승리와 영광의 메시지는 고난 받고 있었던 일곱 교회의 성도들에게 엄청난 위로와 소망의 메시지로 다가왔을 것이다. 이 단락에서 요한은 17:1-20:15에 언급된 음녀 바벨론, 두 짐승, 그리고 사탄의 이미지와 대조적으로 하나님의 백성의 공동체인 교회의 종말론적 축복과 완전함, 영광과 구원의 모습을 제시한다. 21-22장의 메시지는 2-3장의 일곱 교회의 정복자들에게 주어진 약속의 말씀들이 어떻게 성취되는가를 보여준다. 이런 약속과 성취의 말씀들은 다양한 사회적 정황 속에 있던 1세기 청중들에게 호소력 있는 효과와 상징적 우주를 제공했다. 자! 이제 마지막을 향해서 나머지 시간여행을 떠나보자!!

제5강

약속과 성취

(2-3장과 21:1-22:5과의 구조적 관계)

지금까지 요한계시록을 하나로 이어주는 구조적 통일성을 살펴보았다. 구조적 관계성은 단순히 앞, 뒤 본문들만의 연계성을 갖는 것이 아니라 본문 전체를 이어주면서 본문 전체를 하나의 통일성 있는 말씀으로 보게 하는 올바른 본문 읽기 방법이라고 진술했다. 5강에서는 바로 이 점을 부각시키려 한다. 그것은 '약속과 성취' 라는 구조적 형태를 통해 요한계시록이 처음부터 끝까지 아주 잘 연결된 하나님의 예언적 말씀인지를 살필 것이다. 본 주제를 가장 분명하게 부각시켜 주는 2-3장과 21-22장을 통해 본문에 나타난 하나님의 약속의 말씀들이 헛된 공약으로 끝나는 것이 아니라 분명한 성취로 이어짐을 확인할 것이다. 그래서 본문을 전체적으로 보는 안목을 키워나가기를 기대하면서 이제 그 마지막 시간여행을 떠나보자.

2-3장에서 일곱 교회에 주어진 말씀들이 있다. 이것들의 특성은 앞에 잠간 언급했다.93) 그 중의 가장 독특한 형태는 각 교회에 주는 말씀이 끝날 때마다 반복되는 공식이다. 그것은 '이기는 자들에게 주는 약속 말씀' (2:7, 11, 17, 26-28; 3:5, 12, 21)이다. 물론 이 약속의 말씀은 각각의 일

93) 2부의 2강을 참고 하시오.

곱 교회마다 다르게 등장한다. 이것은 각각의 교회가 처하고 있는 독특한 삶의 상황을 반영하고 있고 그래서 요한은 이런 문제들을 해결하기 위한 약속의 말씀들을 그들에게 제시하고 있다. 그러면 그들이 받은 약속의 말씀들은 언제 이루어지는가? 단지 아무 기약 없이 약속만 받고 무조건 기다려야 하는가? 성도들의 인내의 끝은 과연 어디이며 언제인가? 이 질문에 대한 답변이 본문 21-22장에 기록되어 있고 거기에서 '곧' '속히' 이기는 자들이 성취의 축복을 받을 것을 말씀한다. 그들이 기다려왔던 인내의 마지막이 그리 멀지 않음을 제시한다. 따라서 본문이 제시하는 구조적 특징은 2-3장에서 이기는 자들에게 주어진 약속의 말씀들이 21-22장에서 주어진 성취 본문에서 신속하게 시행되고 그리고 이 두 개의 구조가 별개의 본문이 아니라 매우 밀접하게 잘 연결되어 있음을 보여준다.

이런 본문의 구조가 암시하는 중요한 포인트는 요한계시록 본문이 따로 독립된 본문이 아니라 아주 치밀하게 유기적으로 잘 연결된 구조를 가지고 있고 그리고 이런 특성을 통해 일차적으로 1세기의 일곱 교회의 성도들에게 필요한 메시지를 전하고 있다는 것이다. 물론 요한은 단지 그의 메시지가 1세기라는 특별한 시대에만 읽혀지고 전해지기를 원하지 않는다. 오히려 그는 일곱 교회에게 보내는 '일곱' 이라는 숫자를 통해서 시대를 거쳐 존재하는 모든 교회들에게도 그의 메시지가 들려지고 읽혀지기를 원했다.

21-22장에 소개되는 성취의 말씀들이 21세기를 살아가는 현대의 성도들에게도 여전히 성취의 말씀으로 주어질 것을 말하고 있다. 현대의 성도들에게 요한계시록이 중요한 이유는 본문이 예수 재림 날짜를 알려주고 종말의 징조가 어떠할지를 알려줘서 우리에게 준비하라는 정보를 제공해주는 유용한 책이기 때문이 아니다. 오히려 성도들에게 주어진 약속의 말

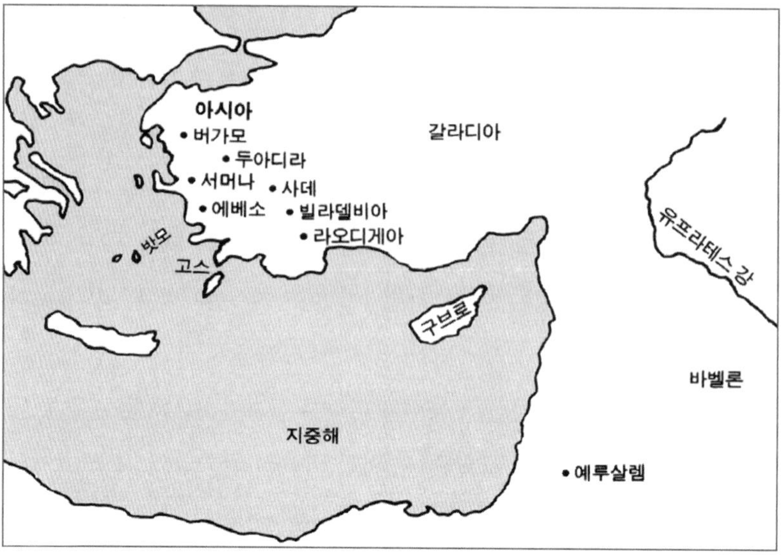

소아시아 일곱교회

씀은 확실히 성취되므로 조금만 인내하면서 믿음의 삶을 살아가라는 소망과 격려의 말씀이기 때문에 중요하다. 이런 면에서 21세기를 살아가는 현대인들에게도 요한계시록은 구원과 사랑 그리고 심판과 멸망의 메시지임을 알아야 할 것이다. 이런 기본적 전제를 가지고 2-3장과 21-22장의 구조적 관계를 살펴보자.

1장 : 에베소 교회의 이기는 자들에게 주는 성취 말씀

에베소 교회의 이기는 자들에게 주는 약속 말씀은 '하나님의 낙원에 있는 **생명나무**의 열매' (2:7)를 먹는다는 것이다. 역시 구약에 나오는 익숙한 메시지를 빌려온다. 이것은 그들이 이해하는데 전혀 어려움을 느끼지 않고 본문의 메시지를 충분히 공감하고 나눌 수 있다. 이 열매를 먹기 위해서 먼저 선행해야 하는 조건이 있다. 그것은 '이겨야 한다는 것'이다. 이기지 못하면 그 누구도 이와 같은 종말의 축복을 받을 수 없음을 경고한다. 그럼 무엇을 이긴다는 것인가? 에베소 교회가 주님으로부터 책망 받은 것이 있다. 그들이 '첫사랑' 을 상실했다는 것이다. 주님으로부터 많은 칭찬에도 불구하고 첫사랑을 회복하지 못하면 다 쓸모없다는 것이다. 물론 여기서 사랑은 하나님사랑 뿐 아니라 이웃사랑을 말한다.

특히 본문은 이웃사랑을 강조하고 있다. 교인들에 대한 사랑이 빠져버린 경건, 모임, 기도, 예배가 과연 하나님 앞에 무슨 소용이 있겠느냐는 외침이다. 제발 이것을 교회 안에서 회복했으면 좋겠다는 주님의 음성을 듣는다. 너희가 첫사랑만 회복한다면 약속하신 승리와 영광을 맛 볼 것이다. 그리고 이 약속에 대한 성취가 22:2, 14, 19에 소개되고 있다. 하나님의 백성들이 받을 축복들의 영광스러움과 승리의 모습을 보다 구체적으로 소개한다

❋ **22:2** ⇨ "강 좌우에 **생명나무**가 있어 열두 가지 열매를 맺되..." 로 성취 말씀을 소개한다. 생명나무 열매에 대한 언급들 역시 갑작스럽게 급조된 것이 아니다. 구약에서 인용한 익숙한 말씀임을 알 수 있다. 이것은 에스겔 47:12절에서 인용되었다. 그러나 이 두 본문 즉 에스겔과 요한계시록에는 약간의 차이가 있다. 에스겔 47:12절 에서는 과실나무가 "달마다 새 열매"를 맺는 것으로 말하는 반면에 요한계시록 22:2에서 생명나무는 '매달 열두 가지 열매를 맺는 것' 으로 에스겔 47:2절의 말씀을 변형시킨다. 여기서 익숙한 숫자 열둘을 다시 보게 된다. 물론 본문은 문자적으로 천국에 '이런 것이 있다' 를 말하는 것이 아니다.

오히려 본문은 이 땅에서 첫사랑을 회복하고 고난 가운데서도 믿음의 삶을 살았던 이기는 자들에게 주는 강력한 메시지를 위해 종말에 그들이 얻을 축복의 그림을 제시하고 있다. 키스트메이커(S.J. Kistemaker)[94]는 매달 열두 가지 열매를 맺는 생명나무를 마지막 종말에 성도들이 누릴 "영원한 생명"으로 설명한다.

요한은 수적 상징인 '열둘'을 통해서 종말에 이기는 자들이 누릴 축복의 영광스러움과 완전함을 제시함으로 그들에게 믿음의 삶을 살도록 권면하고 있다. 이 얼마나 놀라운 메시지인가? 만약 이 본문을 접한 성도들이 이웃과 하나님에 대한 첫사랑을 상실했다면 분명히 그들의 나머지 생애를 첫사랑을 회복하기 위한 몸부림과 열정으로 가득 채웠을 것이다. 특히 생명나무에 대한 이미지가 에베소 도시가 자랑스럽게 여겼던 아데미 여신 숭배와 아주 밀접하게 연결됨을 알 수 있다. 그 도시 사람들은 자기들이 섬기는 여신 아데미를 '구세주' 또는 '우주의 여왕'으로 불렀다. 그리고 그녀를 모신 신전은 '나무 신전'으로 사람들은 그곳을 거룩한 장소로 여겼다. 이런 도시의 특성에 익숙한 사람들에게 요한은 신학적 의도를 가지고 여신 아데미의 거짓 나무 신전과 하나님의 낙원에 있는 생명나무를 대조시키고 있다. 누가 진정한 구세주이며 생명을 주는 자인가? 여신 아데미는 거짓 구세주이다. 제발 거기에 속지 말라는 것이다. 진정한 생명과 영광과 축복은 하나님의 낙원에 있는 생명나무와 그 열매를 먹는 것에 있음을 보여준다.

누가 이것을 소유할 수 있는가? 이기는 자들이다. 바로 그들은 첫사랑을 회복한 자들임을 본문은 말하고 있다. 그래서 '이기라'고 하나님은 요

---

94) Simon J. Kistemaker, Revelation, NTC, Baker Books, p. 581, 2001.

청하신다. 이것은 교리나 말의 문제가 아니라 삶의 문제이다. 교회 안에서 실제로 일어나고 있는 구체적인 삶의 문제이다. 너무 이것들을 추상화시키지 말아야 한다. 성경은 아주 실제적인 삶의 문제를 다루면서 이것들을 이기라는 요청과 함께 이겼을 때 받을 축복들을 아주 구체적으로 언급하고 있다.

❀ **22:14** ⇨ "자기 두루마리를 빠는 자들은 복이 있으니 이는 그들이 **생명나무**에 나아가며... 성에 들어갈 권세를..." 라고 소개 한다. 두 번째 생명나무에 대한 언급은 자기 두루마기를 빠는 자들과 연결하고 있다. 이들을 위해 축복이 언급된다. 생명나무와 성에 들어갈 권세를 받는다는 것이다. 즉 영생과 구원의 특권을 소유할 것을 말한다. 이들은 바로 2:7절에 소개되는 이기는 자들과 관계되고 또한 7:14절에 소개되는 '어린 양의 피에 옷을 씻어 희게 하는 자' 와 관련이 있다. 어린 양의 피에 옷을 씻는 행위는 다름 아닌 시련과 환란 그리고 각종 시험 아래서 이기는 자들이 보여주는 믿음의 행위이다. 부활과 승리를 소유하기 위해서 성도는 어린 양이 겪었던 고통과 피 흘림의 과정이 있어야 함을 말해 준다. 그 결과는 패배나 죽음이 아니라 오히려 승리와 소망이다. 바로 그들이 생명나무 열매를 소유할 것을 말하고 있다. 그리고 이런 자들이 받을 축복을 종말에 소유할 완전하고 완벽한 구원과 영생으로 제시한다.

❀ **22:19** ⇨ "…이 두루마리에 기록된 생명나무와 및 거룩한 성에 참여함을 제하여 버리시리라" 고 소개한다. 이 본문은 부정적인 관점에서 누구든지 이 예언의 말씀을 제하면 생명나무와 거룩한 성에 참여하지 못할 것을 말한다. 누구도 이 말씀을 왜곡시키거나 변질시킬 수 없다는 것이다.

왜냐하면 이 말씀은 "예수 그리스도의 계시"(1:1)이기 때문이다.

요한계시록 본문이 제시한 메시지에 다른 이상한 불순물을 첨가하거나 또는 빼버리는 거짓 선생이나 거짓 가르침에 대해 경고하고 있다. 교회 안에 있는 발람이나 니골라 당 또는 이세벨과 같은 잘못된 선생들의 거짓 가르침에 대한 경고의 메시지이다. 생명나무의 열매를 먹음에 대한 약속이 기대했던 것보다 더 풍성하고 완전한 구원과 영생의 형태로 성취되었음을 이 편지를 처음부터 끝까지 한 번에 다 듣고 읽었던 일곱 교회의 성도들은 알았다. 그래서 이 말씀은 엄청난 믿음과 삶의 변화를 가져 왔다.

그들은 약속의 성취를 저 멀리 그들과 상관없는 개념으로 이해한 것이 아니라 오히려 한 본문 안에서 성취의 분명하고 명백한 그림으로 보게 된다. 그들은 이 메시지에 충격을 받았다. 그들의 머릿속에는 단 한 가지만 생각났을 것이다. 이겨야 되겠다는 각오와 결심뿐이다. 이것이 요한이 본문을 통해서 전하고자 하는 의도이다. 이 말씀을 1세기 소아시아에 있는 '일곱 교회의 성도들'에게 보내고 있다. 바로 그들에게 칭찬과 회개하라는 메시지를 보내고 있다. 그리고 그것의 결과를 성취의 구조를 통해 일관성 있고 다양한 언어와 이미지로 그려내고 있다. 이런 본문 이해는 독자들의 시야를 열어줄 것이다. 이것은 남의 얘기가 아니고 담 너머 불구경 하듯이 보아야 할 메시지가 아니다. 이것이 지금 21세기를 살아가는 현대의 그리스도인들에게도 동일하게 주어지는 말씀임을 잊지 말아야 한다.

어떤 성도들이 생명나무의 열매를 먹을 수 있는가? 당연히 교회가, 교회의 회중이 먹지 않겠는가? 원론적으로는 맞는 이야기이지만 사실은 현실과 다를 수 있다. 단지 첫사랑을 회복한 성도들에게만 이런 성취의 말씀이 주어졌음을 기억해야 한다. 안타깝지만 문제는 최근에는 교회가 복음을 너무나 싸구려 취급을 해 왔다. 한 번에 공장에서 막 찍어내는 대량 생산 시스템을 적용해 왔다. 나쁘지는 않지만 이런 시스템은 한 가지 치명적인 결함을 가지고 있다. 불량품이 자꾸 나온다는 것이다. 버리는 것이 많아질 가능성이 있다. 교회는 최대한 그것들을 막아야 한다. 승리와 부활의 영광에 동참하고 그 분이 제시하는 생명나무 열매를 먹음은 사실 많은 대가를 요구함을 가르쳐야 한다. 세상의 소리와 타협의 달콤한 손짓에 눈과 귀를 막고 거짓 선생의 가르침을 따르지 않고 오직 어린 양의 피에 옷을 씻겠다는 헌신과 결단이 없이는 저절로 생명나무 열매를 먹을 수 없다. 이런 사실을 다시 한 번 가르쳐야할 시점이다. 만약 믿음의 승리를 가져온다면 분명히 더 큰 풍성함으로 성도들의 삶을 가득 채울 것을 요한은 우리에게도 말하고 있다. 이런 측면에서 성경은 '긍정의 힘' 을 말하고 있지는 않는가?

2장 : 서머나 교회의 이기는 자들에게 주는 성취 말씀

서머나 교회의 이기는 자들에게 주는 약속의 말씀은 그들이 **'둘째 사망**의 해를 받지 않을 것' (2:11)으로 주어진다. 이 본문이 20:6, 14 그리고 21:8절에 성취 말씀으로 제시된다. 우선 둘째 사망에 대한 개념을 살펴보자. 둘째 사망이 있다는 것은 독자들에게 첫째 사망이 있다는 것을 전제하고 있다. 요한은 이 두 가지 죽음을 제시하면서 메시지를 효과적으로 극대화시키고 있다. 요한은 첫째 사망을 물리적이고 육체적 죽음과 관련시키는 반면에 둘째 사망을 영적인 죽음으로 말하고 있다. 이것을 통해 서머나 교회가 겪고 있는 박해와 죽음과도 같은 고통의 문제를 해결하고 있음을 알 수 있다. 그들은 영적 사망인 둘째 사망은 겪지 않을 것이라는 메시지이다.

이것을 역으로 표현하면 성도들은 첫째 사망인 물리적이고 육체적 죽음은 겪을 수 있다는 것이다. 때론 그것이 성도들의 운명적 삶일 수 있다. 요한은 본문을 통해주는 놀라운 반전의 메시지에 귀를 기울일 것을 요청한다. 보이는 것이 끝이 아니다. 그것 너머 다른 세계가 있음을 상기시킨다. 그것을 위해 첫째 사망 또는 둘째 사망이라는 그들에게 낯설지 않은 용어를 사용한다. 마운스(R.H. Mounce)[95] 같은 학자는 둘째 사망이라는 용어가 다음 세상에서 불신자들의 죽음을 묘사하는 유대 랍비적인 언어라고 말한다. 이런 익숙한 언어를 통해 요한은 둘째 사망이 회개하지 않은 죄인들에게 영원한 죽음을 가져오는 심판의 사건임을 보여준다. 그러나 이기는 자들에게는 둘째 사망이 아무런 관계가 없음을 말한다. 그래서 서머나 교회에서도 역시 '이김'에 대한 요청을 하고 있음을 볼 수 있다.

❀ 20:6 ⇨ "**둘째 사망**이 그들을 다스리는 권세가 없고..."라고 소개한다. 본 구절은 천 년 왕국(20:4-6) 단락과 관계가 있다. 본문은 둘째 사망과 첫째 부활과의 대조적 그림을 이루고 있다. 첫째 부활은 예수에 대한 증거와 하나님의 말씀 때문에 목 베임을 당한 사람들에게 일어나는 사건으로 그들에게는 첫째 부활로 표현된 '영적 부활'이나 '영생'이 제공된다. 반면에 둘째 사망은 영원한 죽음이나 영적 죽음으로서 세상과 타협하고 세상적 삶의 방식에 만족하면서 살아가는 사람들에게 내리는 하나님의 심판임을 보여 준다. 이런 메시지는 추상적인 이론을 제시하는 것이 아니

95) R.H. Mounce, *The Book of Revelation*, NIC, Grand Rapids: Eerdmans, p. 94, 1977.

라 서머나 교회가 겪고 있는 실제적인 현실을 반영하고 있다. 그래서 그들에게 격려와 희망의 메시지를 제시함으로 첫째 부활의 축복에 참여할 것을 권면하고 있다. 첫째 부활과 둘째 사망이라는 대조적 이미지는 삶과 죽음이라는 실재 속에서 매일매일 살아갔던 서머나 교회 성도들에게 아주 의미 있는 메시지로 다가왔다. 지금 이 땅에서 하나님의 말씀과 예수의 증인의 삶을 살아가는 것이 결국 그들에게 첫째 부활의 승리에 동참케 하고 그리고 영적 죽음인 둘째 사망을 겪지 않게 하는 중요한 실체임을 보게 한다.

❀ **20:14** ⇨ "…이것은 **둘째 사망** 곧 불못이라" 라고 소개한다. 이 구절은 20:11-15에서 최후 심판이 묘사된 단락 중에 위치한다. 이 단락 중 중요한 이미지는 보좌(20:11) 이미지이다. 앞 4-5장에서 소개되는 보좌 이미지가 주로 세상에 대해서 하나님의 초월적 주권을 강조하는 하나님의 통치에 초점을 두었다면 본문에 소개되는 보좌 이미지는 모든 앞선 심판의 절정을 이루고 최종 심판을 시행하시는 심판자로서의 하나님께 초점을 두고 있다. 보좌 이미지에 추가된 "크고 흰"(20:11)이라는 두 개의 형용사는 악한 자들에게 심판을 내리는 하나님의 신적인 능력과 권위를 상징적으로 표현하고 있다. 이것은 그 누구도 그 분이 시행하시는 신적인 심판 즉 둘째 사망을 피하거나 도망할 수 없음을 암시적으로 보여주는 수사학적 장치이다. 그러니까 너희들은 이 실체를 보고 둘째 사망을 피하고 이기는 자들에게 주시는 신적인 능력과 권위를 통한 확고한 영적인 승리와 부활의 소망을 소유할 것을 말하고 있다.

❀ **21:8** ⇨ "…이것이 **둘째 사망**이라" 고 소개한다. 이 구절은 하나님의

나라에 참여할 수 없는 악의 목록들이 소개되고 있다. 악의 목록들은 1세기 교회와 성도 그리고 사람들이 직면해야 했던 삶의 실체들을 소개하고 있다. 두려움, 타협, 박해, 우상 숭배 같은 것들을 통해서 얼마나 사람들이 그와 같은 죄들에 노출되었는지를 보여주고 있다. 거기에서 나와야 한다는 것이다. 만약 그것들에 빠진다면 둘째 사망을 면치 못할 것을 본문은 경고하고 있다. 이들은 하나님과 영원한 분리를 경험할 것이다.

이 구절은 명백하게 앞선 구절인 21:7절과 대조적 그림을 형성한다. 21:7절은 이기는 자들이 누릴 축복을 간결하게 소개하고 있다. 소극적인 의미에서 이기는 자들은 둘째 사망을 겪지 않을 것이지만 적극적인 의미에서 그들은 하나님과 온전하고 완벽한 연합을 경험할 것을 말한다. 언제 이런 일이 있다고? 이것은 성도들이 마지막 종말에 경험할 축복이다. 종말에 성도들이 하나님의 상속자가 되어서 그 분이 주실 완전한 자녀로서의 신분을 누릴 존재들임을 보게 한다. 누가 이것을 상속 받는가? 바로 이기는 자들이 이 특권을 경험하고 상속 받을 것이다. 그래서 그가 원하는 것은 세상이 주는 두려움, 타협, 박해, 우상 숭배 같은 것들에 마음을 뺏기지 말고 끝까지 믿음의 싸움을 할 것을 권면한다. 그것 때문에 서머나 교인들은 그들이 맞닥트린 삶의 현실 속에서 끝까지 믿음을 지킬 수 있었다. 그들이 본 것은 미래의 어느 날 오실 예수 재림 날자나 또는 시대의 징조를 찾은 것이 아니라 오히려 이기는 자들이 종말에 누릴 축복과 악한 자들이 받을 둘째 사망의 온전한 실체를 말씀을 통해서 확인한 것이다. 이런 실체를 믿음의 눈으로 경험한 후에 그들의 행보는 단 한 가지였다. 그것은 바로 '이김' 을 향한 믿음의 경주였다.

이것은 1세기의 서머나 교회 뿐 아니라 지금 이 시대를 향한 외침임을 다시 한 번 기억하자. 우리가 최종적으로 경험할 하나님과의 온전한 연합과 축복에 대한 기대는 이 땅이 제공하는 세속적 안락함이나 타협 그리고 미혹의 손길들을 물리칠 수 있는 힘을 분명히 제공할 것임을 요한은 믿고 있다. 종말에 하나님과의 온전한 연합과 하나됨을 기대하면서 이 좁은 길을 묵묵히 가도록 그는 지금 우리에게도 목소리 높여 외치고 있다. 이겨야 한다고! 마치 서머나 교인들이 그러했듯이...

3장: 버가모 교회의 이기는 자들에게 주는 성취 말씀

버가모 교회의 이기는 자들에게 주는 약속의 말씀은 2:17절에 소개 된다. 거기에서 그들은 '**만나와 흰 돌**을 받고 그리고 그 위에 **새 이름**이 기록' 될 것임을 약속한다. 요한은 버가모 도시의 특성을 통해 약속과 성취의 구조와 메시지를 교회에게 전하고 있다. 이 약속은 21:19-20절과 22:4절의 성취 구절에서 다시 소개된다. 버가모 도시는 황제 숭배의 중심도시였다. 그런 특성 때문에 교회 안에서 빈번하게 논의 되어졌던 우상 제물에 대한 것과 그것을 통한 영적 배교의 문제를 언급하고 있다. 거기에서 멀리하라는 것이다. 그런 세상의 유혹과 영적 배교를 견디고 이긴 자들에게는 하나님의 축복이 있을 것임을 선포하고 있다. 이런 약속의 말씀이 21-22장을 통해 성취되는 것을 볼 수 있다.

❀ **21:19-20** ⇨ "그 성의 성곽의 **기초석**은..." 라고 소개한다. 흰 돌 이미지는 본문에서 새 예루살렘의 열 두 기초석으로 소개된다. 약속의 말씀에서 주어진 흰 돌 이미지는 두 가지 의미를 제시한다. 한 가지는 그것의 영구성과 불변성이다. 이것은 일시적이고 변하는 것과의 대조를 위해서 제시되었음을 알 수 있다. 또 하나는 종말에 메시야의 축제에 들어갈 수

있는 허용 티켓에 대한 상징으로 사용된 것임을 보게 된다. 누가 이 흰 돌을 받을 것인가? 이기는 자들이 소유할 것을 본문은 말한다. 그들은 세상이 주는 일시적이고 변하는 실체가 아닌 영원히 변하지 않는 흰 돌을 소유하고 그리고 이 돌을 가지고 종말에 메시야가 베풀어 주시는 천상의 축제에 들어가서 영원히 잔치를 즐길 것을 말하고 있다.

이 얼마나 놀라운 소망과 위로의 메시지인가! 물론 이것은 하나의 그림 이미지이다. 독자들은 이런 그림 이미지를 통해서 주는 메시지를 보아야 한다. 너무 문자에 얽매이지 말아야 한다. 요한은 익숙한 그림 이미지를 통해서 버가모 교인들에게 이김에 대한 요청을 제시하고 있다. 이기는 자들은 하나님 나라에서 영원한 생명과 복된 삶을 살 것을 제시하면서 버가모 교인들에게 믿음을 굳게 지킬 것을 권면한다.

이기는 성도들의 최종적 운명이 이와 같을 것이라면 그 누가 확고한 약속에 대한 성취가 제공하는 생명과 복된 삶을 거절하거나 외면할 수 있겠는가? 물론 성취 구절에서는 명확한 흰 돌 이미지는 등장하지는 않는다. 그러나 요한은 이것을 21:19-20절에서 열두 기초석으로 변형시키면서 성도들에게 주는 메시지로 좀 더 확대되고 완전한 의미로 재해석하고 있다. 숫자 열둘을 통해 구원받은 완전한 백성의 공동체인 교회의 축복된 모습을 보여주고 있다. 특히 이 구절은 앞에 소개된 음녀 바벨론과 현저한 대조적 그림을 제공한다. 음녀는 화려한 금, 값진 보석과 진주로 치장을 한 모습으로 묘사된다. 그러나 음녀 바벨론의 최후의 운명이 멸망이라면 성도들의 최후의 운명은 영생과 축복임을 대조적으로 보여주고 있다.

❋ **22:4** ⇨ "…그의 **이름**도 그들의 이마에 있으리라"고 소개한다. 성경에서 이름은 아주 중요한 역할을 수행한다. 구약에서 이스라엘 사람들은

어떤 사람이나 이름에 부여되는 중요성을 인식했다. 특히 그 이름이 하나님의 이름일 때는 더욱 그러했다. 구약에서는 이스라엘 백성들이 하나님의 현현을 주로 성전에서 예배를 통해 가시화 시켰다면 본문은 이제 종말의 하나님의 백성들은 그의 얼굴과 이름을 실제적으로 볼 것을 말하고 있다. 이 말은 하나님과 그의 백성들과의 친밀한 교제와 연합을 가리키는 언어이다. 박해와 유혹에도 불구하고 거짓 짐승의 인과 표를 받지 않고 끝까지 믿음을 지켜 이기는 자들이 받을 종말의 축복을 대조적 이미지를 통해 전해주고 있다. 버가모 교회에게 주는 약속과 성취의 구절은 우상의 제물을 먹는 것과 그것으로 인해 배교의 위험에 노출되어 있는 성도들에게 놀라운 반전의 메시지를 제시해준다. 그리고 본문의 메시지를 더욱 확대시켜 풍성하게 제시함으로 성도들에게 인내와 소망을 준다.

4장: 두아디라 교회의 이기는 자들에게 주는 성취 말씀

두아디라 교회의 이기는 자들에게 주는 약속의 말씀은 '만국을 다스리는 **권세와 새벽 별'** (2:26, 28)을 받을 것으로 주어진다. 이것은 20:4절과 22:16절에 성취 말씀으로 주어진다. 그러나 이 성취 말씀이 좀 변형된 내용으로 등장함을 볼 수 있다. 유대 전통에 따르면 메시야 왕국이 그들의 이방 적들을 무너뜨림으로 올 것이라는 기대를 가지고 있었다. 즉 그들이 기대했던 종말론적인 주의 날은 그들의 적들을 무너뜨리고 파멸시킴으로 시작될 것으로 인식했다. 이런 유대 전통은 하나님의 진정한 의도를 읽어내지 못했다. 세상을 향한 그 분의 진정한 의도는 아들 예수의 죽음과 부활을 통해 민족들에 대한 권세를 얻는 것임을 깨닫게 한다. 따라서 본문의 메시지는 이기는 자들이 세상 속에서 타협이나 종교적 방종을 억누르며 끝까지 하나님의 뜻을 계속해 이루어 나간다면 민족들에 대한 권세를 소유할 것을 말하고 있다.

❋ **20:4** ⇨ "…심판하는 **권세**…"에 대한 언급은 천년왕국이 등장하는 단락에서 발견 된다. 이 권세는 이기는 자와 예수에 대한 증거 그리고 하나님의 말씀을 지키는 자에게 주어진다. 이것은 앞에 2:26에 소개된 "이기는 자와 끝까지 내 일을 지키는 그"에 대한 약속의 성취로 주어짐을 볼 수 있다. 이 구절에서 '이기는 자와 지키는 자'는 하나의 동일한 개념으로 간주되어진다. 이 두 단어는 요한계시록에서 승리와 정복의 의미를 전달하기 위해 사용된다. 그렇다면 본문에서 이긴다는 것은 다름 아닌 예수에 대한 증인의 삶과 하나님의 말씀을 지키는 것임을 명백하게 밝히고 있다.

왜 그러면 이런 말씀들이 약속과 성취로 주어졌는가에 대한 궁금증이 생기게 된다. 이것은 두아디라 교회의 역사적-사회적 상황과 무관하지 않다. 그들이 매일 경험해야 했던 거짓 여선지자 이세벨의 가르침과 이방 신들을 예배하라는 거짓 타협의 문제가 그리스도인으로 살아가야 했던 그들의 삶의 뿌리와 근거를 송두리째 흔들고 있었다. 그러나 요한은 그들에게 보이는 현실과는 다른 '대체적 세상'을 제공하고 있다. 옛 것을 새 것이 결국은 대체할 것이라는 것이다. 지금은 비록 하나님의 사람들이 옛 세상 질서에 의해서 통치와 통제를 받는 것처럼 보이지만 이제 잠시 후에 새로운 대체적 세상에서는 옛 질서는 새 질서에게 자리를 내줄 것을 말한다. 그러니까 너희는 이기는 자가 되라고 권한다. 결국 다가올 세상에서는 이기는 자들이 세상 사람들을 심판할 권세를 위임 받을 것을 말하고 있다. 이것은 1세기 세상적 가치관과 타협이라는 세속적 세력과 싸워야 했던 성도들에게 강력한 수사학적 효과를 제시하면서 그들에게 희망과 위로를 제시했음에 분명하다.

❀ **22:16** ⇨ "…광명한 **새벽 별**이라 하시더라"에 대한 언급은 2:28에 등장하는 "그에게 새벽 별을 주리라"에 대한 약속의 성취로 주어진다. 새벽 별의 정체성에 대한 많은 논의가 학자들 사이에서 있어왔다. 바벨론 시대 이후로 권세의 상징으로서 행성인 비너스를 말하는지 아니면 의인들의 불멸의 상태를 말하는 것인지 등등에 대한 논의가 있어왔다. 여기에 대한 본문의 명확한 언급이 22:16절에 등장한다. 그것은 바로 예수 그리스도 자신이 새벽 별임을 밝히고 있다. 그 분이야말로 하나님의 종말론적 백성들인 이기는 자들에게 축복과 승리를 가져오시는 메시야이심을 보여준다.

한 가지 흥미로운 것은 2:28절의 약속의 말씀에는 없는 22:16절의 성취 말씀에 추가되는 "광명한"에 대한 언급이다. 이것은 21:23-24, 22:5절에 소개되는 빛 모티브와 관련된다. 예수는 세상의 빛으로 오신 분임을 성경은 반복적으로 강조한다. 새 예루살렘에서는 해나 달의 비침이 필요 없게 된다. 왜냐하면 하나님은 빛이고 어린 양 그리스도가 등불이기 때문이다. 그 분은 물리적인 빛을 능가하시는 분임을 보여 준다. 본문은 "광명한"의 추가적 언급을 통해 새벽 별이신 예수야말로 진정으로 회복된 새 시대의 영광을 가져오시는 분임을 요한은 보여주고 있다. 종말론적 광명한 새벽 별로서 예수 그리스도에 대한 언급은 이기려는 믿음의 성도들에게 많은 위로와 소망의 메시지를 제공했다. 왜냐하면 그들 역시 하나님의 나라에서 예수 그리스도처럼 밝게 빛날 것을 기대했기 때문이다.

5장: 사데 교회의 이기는 자들에게 주는 성취 말씀

사데 교회의 약속의 말씀은 '이기는 자는 흰 옷을 입고 그리고 이름이 **생명책**에서 지워지지 않을 것'(3:5)임을 약속한다. 이것의 성취 말씀이 22:14절과 21:27에 소개된다. 흰 옷에 대한 언급은 독자들에게 더렵혀진 옷이 있을 것임을 가정케 한다. 이 두 개의 이미지는 대조적인 그림을 제시하면서 사데 교인들에게 믿음의 결단을 통해 흰 옷을 입을 것을 요청한다. 바로 그것을 위해 그들은 교회의 문제인 영적인 우상 숭배와 방종을 멀리하도록 권면 받는다. 왜냐하면 이와 같은 우상 숭배와 방종을 통해 그들이 받은 복음의 핵심 즉 흰 옷이 더렵혀졌기 때문이다. 흰 옷(22:14)이라는 이미지는 단순히 순결함을 말한다기 보다는 그 이상의 것인 즉 주변 문화나 상황에 타협하지 않는 신실하고 비타협적 정신[96)]을 말한다. 그리고 생명책(21:27)에 대한 언급은 출애굽기 32:32-33의 인용으로 그것을 읽고 들었던 독자와 청중들에게 매우 익숙한 이미지임을 알 수 있다. 특히 책에 이름이 쓰임을 구원과 영생으로 그러나 이름이 지워짐을 영원한 죽음과 심판으로 이해했다. 이 두 가지 이미지는 사데 교인들에게 세상적 타협에 대한 경고와 구원과 영생에 대한 소망과 격려의 메시지를 극대화 시켰음에 분명하다. 그리고 그것을 통해 이 땅에서의 승리와 소망의 삶을 살았을 것이다.

❀ 22:14 ⇨ "자기 두루마기를 빠는 자들은 복이 있으니…"라는 언급은 앞의 약속 본문의 성취 구절로 소개된다. 특히 이 성취 구절은 또한

96) G.K. Beale, *The Book of Revelation*, NIGTC, Eerdmans, p. 278, 1999.

19:13절에 등장하는 "그가 피 뿌린 옷을 입었는데"와 연결된다. 피 뿌린 옷을 입은 사람은 다름 아닌 예수 그리스도 자신이시다. 여기에 등장하는 피는 예수 그리스도 자신이 십자가에서 흘린 피를 상징한다. 이 피로 성도들이 자기 두루마기를 빠는 것을 묘사하고 있음을 알 수 있다. 그들은 세상의 풍조와 가치관에 자신들을 더럽히지 않고 오히려 신실하게 믿음을 지킴으로 십자가의 피로 옷을 깨끗하게 씻었음을 보여 준다. 이런 의도를 가지고 요한은 자기 두루마기를 빠는 자들을 이기는 자들과 동일시하고 있다. 결국 이긴다는 것은 매일매일 십자가의 보혈을 의지해서 자신을 세상과 세속의 더러움과 타협으로부터 지키는 것을 말한다. 그래서 그들이 얻는 결과는 바로 "생명나무에 나아가며…성에 들어갈 권세를 받으려 함"이라고 본문은 말한다.

여기에 소개되는 생명나무에 나아감의 이미지는 독자들의 눈을 창세기에 소개되었던 에덴동산에로 향하게 한다. 이것을 통해 에덴동산에서 쫓겨남과 생명나무에로 나아감의 대조적 그림 이미지를 제공한다. 에덴동산에서 쫓겨난 아담과 이브의 운명과는 달리 이기는 자들의 운명은 그들에게 영생을 제공할 생명나무에로 인도할 것이라는 사실이다. 이 얼마나 놀라운 위로와 소망의 메시지인가! 우리의 조상들이 저질렀던 제2의 실패를 다시 또 경험하기를 요한은 결코 원하지 않는다. 그래서 그는 목청 높여 지금 외치고 있는 것이다. 이겨라! 이것만이 너희들이 살 길이다. 성령이 교회들에게 주시는 말씀을 들어야 한다. 귀를 막고 마음을 닫아서는 안 된다고 요한은 탄식하고 있다.

또 다른 결과는 이기는 자들이 "성에 들어갈 권세"를 받을 것을 약속한다. 이것은 22:15절의 말씀과 대조적 그림을 제공하고 있다. 22:15절에 소개 되는 악한 사람들은 "성 밖에" 있을 것을 경고하고 있다. 요한은 이 두 구절을 통해 이기는 자들의 축복과 영생을 그리고 악한 자들의 영벌과 심판의 운명을 의도적인 대조를 통해서 묘사하고 있다. 그리고 성도들은 성 안에 있으면서 그리스도와 더불어 영생과 축복을 누릴 것을 권면하고 있다. 이 둘의 운명을 결정하는 중요한 요인은 어떻게 그들이 예수 그리스도의 십자가의 피에 믿음으로 민감하게 반응하는가에 있음을 보여줌으로 십자가의 신학을 강조하고 있다.

독자들은 본문의 메시지를 통해 무엇을 느끼는가? 미래 종말의 시간표? 또는 심판의 무서운 징조? 본문은 사실 다른 이야기를 말하고 있다. 그것은 복음이다. 예수 그리스도를 통한 구원의 사건에 관심이 있음을 보아야 한다. 종말의 시간표나 시대의 징조를 발견함이 요한과 그의 독자들의 관심사가 아니다. 자세히 본문을 살펴보면 이런 관심의 흔적을 현 성도들은 발견할 수 없다. 그들의 관심은 철저히 그리스도 중심적이고 그 분을 통한 구원의 방편을 제시받고 있고 그래서 성도들이 위로와 소망 가운데 승리와 믿음의 삶을 살아갈 것을 권면 받고 있다. 이것이 요한계시록의 핵심 내용이다.

❋ 21:27 ⇨ "…오직 어린 양의 **생명책**에 기록 된 자들만 들어가리라"의 구절은 3:5절에 소개된 약속의 말씀의 성취 구절로 등장한다. 생명책이라는 것이 실제적인 책을 말하는 것인지 아니면 상징적 이미지인지에 대해서 현대인들은 관심이 많다.

물론 요한과 그 당시의 독자들은 이것의 실체를 밝혀내기 위해서 고민하지 않았다. 그들에게는 아주 자연스런 것으로 받아 들여졌다. 왜냐하면 이것의 정체성의 진위여부를 가리는 것이 본 책의 의도가 아니라는 것을 잘 알고 있었기 때문이다. 이 책의 실체에 대해서 약간 고민을 해보면 이와 같다. 유치하지만 아래와 같은 질문을 한 번해 보자. 왜 굳이 하나님은 생명책이라는 기록부가 필요하신가? 그 분이 과연 기억을 위해서 생명책이라는 기록부를 필요로 하시는가? 요즘은 좁쌀만 한 칩 하나에 수백만 아니 수천만 사람들의 신상 명세가 다 기록되어 있지 않는가? 하나님도 현대 과학의 진보를 좇아갈 수 없으신 유한하신 분이신가? 이것에 대해 당연히 우리의 대답은 No!일 것이다. 사실 생명책이 실제로 존재하는 책인지 아닌지에 대한 것은 우리의 관심이지 1세기 독자들의 관심은 아닐 것이다. 우리의 관심과 그들의 관심을 혼동하면 안 된다.

요한은 그 당시 익숙한 그리스-로마 시민 기록부라는 실체를 사용해서 하나님 나라 백성들의 이름이 기록될 생명책이라는 이미지를 사용하고 있다. 세상 나라의 기록부와 하나님 나라의 기록부라는 대조적 이미지를 통해서 성도들의 이름이 생명책에 기록되어야 할 것임을 강조한다. 하나님은 굳이 누가 성도인지 누가 악인 인지를 밝히기 위해서 책에 의존하실 필요가 없으신 분임을 독자들도 잘 알고 있을 것이다. 이것은 성도들의 이름이 생명책에 기록되어 있다는 이미지를 통해서 이미 그들이 영생을 소유했다는 것에 대한 확실한 보증을 제시하기 위한 하나의 장치임을 보아야 한다. 그래서 21:27절이 "어린 양의 생명책"으로 소개되고 있다. 어린 양의 생명책에 이름이 쓰인다는 것은 어린 양이신 예수 그리스도가 가셨던 길을 성도들이 간다면 그런 성도들의 이름은 반드시 생명책에 쓰일 것을 암시하고 있다. 성도들 역시 예수처럼 죽음을 통해 이기는 자들이 되고 그런 삶으로 인해 생명책에 이름이 쓰임을 알 수 있다.

21:27에서 "어린 양의"에서 "의"는 소유의 속격을 가리키는 것으로 양에게 속한 사람들을 가리키는 것[97]이다. 양에게 속한 자는 반드시 그들의 이름이 생명책에 기록될 것을 말한다. 반면에 어린 양에게 속하지 않은 자

들은 제외될 것을 경고한다. 본문은 생명책에 기록된 성도들에게 약속된 축복의 삶이 반드시 성취될 것이라는 메시지를 통해 위로와 소망의 말씀을 제시함을 알 수 있다. 끝까지 이기면 너희들은 이런 축복된 삶을 누릴 것이라는 약속이다. 세상의 타협과 영적 방종에 대해서 이기라는 성경의 소리를 들어야 한다. 이것은 1세기 독자들뿐만 아니라 21세기의 현대의 성도들에게 주는 동일한 메시지임을 알아야 한다. 이겨라! 그 외침을 기억하자.

6장: 빌라델비아 교회의 이기는 자들에게 주는 성취 말씀

빌라델비아 교회가 이기는 자들에게 주는 약속의 말씀은 그들이 **'성전 기둥'** (3:12)이 될 것이라는 것이다. 이것의 성취는 21:22절에 소개된다. 물론 이 둘 사이에는 언어적 일치보다는 주제적 유사성이 두드러짐을 볼 수 있다. 이방 신전에서 이교 제사에 익숙한 그 도시 사람들에게 성전의 기둥 이미지는 메시지를 전달하는데 아주 효과적인 전략적 의미를 전달한다. 3:12절에서 주어진 약속의 말씀에서는 "이기는 자는 내 하나님 성전에 기둥이 되게 하리니…" 라는 약속을 주면서 성도들의 '이김' 에 대한 강조를 권면하고 있다.

특히 "내 하나님 성전" 이란 구절에서 "내 하나님 성전" 은 주격적 소유격으로 사용된다. 즉 '하나님 자신이 성전' 이 되시고 그곳에서 승리한 성

---

97) R.H. Mounce, *The Book of Revelation*, NIC, Grand Rapids: Eerdmans, p. 256, 1977.

도들은 성전 기둥이 된다는 것이다. 이 메시지는 그 당시 빌라델비아라는 이방 도시에서 유대인들과의 갈등 그리고 이방 제사에 대한 타협이라는 선택의 기로에 서 있는 성도들에게 주시는 말씀이다. 이런 상황 속에 있지만 만약 성도들이 이긴다면 하나님이 성전 자체이신 곳에서 기둥이 될 것이다. 기둥이 된다는 것은 물론 문자적이지 않다. 이것은 성도들의 삶이 안전하고 확고할 것임을 기둥 이미지를 통해서 말하고 있다. 결국 이기는 성도들의 신분이 안전함과 확고할 것임을 제시하면서 끝까지 이 땅에서 이기는 자의 삶을 살라고 요청하고 있다.

❀ **21:22** ⇨ "…주 하나님 곧 전능하신 이와 및 어린 양이 그 **성전**이심이라"의 본문은 3:12에서 주어진 약속 말씀의 성취로 주어진 본문이 소개된다. 비록 이 둘 사이에는 언어적 유사성을 찾아볼 수 없음에도 불구하고 주제적 일치가 두드러지게 등장한다. 하나님과 어린 양이 성전이신 곳에서 성도들이 기둥이 되고 결코 그 성 밖으로 나가지 않을 것이라는 성취의 말씀은 커다란 위로와 소망의 메시지를 제공했을 것이다. 이 성취 말씀은 지상의 관점과 천상의 관점을 의도적으로 대치시키고 있다. 비록 성도들이 지상에서는 하나님과 예수에 대한 믿음 때문에 갈등과 고통의 시간을 보내고 있음에도 불구하고 천상의 관점에서는 미래의 안정성과 확고함을 소유한 자들임을 강조하면서 빌라델비아 성도들에게 이기는 자들이 될 것을 기대한다. 따라서 성전 기둥이 될 것이라는 이미지는 성도들에게 강력한 초월적 대안을 제시함으로써 미래 성취의 관점에서 현재를 살아가고 이길 것을 권면하고 있다.

7장 : 라오디게아 교회의 이기는 자들에게 주는 성취 말씀

라오디게아 교회의 이기는 자들에게 주는 약속의 말씀은 3:21절에 "이기는 그에게는 내가 내 **보좌**에 함께 앉게 하여 주기를…"로 소개되고 있다. 그리고 이것의 성취가 21:3, 5에서 소개된다. 요한계시록에서 보좌 이미지는 주요 이미지 중의 하나임을 보아왔다. 요한은 보좌 이미지를 통해 하나님과 양의 주권적 통치를 강조하고 있다. 이것은 땅에 속한 보좌 이미지와 하늘에 속한 보좌 이미지를 대조시킴으로 이기는 성도들은 하나님과 어린 양의 신적 보좌 위에 앉고 그 분들과 함께하는 놀라운 특권을 소유할 것을 말한다.

※ 21:3 ⇨ "내가 들으니 보좌에서 큰 음성이 나서…"의 이 구절은 보좌에서 큰 음성이 나서 하나님의 장막이 사람들과 함께 있음을 소개하고 있다. 그리고 21:5절에서 보좌에 앉으신 분이 만물을 새롭게 하실 것을 말씀하고 있다. 이 두 구절이 소개되고 있는 새 예루살렘 단락에서의 보좌 이미지는 2-3장에서 소개되고 있는 약속 말씀을 성취하는 중요한 중심 이미지로 등장한다. 이 두 구절은 하나님의 백성들이 참여할 종말론적 축복과 통치를 묘사하고 있다. 이 축복은 하나님이 그의 백성과 함께 하신다는 것이다. 그의 백성들과의 하나님의 거주는 두 가지 측면에서 말할 수 있다. 하나는 20:15까지에서 악한 자들에게 가해진 심판의 자연스런 결과로 드러난 현상이다. 또 다른 하나는 이기는 자들에게 주어진 종말론적 축복과 완성의 자연적 결과라고 볼 수 있다. 이러한 두 가지 대조적인 이미지를 통해 요한은 정체성을 위협 당하고 있었던 성도들에게 끝까지 말씀과

믿음 안에 설 것을 권고하고 있다. 이것이 바로 성도들이 끝까지 지켜야 할 믿음의 삶임을 보여준다.

이런 믿음의 결단을 돕기 위해 일곱 교회에게 주신 마지막 약속의 말씀을 보좌 이미지에 초점을 두게 한다. 결국 보좌 위에 앉아 계신 하나님과 어린 양이 일곱 교회의 이기는 성도들뿐만 아니라 모든 세대를 거친 그리스도인들의 삶을 책임질 것을 약속하고 그 약속이 확실히 또는 반드시 성취될 것을 본문을 통해 말하고 있다. 이기는 자들이 하나님과 함께 거한다는 성취의 말씀은 그들에게 놀라운 반전과 삶의 의미와 결단을 제공했을 것이다. 비록 이 땅에서의 삶의 유혹과 영적 배교의 문제들이 늘 주변에 도사리고 있지만 이기는 자들은 하나님과 함께 거한다는 성취의 메시지는 끝까지 이겨야겠다는 믿음의 결심을 제공하지 않았겠는가? 이 얼마나 놀라운 위로와 소망의 메시지인가! 그래서 요한계시록은 희망과 위로의 말씀임을 그 누구도 부인할 수 없다. 약속하신 분은 반드시 성취할 것임을 본문은 너무도 분명하고 명백하게 1세기 성도들뿐만 아니라 21세기의 성도들에게 말하고 있다. 이 내용을 놓치면 사실 본문 전체 내용을 놓치는 것임을 알아야 한다.

정리하면, 이제까지 2-3장에서 주어진 약속의 말씀이 21-22장을 통해 성취로 이루어짐을 보았다. 이것은 2-3장에서 주어진 약속의 말씀이 다른 본문과 동 떨어진 별개의 본문이 아니라 구조적으로 성취의 형태를 가진 아주 잘 짜인 내용의 말씀임을 보여준다.

필자가 이런 구조를 통해 보여주고 싶은 것은 현대 성도들이 요한계시록 본문을 보는 관점의 인식 전환에 있다. 2-3장에 약속을 받았던 일곱 교회의 성도들은 21-22장의 성취 단락의 내용들을 예배 중에 듣고 보고 읽었다. 그리고 그것을 통해서 놀라운 하나님의 섭리와 역사를 통치하시고 다스리시는 어린 양의 권능을 보게 된다. 이것은 분명히 그들 삶에 변화를 가져왔고 세상에 대해서 소극적이고 타협적 정신을 갖고 살게 한 것이 아니라 세상에 대한 저항적 정신과 신실한 믿음의 삶을 살겠다는 결단을 끌어냈다. 이런 내용은 요한계시록을 통일성있게 연결된 말씀으로 볼 때만이 가능함을 알 수 있다. 2-3장에서 하는 얘기 따로 있고 21-22장에서 하는 얘기가 따로 있는 다른 본문이 아니라는 것이다. 이것을 통해 본문이 서로 관계없는 단락들의 모음집 정도가 아니라 아주 잘 짜인 구조로 이루어진 계시의 말씀임을 현대 성도들이 깨달아야 한다. 이것이 **요한계시록 본문 읽기의 출발점**임을 인식해야 한다.

특히 요한계시록 본문을 통한 혼돈스러운 현실을 볼 때 올바른 요한계시록 읽기가 더욱 필요한 시기임을 보게 된다. 지나친 문자주의나 각종 추측과 소문에 의해서 본문의 소리가 왜곡되어서는 안 된다. 이것은 본문의 의도가 아니다. 이 글을 받고 보고 들었던 1세기 성도들이 그들이 직면했던 다양한 삶의 문제들을 직면하고 극복할 수 있었던 유일한 해법은 본문의 소리에 올바르게 반응했기 때문이다. 하나님이 약속했던(2-3장에서) 성취의 말씀들을(21-22장에서) 결국은 이기는 성도들이 얻게 될 것이라는 믿음과 소망의 확신이 그들로 하여금 끝까지 인내하게 만들었던 힘의 원천임을 알 수 있다. 그들은 그것만을 소망하면서 믿음의 길을 당당하게 걸어갔다. 그들이 기대하고 소망했던 것은 이상하고 알지 못하는 미래를 기대하고 종말의 시간표를 소망하면서 살았던 것이 아니다. 오히려 매일의 실제적 현실 때문에 갈등하고 고통 받았던 삶과는 대조적으로 새로운 상징적 우주와 대체적 세계를 봄으로 승리할 것을 결심하고 있음을 보아야 한다. 제발 근거 없이 긴박한 종말론을 강조하고 이상한 음모론이나 떠들고 다니는 종말론 자들에게 귀 기울이지 말자! 이런 것들은 본문의 의도가 아니고 요한의 의도가 아니다. 잘못된 본문의 구조 이해는 성도들에게 올바른 요한계시록 읽기가 얼마나 필요하고 중요한지를 단적으로 보여준다. 아마 본 책의 의도를 충분히 이해한다면 이 둘이 얼마나 양 극단에 서 있는지를 독자들은 알 수 있을 것이다.

제 6 강

22:6-22:21 결론

책은 마지막 결론을 향해서 간다. 이 부분 역시 나머지 부분과 크게 다르지 않음을 볼 수 있다. 특히 이 부분의 처음 단락을 구성하고 있는 22:6-7절은 독자들에게 매우 익숙한 구절을 제시한다. 즉 22:6-7절은 1:1-3절과 유사한 형태를 보여준다.

> "또 그가 내게 말하기를 이 말은 신실하고 참된지라 주 곧 선지자들의 영의 하나님이 그의 종들에게 반드시 속히 되어질 일을 보이시려고 그의 천사를 보내셨도다 보라 내가 속히 오리니 이 두루마리의 예언의 말씀을 지키는 자는 복이 있으리라 하더라" (22:6-7).

> "예수 그리스도의 계시라 이는 하나님이 그에게 주사 반드시 속히 일어날 일들을 그 종들에게 보이시려고 그의 천사를 그 종 요한에게 보내어 알게 하신 것이라 요한은 하나님의 말씀과 예수 그리스도의 증거 곧 자기가 본 것을 다 증언하였느니라 이 예언의 말씀을 읽는 자와 그 가운데에 기록한 것을 지키는 자는 복이 있나니 때가 가까움이라" (1:1-3).

위의 비교를 통해서 볼 때 우리가 보아야 할 것이 있다. 본문의 마지막 결론 부분이 처음 부분과 놀랄만한 유사성을 보여주고 있다는 것이다. 이것은 우연의 일치가 아니다. 다분히 저자의 의도적인 구조적 일치를 볼 수 있다. 이것이 암시하는 것은 요한계시록의 처음과 끝이 아주 잘 짜인 구조적 통일성을 보인다는 사실이다. 그래서 전체를 따로 나누어서 생각할 수 없다. 처음과 끝을 같은 내용으로 시작하고 끝냄으로 이 말씀이 하나님의 계시와 예언의 말씀임과 동시에 서신임을 강조하려는 의도를 드러낸다. 그리고 본문에 등장하는 다양한 내용들로 처음과 끝과 중간에 소개되는 내용들을 유기적으로 이어가고 있다. 요한은 처음과 마지막 결론의 일치를 통해 일차적으로는 1세기 청중과 독자들에게 그리고 이차적으로는 지금 이 시대를 살아가는 현 독자와 청중들에게 말씀의 유기적 연계성과 의미를 보게 한다. 이 말씀이 그 분이 말씀하신 그대로 반드시 이루어질 것을 말한다. 그 누구도 여기에 다른 어떤 것을 '더하거나 제 할 수 없다'(22:18-19)고 충고한다. 이런 애정 어린 심정과 뜨거운 열정으로 요한은 본문을 다섯 개의 권면으로 마무리한다.

첫째는 위에 제시된 말씀들은 '신실하고 참' 되니 이 말씀을 지키라!(22:6-7)는 것이다. 이 말씀의 주체가 하나님이시기 때문에 본문 1장에서 22장까지 언급된 모든 예언의 말씀들이 반드시 이루어질 것을 확증한다. 성도들에게는 구원과 영생이 보장되고 악한 자들에게는 심판과 멸망이 임할 것이라는 말씀이 반드시 그리고 분명히 그대로 이루어질 것을 선언한다.

두 번째는 너희는 오직 "하나님께 경배"(22:9)해야 함을 말한다. 유일한 경배의 대상은 요한도, 천사도 그리고 그 어떤 인간적 권위도 아니고 오직 유일하신 하나님이심을 밝힌다. 특히 이 말씀은 그 당시의 소아시아에서 일상적으로 행해졌던 황제 숭배나 또는 이방 신에게 예배했던 것에 대한 경계의 의미를 내포하고 있다. 그것들은 예배의 대상이 아니다. 그 실체를 지금까지 보지 않았는냐는 것이다. 오히려 참된 예배의 대상은 하나님 한 분 이심 알고 그 분께만 예배할 것을 선포한다.

세 번째는 예수께서 너희의 '행한 대로 갚아 주실 것' (22:12)임을 말씀한다. 이것은 사실 그리스도인들에게 삶의 결단을 요구하는 과격한 요청이다. 소아시아 일곱 교회 안에 있는 명목상의 그리스도인이라는 명칭 가지고는 하나님 나라를 소유할 수 없다. 그것은 말의 문제가 아니라 삶의 문제이다. 그리스도인들이기 때문에 첫사랑을 회복해야 하고 자기들을 영적 배교나 방종 그리고 자기 태만의 부주의함으로부터 벗어나야 함을 말한다. 마음으로만 하나님에게로 향하는 것이 아니라 삶의 행위로도 하나님에게로 향해야 하다는 과격한 믿음의 결단을 본문은 말하고 있다.

네 번째로는 "나는 알파와 오메가요 처음과 마지막이요 시작과 마침이라"(22:13)라는 하나님에게 적용된 신성(1:8)이 그리스도에게 적용 되어서 '예수 그리스도의 신성' 이 강조된다. 이것은 이 일을 행하시는 예수께서는 신적 본질을 가지고 계신 하나님이시고 역사의 주관자로서 그 분이 마지막에 행하실 사역에 독자들의 시선을 집중케 한다. 역사의 주인이시고 통치자이신 그리스도의 신성에 대한 본질적 언급은 믿음 안에 인내하면서 신실한 삶의 길을 걷는 성도들에게 더할 나위 없는 위로와 소망으로 다가왔음에 틀림없다.

다섯 번째로 이 말씀은 하나님의 계시이므로 누구도 '더하거나 제할 수 없다' (22:18-19)고 충고하면서 권면을 마친다. 요한의 권면에 이어서 성도들은 "아멘 주 예수여 오시옵소서"(22:20) 즉 마라나타라는 초대 기도문을 반영하는 내용으로 믿음의 올바른 반응을 하고 있다.

마지막 결론에 해당하는 권면의 부분들을 살펴보았다. 이 반응은 요한계시록에 대한 구조를 이해할 때 중요한 암시를 제공한다. 이 글을 읽고 들었던 1세기 소아시아 그리스도인들은 지금까지 제시한 모든 내용들을 아무런 한계나 제한 없이 충분히 이해했다는 것이다. 그들에게 있어서 요한계시록의 메시지는 복음인 것이다. 그래서 그들은 마라나타로 복음에 반응을 보인다. 마라나타로 믿음의 고백을 했던 1세기 소아시아 그리스도인들은 복음 안에서 이기는 자의 삶을 살 것을 결심했다. 만약에 그들이 자기들에게 주어진 말씀을 이해 못 했거나 자기들과 상관없는 메시지로 보았다면 이런 고백이 분명히 나오지 못 했을 것이다. 우리는 주의 깊게 본문의 행간이 제시하는 소리를 잘 들어야 한다.

주의 깊은 독자들은 위에 주어진 권면 속에서 기대치 않던 약간의 내용들을 느꼈을 것이다. 일단은 서신의 틀로 권면의 내용을 채우고 있다는 사실과 그리고 종말의 시간표나 시대 종말에 대한 어떤 기묘한 상상력과 추측을 위한 여지를 남겨 놓지 않는 다는 것이다. 오히려 그리스도인으로서의 삶과 헌신 그리고 결단을 위한 끊임없는 승리에로의 전진을 제공하고 있음을 볼 수 있다. 그것은 잡히지 않는 무지개나 미래의 환상에 사로잡힌 몽환적 황홀경에 빠진 극단적 그리스도인들의 모습을 이 고백에서 허용하지 않는다. 이런 내용은 요한과 성경적 관점에서 볼 때야 만이 이해 가능하다. 물론 당연히 정경으로서 또한 지금의 우리에게 주는 말씀임을 인식해야 한다. 이 말씀은 독자들에게 공간적 초월과 시간적 초월을 통해 역사의 주관자이신 하나님과 예수 그리스도의 정체성과 사역을 올바르게 보게 하고 관점의 변형과 상징적 우주를 제공하므로 고난당하는 하나님의 백성에게는 구원과 위로와 격려와 소망의 메시지를 제시한다. 이것 말고 다른 무엇이 더 필요하겠는가?

제 7 강

요한계시록의 올바른 현대적 읽기를 위한 한 마디…

지금까지 요한계시록에 대한 신학적 이해와 구조를 통해 전체적 개요를 설명하였다. 이것을 위해 기나긴 여정을 시작한 것은 신학과 구조에 대한 충분한 이해와 안목이 없다면 절대로 요한계시록은 이해할 수 없는 책이라는 필자의 생각에 근거한다. 하루에 매일 요한계시록을 읽는다고 해결되는 것이 아니다. 사실 그렇게 한다고 광고하는 너무나 많은 신령한(?) 분들을 심심치 않게 우리는 접하고 또한 약간의 유혹도 받았음을 부인할 수 없다. 최근에 한국 교회를 염려하는 소리들을 들을 수 있다. 그것에 일조하는 것이 소위 '직통 계시' 라는 것이다. 요한처럼 직접보고 들었다는 것이다. 그것을 대표하는 본문 중의 하나가 바로 요한계시록이다. 보았다는데 사실 할 말은 없다. 그런데 문제는 그것이 진정 성경이 아니 주님이 원하시는 방식인가? 또는 제대로 들은 것은 맞는가? 라는 것이다.

그래서 처음부터 이 책의 출발은 이런 질문으로 시작했다. '과연 그런가?'이었다. 과연 요한은 21세기의 독자들에게 현재의 우리가 이해하는 방식의 본문 읽기를 원하였는가? 그렇다면 이 책은 1세기의 그들에게 어떤 의미가 있었는가? 이 책이 제공하는 최고의 정보는 종말의 시간표를 보고 시대적 징조를 깨달으라고 주신 말씀인가? 만약 이것이 맞는다면 요한계시록은 시대를 거쳐서 성도들에게 혼돈과 정답 없는 수수께끼를 주려는 목적으로 쓰인 책에 불과할 것이다.

필자의 주장은 이렇다. 이런 식의 생각이 맞지 않는다는 것이다. 요한계시록은 잘 구성되고 짜인 정교한 문학 작품과 같다. 이 책은 미래 사건을 위한 청사진이나 타임 테이블을 제시하지 않는다. 이 글은 소아시아 일곱 교회가 직면한 문제를 해결하기 위해서 하나님이 그의 종인 요한을 통해서 보내신 예언적 메시지이다. 궁극적으로 이 책의 일차적 수신자는 요한의 글을 받았던 1세기 그리스도인 독자들이다. 그들은 이 글을 받고 믿음에로 결단하도록 요청받고 본문 안에서 사용된 다양한 구약 인용과 상징적 이미지들을 통해 희망과 격려의 메시지를 받는다. 그리고 그 안에서 종말론적 하나님의 통치를 기대하면서 그들이 처한 현실을 극복할 수 있게 된다. 이것이 요한계시록 본문이 전하는 메시지의 전부이다.

하지만 아직도 요한계시록 이해에 대해 한국 교회가 갈 길은 먼 것 같다. 이런 오해와 사고의 전환이 있기를 소망하는 마음으로 자그마한 책을 쓰게 되었다. 특히 책을 쓰면서 가지고 있던 소망은 올바른 요한계시록 신학과 구조 이해에 대한 성도들의 인식 전환을 기대하면서 내용을 전개해 나갔다. 비록 시중에 허다한 요한계시록에 대한 주석들과 책들이 있음에도 불구하고 본문을 이해하기 위한 신학과 또한 본문을 하나의 통일성 있는 구조로 이어주는 책을 거의 찾을 수 없다는 것이 필자의 판단이었다. 만약에 몇 가지 신학적인 부분에 대한 이해와 전체 구조를 볼 수 있다면 본문을 통해서 최소한 이상한 소리는 하지 않고 이단들에는 빠지지 않을 것이라는 것은 확실하다.

지금의 요한계시록 읽기의 대부분의 오류는 본문의 파편화 또는 불연속성으로부터 시작함을 알 수 있다. 즉 나무는 보지만 숲 전체를 보지 못한다는 한계성을 가진다. 그리고 누구도 이 부분을 설명하지 않고 또한 요구하지 않는다. 그래서 본문 전체를 읽어 내는 것이 힘들어진다. 나무는 열심히 분석하고 연구하는데 숲을 읽어 내지는 않는다. 오히려 본문을 거꾸로 보고 있는 기이한 현상이 한국 교회 내에 만연함을 알 수 있다. 숲이라는 또는 산이라는 전체 그림을 머릿속에 그리고 있어야 한다. 그러면 많은 오해와 오류를 줄일 수 있을 것이다. 이런 작업들을 위한 첫 행보는 바로 신학적 이해를 가지는 것이다. 그들이 선호하는 시간 개념은 무엇인가? 과거, 현재 그리고 미래라는 시간 속에서 어떤 시간의 시제를 그들은 우선시 했는가? 왜 기묘한 이미지를 통해서 본문을 설명하는가? 상징은 천상의 언어인가? 위에서 설명했듯이 요한은 이런 다양한 상징적 그림 이미지를 통해서 그의 직접적인 수신자들인 일곱 교회의 성도들과 의사소통(communication) 했다. 그런 장치를 통해 그가 원했던 메시지를 전달했다는 것이다.

요한이 전하고 싶은 가장 중요한 주제 중 하나는 '이김' 에 대한 요청이었다. 이김에 대한 요청은 그들이 살아가고 있었던 시대적 상황과 무관하지 않음을 보아야 한다. 매일매일 그들은 황제 숭배와 제국 제의, 영적 배교와 타협 그리고 자기만족이라는 영적 위기 속에서 요한을 통해주시는 하나님의 메시지에 직면하게 된다. 세상이라는 현실에 안주하거나 만족해서는 안 된다는 것이다. 과감히 거기에서 탈피해야 한다! 그것들과 싸워 이겨야 한다는 요한의 외침을 가슴깊이 새겨야 했다.

특히 이것은 1세기에 성도들이 직면한 문제이면서 21세기를 살아가는 현대 성도들이 직면한 문제임을 놓치지 말아야 한다. 본문은 역시 현대의 성도들에게 이 땅에서 끊임없이 이김에 대한 요청의 소리를 발한다. 요한계시록이 이 시대에 꼭 필요한 것은 본문을 통한 종말의 시간표를 작성할 수 있기 때문이 아니라 본문을 통해 들려오는 이김에 대한 요청 때문이다. 세상과 하나님을 동시에 섬길 수 없다는 것이 성경의 소리이다. 교회 안에서 행해지고 있는 많은 일들에도 불구하고 교회 안에서 성도들을 향한 사랑을 발견할 수 있는가? 큰 규모의 건물과 많은 인원을 자랑하고는 있지만 그 안에서 죽기까지 충성하려는 몸부림이 있는가? 그 분은 교회 안에 있는 명목상의 그리스도인들을 찾으시는 것이 아니라 불의한 세상 속에서 자신을 거룩하게 지키고 인내하는 신실한 하나님의 사람들을 찾으시는 것을 본문을 통해서 보아야 할 것이다.

"귀 있는 자는 성령이 교회들에게 하시는 말씀을 들을지어다…"는 요한의 음성이 아련히 귓가에 울려 퍼진다. 안타까움으로 절규하듯 외치는 요한의 소리가 들려오는 것만 같다. 마음에 주체할 수 없는 아련함이 느껴진다. 그리고 한편 마음속에 주체할 수 없는 절박함과 간절한 소망이 밀려온다. 2000년 전에 요한이 일곱 교회에게 목청 높여 외쳤던 그 외침이 지금 조국 교회 안에 울려 퍼지기를 간절히 소망해 본다. "이기는 자에게는…"

[요한계시록 참고 문헌]

권성수, 요한계시록, 횃불, 1999.
그레엄 골즈워디(김영철 역), 복음과 요한계시록, 성서유니온, 1991.
김세윤, 신약을 어떻게 읽을 것인가, 성서 유니온 선교회, 2008.
J. 넬슨 크레이빌,(박노식 역), 요한계시록의 비전, CLC, 2012.
로버트 카이사르(나채운 역), 요한 복음서 연구, 성지 출판사, 1996.
리챠드 보컴(이필찬 역), 요한계시록 신학, 한들출판사, 2000.
리챠드 보컴(최흥진 역), 요한계시록 연구: 예언의 절정I, 한들출판사, 2002.
D.S. 러셀(임태수 역), 신구약 중간시대, 컨콜디아서, 1977(2003).
박윤성, 요한계시록 어떻게 가르칠까, 기독신문사, 2002.
반 게메렌(김의원, 이명철 역), 예언서 연구, 엠마오, 1993.
브루스 J. 말리나(최대형 역), 신약 시대로 가는 시간 여행, 은성, 2001.
월터 C. 카이저 Jr.(박찬호 역), 예언서 이해를 위한 지침서, 엠마오, 1993.
이광진, 요한계시록, 크리스천 헤럴드, 2004.
이달, 요한계시록, 한국장로교출판사, 2008.
이필찬, 요한계시록 어떻게 읽을 것인가, 성서유니온선교회, 2000.
이형의, 요한계시록의 신학적 이해, 대한기독교서회, 2004.
제임스 칼라스(박창환 역), 요한계시록, 컨콜디아사, 1996.
제임스 M. 이훠드(이달 역), 현대를 위한 계시록, 한국장로교 출판사, 1996.
존 J. 필치/브루스 J. 말리나(이달 역), 성서 언어의 사회적 의미, 한국 장로교 출판사, 1998.
죠엘 그린(한화룡 역), 어떻게 예언서를 읽을 것인가?, IVP, 1987.
찰스 탈버트(안효선 역), 묵시록, 에스라 서원, 2001.
최갑종. 이광복, 천년 왕국 사실인가 상징인가, 신망애 출판사, 1996.

Barclay, W. *Letters to the Seven Churches*, London: SCM Press, 1957.

Beagley, A.J. *The 'Sitz im Leben' of the Apocalypse with particular Reference to the Role of the Church's Enemies*. Berlin: Walter de Gruyter, 1987.

Beale, G.K. *John's Use of the Old Testament in Revelation*, JSNTS, Sheffield Academic Press, 1998.

________. *The Book of Revelation*, NIGTC, Eerdmans, 1999.

Beasley-Murray, G.R. *The book of Revelation*, London: Marshall, Morgan and Scott, 1974.

Biguzzi, G. "Ephesus, It's Artemission, It's Temple to the Flavian Emperors, and dolatry in Revelation" *NovT* 40, 276-290, 1998.

Boring, M.E. *Revelation*, *Interpretation*, John Knox Press, 1989.

Charles, R.H. *The Revelation of St. John*, ICC, Vol. 1, T&T Clark, 1975[1920].

Collins, A.Y. *Crisis and Catharsis: The Power of the Apocalypse*, Philadelphia: The Westminster Press, 1984.

Collins, J.J. "Introduction: Towards the Morphology of a Genre", *Semeia* 14, 1-20, 1979.

De Smidt, J.C. "The Holy Spirit in the Book of Revelation-Nomenclature" *Neotest* 28, 229-244, 1994.

Du Rand, J.A. *Johannine Perspectives: Introduction to the Johannine writings*, Orion, 1997.

Gentry, K.L. *Before Jerusalem Fell: Dating the Book of Revelation*, Tyler: Institute for Christian Economics, 1989.

Hendriksen, W. *More Than Conquerors: An Interpretation of the Book of Revelation*, Baker Books, 2000.

Howard-Brook & A. Gwyther, W. *Unveiling Empire: Reading Revelation Then and Now*, New York: Orbis, 1999.

Kistemaker, S.J. *Revelation*, NTC, Baker Books, 2001.

Mounce, R.H. *The Book of Revelation*, NIC, Grand Rapids: Eerdmans, 1977.

Osborne, G.R. *Revelation*, BECOT, Baker Academic, 2002.

Price, S.R.F. *Ritual and Power: The Roman imperial cult in Asia Minor,* Cambridge: Cambridge University Press, 1984.

Reddish, M.G. *The Theme of Martyrdom in the book of Revelation*, Ph.D. dissertation, The Southern Baptist Theological Seminary, UMI: Ann Arbor, 1982.

Slater, T.B. *Christ and Community: A Social-Historical Study of the Christology of Revelation*, Sheffield, Sheffield Academic Press, 1999.

Suetonius, T. *The Twelve Caesars*, trans. by A. Thomson, London: Covenant Garden, 1884.

Swete, H.B. *Commentary on Revelation*, Grand Rapids, Krugel Publication, 1977.

Wall, W.R. *Revelation,* NIBC, Peabody: Hendrickson, 1991.

두루마리성경 시리즈 ❸

성문서

김인철 저 · 반양장 · 180*235 · 232면 ·

성서를 읽을 때 처음에는 스토리가 보이고, 그 다음에는 스토리에 숨어있는 선과 악, 지혜와 어리석음, 성공과 실패가 보인다. 세 번째는 스토리의 배후에 계시는 하나님이 보이고, 마지막에는 그 스토리 속에서 자신을 본다. 그래서 스토리와 교훈은 사라지고 하나님과 자신이 일대일로 대면하는 경험을 한다. 이때 자신을 향한 하나님의 뜻이 보이고, 그의 음성이 들리고, 그의 손길이 느껴지는 것이다. 그는 성서의 주인공으로 다시 태어나 하나님과 동행하며 헌신하게 된다. 성서의 교훈들은 그의 삶을 통해 다시금 세상에 알려지게 된다.

이 책은 성경 각 권을 원 독자(Original Readers)의 입장에서 읽고 연구할 수 있도록 만들어졌다. 따라서 성경이 씌어진 시대의 역사와 문화적 배경을 이해하는데 먼저 초점을 맞춘다. 그런 다음 각 권의 구조를 살피고, 단락과 주요 단어의 의미를 파악해 나간다. 산을 오르기 전 멀리서 산의 모습을 보고, 가까이 다가가 숲을 보고, 등산하면서 나무와 돌을 보는 것과 같다.

01권 - 모세오경 02권 - 이스라엘 역사 03권 성문서 04권 예언서

교리속 종말론

로버트 도일(R. Doyle) 지음
박응규 옮김 · 양장 · 472면 · 그리심

본서는 종말론에 있어서 매우 근본적인 성경적 주제들을 소개함으로 시작한다. 그리고 종말론적 사상이 2세기부터 현재에 이르기까지 어떻게 발전되어 왔는지를 역사적 상황과 조우시키면서 매우 생동감 있게 추적하고 있다.

기독교의 종말론이 다양한 역사적 정황과 철학적 전제들로부터 어떤 영향을 받아 형성되었는지를 분석하면서, 어거스틴, 아퀴나스, 루터, 칼빈, 오웬, 에드워즈, 바르트, 그리고 몰트만과 같은 인물들의 사상을 통해 효과적으로 규명하였다. 인물들과 주요한 종말운동에 집중하면서 본서의 논의를 전개해 나가기 때문에, 무거운 교리적인 내용을 읽으면서 마치 살아있는 사람들과 대화하는 것과 같은 착각을 느끼기도 한다. 그리고 본서는 어렵고 복잡한 종말론적 주제들을 아주 명료한 도표들로 표현함으로써, 읽는 독자들이 인물이나 시대의 종말론적 조감도를 쉽게 이해할 수 있도록 배려하였다.

또한 이 책은 오랜 세월동안 저자가 신학생들에게 신실하게 가르치며 숙고한 가운데 열매 맺은 노고의 결과이기 때문에, 매우 실제적이며 우리의 삶에 적용할 수 있는 질문들에 대한 토의로 자연스럽게 이어질 수 있다. 본서를 읽는 독자들은 말로 형용할 수 없는 감동과 영감을 이 책에서 발견하리라 소망하고 확신한다. 그리고 앞으로 이 책은 기독교 교리, 특히 종말론이 역사적 상황과 맞물리면서 어떻게 형성되고 발전되어 왔는지에 대해 궁금해 하는 목회자들과 신학도들, 그리고 성도들이 반드시 읽어야 하는 필독서로 자리매김 될 것이다.